School-Enterprise Cooperation
in Vocational Education:
The Participation Modes of
American Intermediary Organizations

职业教育校企合作
美国中介组织的参与模式

周英文◎著

中国社会科学出版社

图书在版编目（CIP）数据

职业教育校企合作：美国中介组织的参与模式／周英文著. -- 北京：中国社会科学出版社，2025.5.

ISBN 978-7-5227-4798-9

Ⅰ.G719.712

中国国家版本馆 CIP 数据核字第 2025QC6164 号

出 版 人	赵剑英	
责任编辑	党旺旺	
责任校对	郝阳洋	
责任印制	张雪娇	
出　　版	中国社会科学出版社	
社　　址	北京鼓楼西大街甲 158 号	
邮　　编	100720	
网　　址	http://www.csspw.cn	
发 行 部	010-84083685	
门 市 部	010-84029450	
经　　销	新华书店及其他书店	
印　　刷	北京明恒达印务有限公司	
装　　订	廊坊市广阳区广增装订厂	
版　　次	2025 年 5 月第 1 版	
印　　次	2025 年 5 月第 1 次印刷	
开　　本	710×1000　1/16	
印　　张	15.75	
插　　页	2	
字　　数	250 千字	
定　　价	98.00 元	

凡购买中国社会科学出版社图书，如有质量问题请与本社营销中心联系调换

电话：010-84083683

版权所有　侵权必究

前　言

在当今全球化与知识经济迅猛发展的时代，职业教育作为连接教育与产业的关键桥梁，其重要性愈发凸显。校企合作则是职业教育实现高质量发展、培养适应市场需求人才的核心路径之一。美国职业教育体系经过多年实践，形成了"职业院校—社会中介组织—企业"这种较为松散的校企合作模式，取得了一定成效。

本书运用组织分析的新制度主义理论，深入研究美国社会中介组织的运行机制，旨在回答社会中介组织为什么参与，以及如何参与职业教育校企合作的问题。研究发现：第一，从组织参与的范围来看，美国社会中介组织参与职业教育校企合作已经形成了更为细化的分工，校企合作政策、经费、关系协调、课程开发、人才需求调研、证书开发、教师培训、学生实习等都有组织涉及。第二，从组织参与的动机来看，它们之所以参与其中，并不仅仅因为其功能多样能满足校企合作的需求，还有着复杂的历史和现实原因。从外部因素来看，美国法律法规、行政政策的规制性要求拓展了它们的参与空间；长期以来的志愿精神和财富观念为它们赢得了规范性合法性，争取到社会中最广泛的精神和物质支持；而社会自治传统和文化多元主义让它们深深扎根到美国文化传统，获得了文化—认知维度下的合法性，使其不仅具备了文化自信，也稳固了利益根基。从内部因素来看，组织自身结构的变迁也保证了它们参与的稳定和成功。受组织场域内制度环境的影响，美国职业教育校企合作中介组织的组织结构也受到影响。第三，从组织行动策略来看，制度环境影响了中介组织参与职业教育校企合作的行动机制，主要有四种方式，分别为组织结构的环境强制输入、组织结构的环境诱致、组织结构的环境授权、组织结构的自致。

最后，研究总结了美国社会中介组织参与职业教育校企合作的核心特征与实践经验，如校企合作中介组织职能的多样性、技术活动的专业性、资金来源的多元化，以及交流合作的明显态势。基于此，提出我国发展职业教育校企合作中介组织的优化路径，如增加制度保障，调动中介组织参与的积极性；鼓励专业主义，重点培养一批专业化的中介组织；加大政策支持，稳定资金来源；重视人际关系，铺设系统化中介组织网络。

总体来看，本书聚焦职业教育校企合作中介组织发展的关键命题，试图破解我国职业教育发展进程中的核心困惑：中介组织是否为职业教育校企合作的必然选择？对其引入是否仅源于组织优势的考量？未来国家战略层面对该类组织的支持力度将如何演变？其发展路径与影响因素又呈现何种特征？后续研究还需综合运用案例研究、深度访谈等多元方法，深度挖掘一手资料，持续深化对社会中介组织参与校企合作机制的理论探索与实践分析，为我国职业教育高质量发展提供更具前瞻性与实操性的理论支撑。

序　言

周英文博士的博士学位论文《职业教育校企合作：美国中介组织的参与模式》即将由中国社会科学出版社出版。作者嘱我为其作序，作为她的论文指导老师，我欣然应允。

校企合作是职业教育办学的根本规律，是职业教育研究的热点，也是职业教育发展的难点。究其根本，校企合作模式与国家的经济运行模式息息相关。美国行业协会和政府干预的程度相对较弱，产生了依托社会中介组织参与的松散的校企合作模式。基于"激励政策与国家已有协调能力互补时才能发挥效用"的论断，周英文博士深入研究了美国的校企合作模式。

在职业教育领域，人们往往关注美国政府在校企合作中的协调作用，很容易忽视从中斡旋的教育中介组织。相比于德国强势的行业协会，美国行业协会无法牢牢掌握企业内部信息，政府部门也无力管制企业信息的去向。面对企业参与的不确定性，美国在职业教育中广泛运用社会组织发挥作用，使制度安排中的各个参与者理解各方利益和作用，并建立起各方对校企合作制度的信心。

从新制度经济主义的观点来看，制度作为一级节约的特性决定了它的建设非常缓慢，达到适宜的制度环境需要10—100年的演变频率。因此，想要利用完美的法律或政策制度执行校企合作的契约关系并不现实。而私人秩序注入则是迈向以契约为重点的治理结构，旨在实现二级节约，其演变频率为1—10年。依托社会中介组织灵活构建私人秩序，是用中间层对市场和科层组织管理的替代，即使没有完善的制度保障，也能在最大程度上建立职业学校与企业之间的良好合作关系。

总之，本书基于组织分析的新制度主义视角，对美国社会组织参与职业教育校企合作的动因、方式进行了非常细致的考察。希望作者能够继续耐住性子，认真、细致地进行延续性研究，也希望能够有更多的作品面世。作为她的导师，我郑重向各位读者推荐本书。

徐国庆

2024 年 6 月 11 日于华东师范大学

目　录

导　言 ……………………………………………………………（1）
　第一节　研究缘起 ………………………………………………（1）
　第二节　核心概念界定 …………………………………………（12）
　第三节　文献综述 ………………………………………………（19）
　第四节　研究方案 ………………………………………………（53）

第一章　基于组织理论新制度主义视角的分析框架 …………（56）
　第一节　组织分析的制度理论视角 ……………………………（57）
　第二节　组织制度理论与本研究的结合 ………………………（83）
　第三节　本章小结 ………………………………………………（99）

第二章　美国中介组织参与职业教育校企合作的动因分析 …（101）
　第一节　美国职业教育校企合作中介组织的概况 ……………（102）
　第二节　组织参与：制度神话的确立 …………………………（119）
　第三节　组织变迁：制度环境的塑造 …………………………（145）
　第四节　本章小结 ………………………………………………（152）

第三章　美国中介组织参与职业教育校企合作的行动策略 …（154）
　第一节　组织结构的环境强制输入 ……………………………（154）
　第二节　组织结构的环境授权 …………………………………（174）
　第三节　组织结构的环境诱致 …………………………………（184）
　第四节　组织结构的自致 ………………………………………（202）
　第五节　本章小结 ………………………………………………（220）

第四章　美国中介组织参与职业教育校企合作的经验与启示 …… (222)
　　第一节　美国中介组织参与职业教育校企合作的经验 ………… (222)
　　第二节　美国中介组织参与职业教育校企合作的启示 ………… (227)
　　第三节　研究结论与展望 …………………………………………… (233)

参考文献 …………………………………………………………………… (234)

后　记 ……………………………………………………………………… (244)

导　　言

校企合作是职业教育的基本办学特征，[①] 也是我国职业教育办学的一个难点。在计划经济时代，很多行业部门自行举办中专学校，不少国有企业也举办了技工学校，企业甚至设置专门部门来管理学生的实习就业，校企合作十分紧密。但是自我国确立社会主义市场经济体制以来，企业剥离了教育职能，不再承担教育责任，参与校企合作的意愿大大降低。为了重建这一联系，国家在政策层面给予校企合作极高的重视，诸多重要文件反复提及产教融合、校企合作。与此同时，职业院校为探索校企合作也付出了艰辛的努力。

第一节　研究缘起

从世界范围来看，西方发达国家都实行市场经济制度，但是资本主义多样性却产生了不同的市场经济模式。总体来看，美国、英国、加拿大、澳大利亚等国家偏向自由市场经济，德国、日本、瑞典、瑞士等国家偏向协调市场经济，法国、意大利、西班牙等国家处于较为模糊的位置。自由市场经济依赖的是市场制度，企业依靠竞争性市场的供需决定自己的行为，行业协会和政府干预的程度都比较低；协调市场经济依赖的是非市场关系的协调，也就是企业与行业协会、雇主协会、工会、政府等之间的广泛协调。

同为市场经济，经济运行模式大相径庭，校企合作模式更是千差万

[①] 徐国庆：《从分等到分类：职业教育改革发展之路》，华东师范大学出版社2018年版，第70页。

别。总体来看，英、美等国的校企合作是一种松散的模式，政府虽然是职业教育的主体，但是企业参与遵循市场规律自由运行，政府通过购买服务、借助中介组织等方式推动企业参与；德国双元制则有大量非市场关系的稳定参与，形成了一系列制度举措，企业参与积极性较高。因此，有必要根据国家当前的经济运行模式确定当下的校企合作形式与政策。

一 研究背景

（一）发达国家市场经济运行模式与校企合作的策略互动

彼得·A.霍尔（Peter A. Hall）等人在《资本主义的多样性：比较优势的制度基础》中，从企业关系建立的视角区分了典型的协调市场经济和自由市场经济，包括企业融资体系、劳资关系、内部治理结构、企业间关系以及与职业教育和培训的关系。[①] 这五个方面互为补充且极其稳定，构成了资本主义经济系统的制度基础，也展现了两种经济模式的本质区别。只有深入了解不同校企合作模式背后盘根错节的制度网络，才能找到适合自己的道路。

第一，企业融资制度。企业融资制度决定了雇主是否可以对培训做出可置信的承诺。德国实行的是间接融资为主导的经济体，这种长周期的融资方式有利于渐进式创新，可以很好地支持成熟企业进行技能投资以改良技术。"耐心资本"的长期融资渠道可以让企业投资那些短期内回报不高的项目，例如在职业教育与培训的人力资本投资中允许沉没投资，这类投资即便在经济衰退时也能留住技术工人，为工人投身行业技能和企业技能的学习带来了长期安全的可置信承诺。在自由市场经济中，企业外部资金的获得更依赖债券和股票市场，公开的资产负债表是银行贷款的主要参考依据。[②] 英、美国家主要实行的是股权融资的方式，公司结构"以牺牲长期发展策略为代价，追求短期经营利益的最大化"[③]。因为

[①] [美]彼得·A.霍尔等：《资本主义的多样性：比较优势的制度基础》，王新荣译，中国人民大学出版社2017年版，第8—9页。

[②] [美]彼得·A.霍尔等：《资本主义的多样性：比较优势的制度基础》，王新荣译，中国人民大学出版社2017年版，第27页。

[③] [美]约翰·L.坎贝尔、J.罗杰斯·霍林斯沃思、利昂·N.林德伯格：《美国经济治理》，董运生、王岩译，上海人民出版社2009年版，第49页。

金融市场决定了企业的资本配置，[1] 英、美企业对科技创新有着热烈的追求。坎贝尔（Carllpbell）等人指出，美国企业对股市的高度依赖以及银行不愿意提供低息贷款的事实，导致雇主和雇员之间难以发展长期而稳定的关系，对雇员广泛技能的培训构成了限制。[2]

第二，劳资关系。集体协商制度是协调市场经济区别于自由市场经济的一个突出特点，德国借助强大的行业协会和强势的工会使得劳动力的流动相对稳定，这是德国职业教育体系一个特别重要的稳定机制。[3] 工会借助行业进行工资谈判，对企业做出高度承诺，相对弱势的雇主协会一般会同意工人得到满意工作并有可能获得最高报酬率，最终结果使得"同等技术水平的工资在行业内平均化"[4]，避免企业出现相互"挖人"的现象。反观自由市场经济，宽松的市场管制使得劳动力呈现出高度流动的特征，由于工会力量较弱，集体行动的问题难以解决，工资协调也很难实现，[5] 工会很少能够联合起来开展职业培训。

第三，企业内部管理层和工人的关系。协调市场经济中的企业大多采用长期劳动合同，并且通过一致决策的方式减少高管的武断行为。但是在自由市场经济中，企业协调与其雇员的关系时，高管大多有能力采取单边行动。企业的这种内部结构与其外部的制度环境相互依存，面临高压力的金融市场，对短期利润最大化的追求，以及瞬息万变的市场机遇，企业将主要权力集中在高管手中，使他们更容易解雇劳动力、设置灵活的奖励制度，以推动新战略的应用。然而，这种不稳定性很难使管理层将员工技能提升作为企业的优先事项。

第四，企业间关系。协调市场经济中，企业有着稠密的商业网络和

---

[1] Hartmut Hirsch-Kreinsen, "Financial Market and Technological Innovation", *Industry and Innovation*, Vol. 18, Issue 4, May 2011.

[2] [美] 约翰·L. 坎贝尔、J. 罗杰斯·霍林斯沃思、利昂·N. 林德伯格：《美国经济治理》，董运生、王岩译，上海人民出版社2009年版，第60页。

[3] [美] 凯瑟琳·西伦：《制度是如何演化的：德国、英国、美国和日本的技能政治经济学》，王星译，上海人民出版社2010年版，第232页。

[4] [美] 彼得·A. 霍尔等：《资本主义的多样性：比较优势的制度基础》，王新荣译，中国人民大学出版社2017年版，第24页。

[5] [美] 彼得·A. 霍尔等：《资本主义的多样性：比较优势的制度基础》，王新荣译，中国人民大学出版社2017年版，第28页。

成熟的行业协会,企业可以相互了解从而构建起广泛的声誉,其技术转移则可以依靠企业联盟与合作。美国企业间关系受到了严格的反垄断法约束,大部分的关系都是"标准的市场关系以及可执行的正式合同关系"①,企业对当前盈利能力的情况十分敏感,相互之间很难维持长期的关系契约,技术的转移主要是通过流动的劳动力市场。这样一种合约关系,主要以短期市场定价为基础,投资长期技能培训的概率很小。②

第五,教育与培训体系。在协调市场经济中,行业协会的官员对行业非常熟悉,他们凭借会员资格广泛获取企业信息,制定职业培训标准,使培训符合企业需求;行业协会还会就学徒雇佣向企业施压,并监督企业参与职业培训的情况,限制企业"搭便车"的行为;工会和行业内的雇主协会还会共同监督政府补贴的职业培训系统。在自由市场经济中,劳动力的高度流动使得企业和个人都不愿意投资于专用性技能培训,企业担心自己的投资不过是"为他人作嫁衣",个人选择专用技能培训反而会阻碍他们在劳动力市场中自由流动,不如投资可以应用到不同企业的通用性技能。由此一来,职业院校也只能专注于通用技能的培养。

相比较而言,协调市场经济中子系统之间的互补性比较利好职业教育与培训,使得企业愿意投资于技能培训,同时也能激励年轻人参与进来(见图0-1)。③ 而自由市场经济中各子系统之间的互补性却不尽然(见图0-2)。尽管如此,人们不能据此评判哪种制度更具有优越性,德国制造带来了经济的腾飞,但是美国经济的强大也是有目共睹的。它们共同证明了一个事实,即"只有激励政策与其已有协调能力互补时,才能发挥效用"④。

---

① [美] 彼得·A. 霍尔等:《资本主义的多样性:比较优势的制度基础》,王新荣译,中国人民大学出版社2017年版,第29页。

② [美] 约翰·L. 坎贝尔、J. 罗杰斯·霍林斯沃思、利昂·N. 林德伯格:《美国经济治理》,董运生、王岩译,上海人民出版社2009年版,第58页。

③ David Soskice, "Reconciling Markets and Institutions: The German Apprenticeship System", *Training and the Private Sector: International Comparisons*, Chicago: University of Chicago Press, 1994, p. 60.

④ Stewart Wood, "Capitalist Constitutions: Supply-Side Reforms in Britain and West Germany 1960–1990", PhD dissertation, Department of Government, Harvard University, 1997.

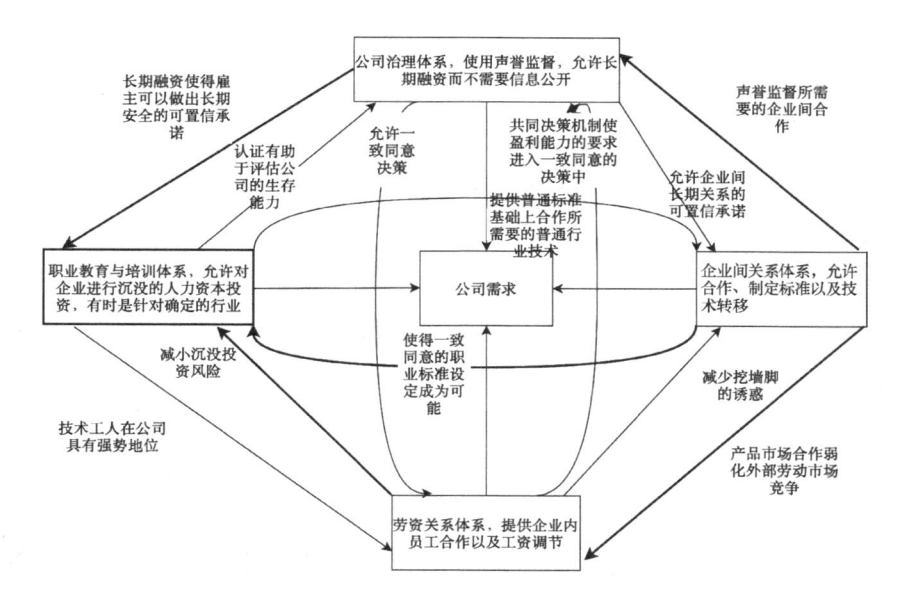

图 0-1　德国协调市场经济中子系统之间的互补性

资料来源：[美] 彼得·A. 霍尔等：《资本主义的多样性：比较优势的制度基础》，王新荣译，中国人民大学出版社 2017 年版，第 26 页。

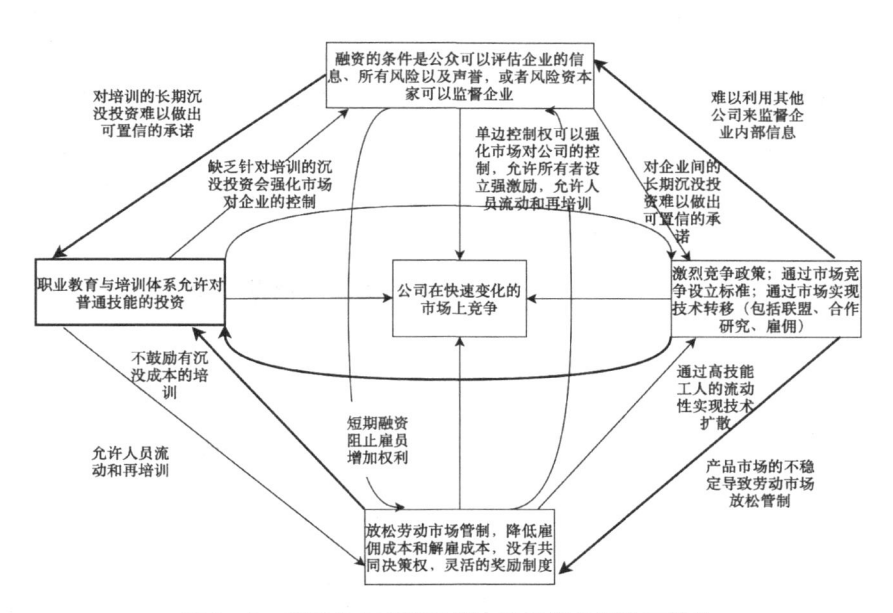

图 0-2　美国自由市场经济中子系统之间的互补性

资料来源：[美] 彼得·A. 霍尔等：《资本主义的多样性：比较优势的制度基础》，王新荣译，中国人民大学出版社 2017 年版，第 30 页。

(二) 中国社会主义市场经济运行模式与校企合作的策略互动

1992年，党的十四大确立了社会主义市场经济体制的改革目标，[①] 自此，市场在我国经济发展中的地位日益突显出来。党的十七大报告确立了市场在资源配置中发挥基础作用的地位，党的十八大进一步扩大了市场的作用范围和程度，到党的十八届三中全会则明确了市场的"决定性作用"。在中国，市场已经是最重要的经济治理机制了。[②]

第一，企业融资制度。我国目前银行贷款等间接融资依然占绝对主导地位，但是总体呈现出"短期投资多长期投资少"[③] 的特征。而且，随着我国改革开放以来不断深化市场化导向的金融体制改革，在近几十年的发展中，资本市场的重要性不断提高。截至2020年年底，我国国内资本市场已占到全球股票市场总市值的12.3%，成为全球第二大资本市场，[④] 这种市场化导向的金融融资方式决定了企业将更多资源配置到突破性技术创新中，毕竟通过技能提升以改进技术的缓慢方式很难在短期内带来高收益。

第二，劳资关系。我国劳资关系"资强劳弱"的现象突出。[⑤] 而且，工会组织发展相对滞后，劳动保障的法律体系尚未健全，市场监管的政策还不完善，劳动者权益保护意识较弱。在劳动力供大于求的情况下，企业很容易雇用或解雇劳动力，劳方很难在就业、劳动保护、收入分配等方面跟资方进行平等的协商谈判，由此形成具有高度灵活性和弹性的劳动力市场，例如制造业部门、第三产业部门都面临企业各层次员工流动性过高的问题。[⑥] 劳动力市场的高度流动严重影响了企业和个人对技

[①] 江泽民:《加快改革开放和现代化建设步伐 夺取有中国特色社会主义事业的更大胜利》,《江泽民文选》第一卷,人民出版社2006年版,第230页。

[②] [美] 高柏:《经济意识形态与日本产业政策——1931—1965年的发展主义》,安佳译,上海人民出版社2008年版,第4页。

[③] 徐忠:《新时代背景下中国金融体系与国家治理体系现代化》,《经济研究》2018年第7期。

[④] 胡海峰、宋肖肖、窦斌:《打造有韧性的中国资本市场》,《理论探索》2021年第2期。

[⑤] 侯风云、张海霞:《主体、主义与主张:中国特色社会主义劳资关系研究的建构》,《福建论坛》(人文社会科学版) 2020年第6期。

[⑥] 张杰:《当前中国劳资关系的新特征、新问题与重点调整方向》,《天津社会科学》2020年第2期。

能投资的战略。无论是高学历的员工,还是低学历技能不足的员工,他们的高度流动使得企业没有意愿对他们进行高水平的技能培训,为了防止他们带走专业技能或关键技术,也不愿意让他们从事高技能的关键工作。

第三,企业内部管理层和工人的关系。在我国,面对各种市场压力时,私企相比于国企而言,更容易解雇员工。由于《劳动合同法》对不能胜任工作的界定比较模糊,在实践中,用人单位利用绩效考核滥用不能胜任条款进行裁员的事件也比较常见。[1] 这样虽然降低了解雇成本,但同样也加剧了劳动力的高度流动,企业看重员工短期内为企业带来的经济价值,便不会对其长期技能提升进行投资。

第四,教育与培训体系。我国企业参与校企合作的积极性普遍不高,由于企业关注当下利益,部分参与校企合作的企业明显存在功利性,由此带来一些短视行为,例如将校企合作当作解决用人短缺时的"劳动力储备库",甚至将其看作廉价劳动力的来源。[2] 大量职业院校承担起了职业培训的任务,但是由于缺乏企业的深度参与,也只能局限在通用技能的培养上。其结果是,学生毕业后再去企业接受内部培训,通常是一些市场化的技能培训,同时,员工也被激励去学习通用技能。

第五,企业间关系。我国民营企业之间的关系特点表现为,一是多以中小型企业为主,不具备垄断性质,大多为劳动密集企业,市场进入与退出壁垒较低,企业之间流动性较大,以弱关系网络为主;二是同行业竞争非常激烈,合作意识低。[3] 在这种情况下,企业间难以对长期关系契约做出可置信的承诺,而技术的转移同样也是依靠劳动市场的流动来促成。一方面,企业借助高技能人才的流动扩散技术,加剧了企业间相互"挖人"的问题;另一方面,产品市场的不稳定也导致劳动力市

---

[1] 郭率帅:《劳动者不能胜任工作解雇事由之司法认定》,硕士学位论文,吉林大学,2020年,第1页。

[2] 潘海生、王世斌、龙德毅:《中国高职教育校企合作现状及影响因素分析》,《高等工程教育研究》2013年第3期。

[3] 雷蕾:《民营企业间关系及其治理研究》,硕士学位论文,东北财经大学,2011年,第1页。

场管制的放松。由此一来,对技能培训的投资很难成为企业的优先事项。

(三) 中介组织在经济运行模式与校企合作之间的协调

无论是协调还是自由市场经济,人们普遍意识到,职业院校与企业之间的合作必然需要某种协调,只是这种协调在协调市场经济模式中比较顺利,在自由市场经济中较难发生。已有研究表明,在自由市场经济模式中,由公民结社组成的社会团体、民间协会等如果能够很好地发挥信息交流和协商功能,也能成功地推动职业教育校企合作。① 卡尔佩珀观察了法国企业合作开展职业培训的案例,法国大企业普遍采用的是灵活的福特式生产模式,对于投资高技能人才培养缺乏兴趣,尽管法国政府不断推动培训改革,但是效果并不明显。卡尔佩珀观察到的唯一成功案例是阿尔沃河谷,该地区棒料削切行业全国协会在20世纪80年代面对劳动力短缺问题成立技术中心,该中心依靠它与企业的密切关系,以及与协会的协商,得以彻底了解企业需求。尽管它无法阻止企业之间"挖墙脚"的行为,但是它对企业内部信息的获取,使得政府一系列无差别的政策变成有针对性的目标政策,从而吸引更多摇摆企业参与进来。毕竟,面对摇摆企业的不确定性,无论是积极的政府干预还是有能力的雇主或行业协会,都不能保证职业培训改革的成功。② 借助技术中心这个平台,参与进来的企业进一步共享信息,并不断使其相信职业培训的价值,从而形成良性循环。由此也证明了,利用公民结社推动企业参与职业培训也是一条可行的成功之路。③

在自由市场经济模式中,人们往往最容易注意到的是美国的"政治结社和实业结社",但是其他结社对美国人的重要性比政治和实业结社有过之而无不及。④ 英国也会发挥结社的作用,但是"远远不如美国人那样

---

① [美] 彼得·A. 霍尔等:《资本主义的多样性:比较优势的制度基础》,王新荣译,中国人民大学出版社2017年版,第262页。

② [美] 彼得·A. 霍尔等:《资本主义的多样性:比较优势的制度基础》,王新荣译,中国人民大学出版社2017年版,第245页。

③ [美] 彼得·A. 霍尔等:《资本主义的多样性:比较优势的制度基础》,王新荣译,中国人民大学出版社2017年版,第262页。

④ [法] 托克维尔:《论美国的民主》,董果良译,商务印书馆2019年版,第673页。

彻底和熟练"①。美国自由结社产生的各种非营利性社会组织虽然力量弱小，但是却被灵活地运用在各行各业。例如 20 世纪 90 年代，美国电信产业的独立电话公司为了和贝尔这一垄断公司进行竞争，开展了行会运动，行会模式虽然有一定作用，但是这一类联合组织遭到反托拉斯法的抵制，继而出现了摩根-贝尔责任网络这一利益团体，对于稳定市场竞争取得了成功，不过随着产业行动者们投机行为的出现，这一网络也被打破了。此外，美国核能产业一直是公司和市场主导治理，但是在 20 世纪 70 年代末出现的三厘岛核爆炸事故之后，面对国家机构无力控制的局面，行业行会、其他类型的多边产业组织、推广网络委员会在没有国家激励的前提下出现，致力于重建行业声誉。这一行业的联合行为甚至打破了社团主义的某些研究观点，即它证明了企业联合行为并不通常是为了避免政府干预，这些组织在国家权力无力且分崩离析时也能建立起来，也能获得合法化。② 而在美国汽车制造的发展历史中，也出现了私人网络的治理模式，包括联合委员会、行动团体、参与团队、咨询委员会等，国家也会适时放松反托拉斯政策，以创造新推广网络发展的机会。

在职业教育领域，人们往往关注美国政府在校企合作中的协调作用，很容易忽视从中斡旋的社会组织。然而，这些社会组织却捕捉到市场经济的本质，不是风险，而是不确定性。③ 这种不确定的环境会产生额外的交易费用，如果该费用增加得比较适度，双方合作还能达成，但是一旦费用过高，合作极有可能不会达成。社会组织要解决的是校企合作环境中的不确定性问题，最关键的是信息，④ 这是合作双方交易成本的核心，新制度经济学中甚至有人提出交易费用就是信息成本。⑤ 事实上，无论是何种市场经济模式，企业都很少与政府共享内部信息，所以政府本身实

---

① [法]托克维尔：《论美国的民主》，董果良译，商务印书馆 2019 年版，第 669 页。
② [美]约翰·L. 坎贝尔、J. 罗杰斯·霍林斯沃思、利昂·N. 林德伯格：《美国经济治理》，董运生、王岩译，上海人民出版社 2009 年版，第 122—123 页。
③ 卢现祥、朱巧玲：《新制度经济学》，北京大学出版社 2012 年版，第 87 页。
④ [美]彼得·A. 霍尔等：《资本主义的多样性：比较优势的制度基础》，王新荣译，中国人民大学出版社 2017 年版，第 245 页。
⑤ 卢现祥、朱巧玲：《新制度经济学》，北京大学出版社 2012 年版，第 84 页。

质上并不清楚哪些企业会进行高技能培训的投资，所了解的也只是企业的总体情况。在德国，强势的行业协会掌握着企业内部的信息，而在自由市场经济中，行业协会力量相对弱小，企业依靠市场协调，内部信息十分分散，政府更是无力管制企业信息的去向。美国被称为非营利组织的温床，有着世界上最多的非营利性社会组织，这些广泛存在的民间组织更像是一种"曲线救国"的信息收集路径，它们通过中介作用来弥补合作双方的差距。

二　研究意义

（一）理论意义

1. 对市场经济的深入分析为校企合作问题解决提供了全新视角和思路

职业教育校企合作的问题伴随着社会主义市场经济的到来而变得十分突出，人们虽然看到了职业教育与经济运行模式息息相关，但是对市场经济的分析仍然不够。虽然世界上各发达国家都实行市场经济，但是政治经济学将市场经济又进一步划分为以德国、日本为代表的协调市场经济和以美国、英国为代表的自由市场经济，这两种类型的制度优势完全不同。很显然，双元制更适合协调市场经济的国家，除了少数北欧国家外，在自由市场经济国家的大范围移植中，鲜有成功案例。因此，只有激励政策与已有协调能力互补时，才能发挥效用。

2. 借助组织分析最新研究成果丰富了职业教育中介组织的理论研究

国内对教育中介组织的分析大多从政府失灵理论、市场失灵理论、合约失灵理论、供给理论等视角思考社会组织存在的意义，从"新公共管理""新公共服务"理论等视角探讨社会组织介入的方式与合法性。其中，新公共管理理论强调政府要向市场和私立部门学习，通过委托代理等方式进行管理；新公共服务理论基于民主理论，强调政府的功能要进行服务，维护民主。两种理论主要关注政府如何改进自身的管理和服务，侧重于"政府—学校—市场"模式的探讨，对于社会组织自身的关注较少。但是教育中介组织自身该如何运作依然缺乏相应的理论基础，尤其是我国教育中介组织更关注高等教育，职业教育的研究相对较少，理论基础更是薄弱。很多研究也仅是停留在对中介组织的文字描述，缺乏深度。

本书从组织分析的新制度主义视角分析社会组织，从制度的视角关注政府与非市场治理机制之间的关系，打破了政府中心的模式，促使"政府—学校—社会—市场"新模式的形成。新制度主义在社会组织研究中的应用本身就是一个创新，它是组织理论自然系统的一派，吸收了开放系统权变理论的学说，在理性学派陷入组织工具化问题后，坚持组织要走出理性组织的框架，为理性化组织结构的正式兴起提供了新的解释和说明。这一理论对组织存在的合法性分析、组织的制度性同形变迁以及环境对组织结构的影响进行了深入的理论分析，并在不同类型组织中进行了有效验证，使这一理论在 20 世纪 80 年代盛行开来。他们最早分析的就是像教育中介组织这样的非营利性社会组织，对本书有很强的指导意义。借助这一理论，本书将对教育中介组织为什么参与，以及如何参与进行深入分析，从而大大丰富目前职业教育中介组织的理论研究。

（二）实践意义

1. 明晰了社会主义市场经济条件下职业教育校企合作的第三方人选

在协调市场经济中，政府、行业协会、工会、企业之间的集体协商是较为普遍的。但是对自由市场经济而言，行业协会、工会的力量是比较弱的，它们无力进行这样的协调，市场又尽量避免政府的干预，政府无法也不能对企业进行强力干预，要求它们必须积极参与职业教育与培训，这只会扰乱自由市场经济运行的正常规律。

社会组织有助于缓解校企合作之间的矛盾。一方面，校企合作的问题是十分复杂的。高质量的校企合作是一种涉及人才培养各个环节的深度合作，而校企建立合作签约只是这条路的开始。至于人才培养的标准如何建立、经费如何调度、学生实习如何开展、怎样进行评估、学校教师培训、企业师傅筛选、时间如何安排、使用什么教材、教学怎么设计等一系列问题，都是要由专门且专业的组织进行协调和安排。一次合作可能需要几百个电话和会议讨论，这些事情烦琐却又十分重要，是政府部门无法做到的。政府部门更多为合作提供政策方面的引导，而落实这些大大小小的事情显然力不从心，也超出了自己的职能范畴。另一方面，职业教育校企合作的教育属性决定了这类组织更多是非营利性的组织。这些组织不以营利为目的，并且具有公共服务的属性，可以更好地为校企合作提供服务。一旦将校企合作完全放入市场，一切以利润为目标的企业只会将校企合作拖入深渊，从而沦为企业的"爪牙"，廉价劳动力的诟病更会激化社会矛盾。因此，本书聚焦非营利性的教育中介组织如何参与校企合作的问题，为促成校企合作提供了更为合适的人选。

2. 为职业教育中介组织提供了参与路径指导

中介组织可以参与人才需求调研、课程开发、教材开发、教学设计、合约签订、企业实习等各个环节，或者进行分工合作，或者提供一揽子服务。为此，本书主要回答社会中介组织做了哪些事情，怎样参与整个过程，有何分工与合作等问题，将大大拓展了职业教育中介组织的参与空间。

第二节　核心概念界定

一　社会组织

社会组织通常是指存在于政府部门与市场部门之外的构成社会空间的组织或部门，也被称为"第三部门"[1]。在美国，政府公共部门被列为"第一部门"，商业部门是"第二部门"，"第三部门"则囊括了两大部门以外的所有的非营利部门。[2] 这类组织包罗万象，称谓也林林总总。除了第三部门组织、非政府组织、非营利组织，还有民间组织、志愿组织、草根组织、慈善组织、社会团体、人民团体、群众团体、中介组织等。这些组织名称或者指出了社会组织的性质，如非政府性、非营利性；或者侧重社会组织的功能，如慈善、志愿、中介；或者点出了组织者类型，如民间、社会、人民、群众。非营利部门研究的代表

---

[1]　杜明峰：《社会组织参与教育——治理的视角》，博士学位论文，华东师范大学，2017年，第43页。

[2]　卢咏：《第三力量：美国非营利机构与民间外交》，社会科学文献出版社2011年版，第3—4页。

人物莱斯特·M.萨拉蒙（Lester M. Salamon）指出了这类组织的几大特征，即"在本质上是私人性的组织，即在政府和机制之外的；不以从事商业为主，也不把利润在董事会成员或所有者之间分配的；自我管理，以及人们可以自由加入或志愿参与的组织"①。虽然这类组织具有私有性，但是更偏向于在制度上与政府分离，依然具有政府的某些特点或特权。②

自新中国成立以来，我国对社会组织的称谓也较为多样，例如"社会团体""中介组织""民间组织""自治组织"等。党的十六届六中全会首次提出了"社会组织"的科学概念，并在《关于构建社会主义和谐社会若干重大问题的决定》文件中提出要健全社会组织发展，增强其服务社会的功能，并且完善相关法律保障。自此，社会组织成为党和政府表征此类组织的官方术语，强调其"民间性""中介性""自治性"的属性。③例如我国 2016 年修订的《社会团体登记管理条例》指出，社会团体是"中国公民自愿组成，为实现会员共同意愿，按照其章程开展活动的非营利性社会组织"④。按照我国民政部登记注册的要求，社会组织的种类包括"基金会""行业协会""民办非企业"以及"专业类组织"这几大类。

在本书中，社会组织主要指存在于政府与市场之外的社会空间的组织。由于其种类繁多，性质各异，医院、学校等都是社会组织，本书无法面面俱到，因此，本书中的社会组织主要是那些院校以外的服务于教育事业发展的自愿组成的、自我管理的私人性、非营利性组织。

二 教育中介组织

教育中介组织具有社会组织的基本属性。根据《现代汉语词典》，

---

① [美] 莱斯特·M.萨拉蒙等：《全球公民社会，非营利部门国际指数》，陈一梅等译，北京大学出版社 2007 年版，第 2 页。
② [美] 莱斯特·M.萨拉蒙等：《全球公民社会：非营利部门视界》，贾西津等译，社会科学文献出版社 2002 年版，第 384 页。
③ 张海军：《"社会组织"概念的提出及其重要意义》，《社团管理研究》2012 年第 12 期。
④ 民政部：《社会团体登记管理条例》（2016 - 12 - 10）[2021 - 07 - 06]，http://www.mca.gov.cn/article/gk/fg/shzzgl/201812/20181200013490.shtml。

"中介"与"媒介"同义,是指使双方(人或物)发生关系的人或物。[①] 在英文中,"中介"对应"intermediary",解释为中间人、调解人,或者"medium",即媒介、方法等。在哲学上,中介是一个表示事物相互联系的概念,中介是普遍联系得以实现的联系环节,"中介组织"是指协调社会生活中两个对立对象的独立组织。[②] 系统论将中介看作两个及以上系统或者某一系统内部诸多构成要素之间的媒介,认为中介组织通常独立于职能部门,且被视为不同系统或系统组成要素之间中间媒介的具体化和机构化。[③]

中国行政管理学会课题组将中介组织划分为社会中介组织和市场中介组织,国内普遍将市场中介组织定义为与市场互动的介体,在企业、居民和政府之间提供中介服务,[④] 主要是指会计师事务所、律师事务所、经纪公司等与市场运行直接相关的营利性组织;将社会中介组织界定为"居于政府和市场之间提供服务的一种特殊的社会组织"[⑤]。社会中介组织具备浓厚的社会性色彩,通常存在于政府部门与市场部门之外的构成社会空间的组织或部门。[⑥] 然而在某些研究中,市场中介组织与社会中介组织的概念时有混乱,例如有学者一方面承认社会中介组织的公共性和市场中介组织的企业性质,另一方面依然将市场中介组织列入社会中介组织的范畴。[⑦]

教育中介组织是庞大的中介组织中的一员。国内最早提出教育中介组织类似概念的是王一兵,他在分析西方市场经济国家教育运行机制的

---

① 中国社会科学院语言研究所词典编辑室:《现代汉语词典》,商务印书馆1996年版,第1628页。
② 葛新斌:《教育中介组织的合理建构与职能运作探析》,《清华大学教育研究》2011年第3期。
③ 唐安国、阎光才:《关于高校与政府间中介机构的理论思考》,《上海高教研究》1998年第6期。
④ 原毅军、董琨:《经济中介组织发展研究》,北京科学出版社2013年版,第1页。
⑤ 中国行政管理学会课题组:《中国社会中介组织发展研究》,中国经济出版社2006年版,第4页。
⑥ 杜明峰:《社会组织参与教育——治理的视角》,博士学位论文,华东师范大学,2017年,第46页。
⑦ 李应博:《中国社会中介组织研究:治理、监管与激励》,中国人民大学出版社2018年版,第7—9页。

构成时，提到了社会参与在教育中的控制，并举例说明了第三种力量中"起中介作用"的机构。① 国务院 1994 年关于《中国教育改革和发展纲要》的实施意见，正式使用了"教育社会中介组织"。也因此，有学者将教育中介组织看作是教育社会中介组织的简称。② 目前，中国学者大都将教育中介组织视为"介于政府和社会个体之间，为社会提供教育服务，且不以营利为目的的非政府性的公益组织"③，"介于高等教育机构和与其发生关系的主体之间，不具备行政管理职能和育人职能的独立自主的组织"④，这类教育服务主要包括"教育审议、咨询、评议、资格与证书鉴定"⑤ 等。

国外最早关注教育中介组织的是美国著名学者伯顿·克拉克（Burton Clark），他将其看作"中间机构"（intermediary body）、"缓冲机构"（buffer organization），可以"缓和高等教育中央集权控制主要结构本身的中层组织"⑥。1992 年第五届高等教育关于"中介组织在高等教育中的作用"年会中，部分与会者达成共识，即"intermediary bodies"比"buffer"范围更大，因为并不是所有的中介机构都发挥"缓冲"作用，⑦ 有学者将中介组织界定为"位于政府机构和其他实体之间以完成一个或多个公共目的的正式成立的组织，在高等教育中，这类组织通常指"介于政府机构和高等教育机构之间的组织"⑧，这一概念被广泛引用。具体来看，这类组织包括智囊团或研究机构（如布鲁金斯研究所）、基金会（如玫瑰

---

① 王一兵：《60 年代以来西方主要市场经济国家教育发展述评与比较》，《教育研究》1991 年第 4 期。

② 王洛忠、安然：《社会中介组织：作用、问题与对策》，《求实》2000 年第 1 期。

③ 唐兴霖、王辉、嵇绍岭：《社会转型中教育中介组织对教育发展的影响——以教育社团为中心》，《行政论坛》2013 年第 5 期。

④ 陈霜叶：《高等教育中介组织在中国的存在形式及生成条件研究》，《比较教育研究》2003 年第 8 期。

⑤ 周光礼：《论中国政府与教育中介组织的互动关系：一个法学的视角》，《北京大学教育评论》2006 年第 3 期。

⑥ [美]伯顿·R. 克拉克：《高等教育系统——学术组织的跨国研究》，王承绪等译，杭州大学出版社 1994 年版，第 305 页。

⑦ Robert Berdahl, "Why Examine Buffer Organizations in Higher Education?", *Higher Education Policy*, Vol. 5, No. 3, September 1992.

⑧ Elaine El-Khawas, "Are Buffer Organizations Doomed to Fail? Inevitable Dilemmas and Tensions", *Higher Education Policy*, Vol. 5, Issue 3, September 1992.

基金会)、宣传团体(如公民教育网络)、民权组织(如城市联盟)、教师工会/专业组织(如全国教育协会)、新闻媒体和社交媒体、学校改革组织(如美国教学)。[①]

在本书中,中介组织主要是指教育中介组织,是介于教育机构与其发生关系的主体之间的非营利性社会组织。具体而言,教育中介组织是指介于职业院校、政府机构、企业等职业教育相关主体之间,专门为职业教育校企合作提供知识、政治或社会关系、行政基础设施等资源以协调或管理当事双方变化的非营利性社会组织。这里的职业教育中介组织主要针对的是社会团体、慈善组织,不包括民办非企业单位形式存在的各类民办职业院校,以及各类职业院校主办的地方团体,也不包括各类文娱团体、体育活动团体或社交俱乐部等。

需要强调的是,这里专门为职业教育校企合作提供服务的中介组织并不包括行业协会,虽然行业协会是一种行业自律的社会团体,并且在有些国家也发挥了校企合作中间人的作用,但是从本质上来讲,它是"私人经济组织,是自愿组成的民间性的经济中介组织"[②],它的主要功能还是协调企业与消费者、政府与企业、行业内各企业之间的关系。早在2003年,美国议会就曾呼吁企业带头支持劳动力相关的中介组织和伙伴关系的构建,但是从十几年的情况来看,至少在国家层面,这种寄托于企业发挥领导力的希望已经渺茫。虽然在劳动力相关中介组织的影响下,企业增加了对劳动力教育与培训的参与。但直到现在,国家商业协会,国家制造商协会和商业圆桌会议等,虽然会记录劳动力技能问题,但是并没有激发围绕技能的国家商业运动。企业领导人往往有更紧迫的问题要解决,如税收和监管,投资技能培训并不在他们优先考虑的范围之内。[③]

[①] Janelle Scott, Christopher Lubienski, et al., "The Intermediary Function in Evidence Production, Promotion, and Utilization: The Case of Educational Incentives", *Using Research Evidence in Education*, Springer International Publishing, 2014, pp. 70–71.

[②] 原毅军、董琨:《经济中介组织发展研究》,北京科学出版社2013年版,第93页。

[③] Maureen Conway and Robert P. Giloth, *Connecting People to Work: Workforce Intermediaries and Sector Strategies*, New York: American Assembly at Columbia University, 2014, p. 414.

三 制度

制度是社会学的一个重要研究传统，是普通社会学的核心概念。在这里，制度的意义更为宽泛，不仅包括正式的规则、程序或者规范，还包括符号系统、认知脚本和道德模块等非正式形式的符号系统，它们共同构成了指导人们行动的意义框架。[1] 在社会学中，对制度的基础性看法是，这是一种关于历史过程中发生的活动序列的稳定设计。[2] 在经济学中，20世纪60年代经济史学家经常使用的制度更侧重于组织的概念，指形形色色的各类组织，这也和《韦氏词典》中制度的定义相符，即"制度是一种形成了的组织"[3]，包括行业协会、大学、司法机构、政府机构等。自从制度经济学的出现，制度的概念才与之前大不相同。新经济史的先驱诺斯（North）将制度界定为规范人的行为的规则，是"社会的游戏规则，人为设定的一些制约，它决定着人们的相互关系"[4]，构成了人们在政治、社会，尤其是经济方面进行交换的激励结构，[5] 它限制和确定了人们的选择集合。[6] 诺斯将制度分为正式制度，包括法律、产权等，以及非正式制度，包括文化传统、习惯、行为准则等，偏向于人类学中制度的概念，如文化人类学将制度看作"公认具有强制性的一整套社会文化规范和行为模式"[7]。

在政治学中，理性选择制度主义将制度看作"规则、程序"，扮演着情境性约束和机会的角色，是交易过程和演化选择的结果；历史制度主义将制度界定为"正式及非正式的规则"，扮演着弥补性约束和机会的角

---

[1] 保跃平：《"回归"制度的社会学新制度主义》，《学园》2012年第3期。

[2] [美] 沃尔特·W. 鲍威尔、保罗·J. 迪马吉奥：《组织分析的新制度主义》，姚伟译，上海人民出版社2008年版，第157页。

[3] Merriam-Webster. Institution ［EB/OL］［2022-03-04］https://www.merriam-webster.com/dictionary/institution.

[4] Douglass C. North, *Institutions, Institutional Change, and Economic Performance*, Cambridge: Cambridge University Press, 1990, p. 35.

[5] 卢现祥：《新制度经济学》，武汉大学出版社2011年版，第150页。

[6] [美] 道格拉斯·诺斯：《制度、制度变迁与经济绩效》，刘守英译，上海三联书店1994年版，第4页。

[7] 陈国强主编：《简明文化人类学词典》，浙江人民出版社1990年版，第321页。

色，伴有路径依赖和非预期后果的意外性过程；社会学制度主义则将其看作"规范、规则、文化"，扮演着文化性约束的角色，是对共享事件进行神话编造的认知或记忆过程。① 在政治学新制度主义研究的第二大分支中，国际机制（regime）理论关注国际关系研究领域，对制度的界定也有所不同。在国际关系研究中，新自由制度主义者斯蒂芬·克拉斯纳（Stephen Krasner）将制度定义为"一套隐含或明确的原则、规范、规则和决策程序，在国际关系的某一特定领域中的行动者，他们的期望都围绕着这些内容展开"②。另一代表人物奥兰·R. 杨（Oran R. Young）则将国际关系研究中的制度分析与更普遍的制度研究联系起来，将国际制度看作社会制度，并将制度界定为"一种公认的实践，包括容易识别的角色，以及管理这些角色的使用者之间关系的规则或惯例集合"③。总体来说，政治领域对制度的界定相对较少且存在一定模糊。正如德国政治学者克劳斯·奥菲（Claus Offe）所言，"'制度'虽然是社会科学研究中使用最频繁的术语，但却是最少得到界定的概念"④。政治学学者让·布隆代尔（Jean Blondel）同样认为制度缺少一个清晰的界定，指出"制度似乎是一个自明的概念"⑤。

在本书中，制度的概念更偏向社会学中广义的制度概念，它不是指具体的组织，而是指对组织实体生存产生内外部影响的规范、规则、文化等，包括组织存在的外部环境，也包括组织内部运行机制以及组织之间的关系网络等。

---

① Mark D. Aspinwall and Gerald Schneider, "Same Menu, Seperate Tables: The Institutionalist Turn in Political Science and the Study of European Integration", *European Journal of Political Research*, Vol. 38, Issue 1, August 2000.

② Stephen D. Krasner, *International Regimes*, New York: Cornell University Press, 1983, p. 2.

③ Oran R. Young, "International Regimes: Toward a New Theory of Institutions", *World politics*, Vol. 39, Issue 1, October 1986.

④ Ian Shapiro, Stephen Skowronek and Daniel Galvin, *Rethinking Political Institutions: The Art of the State*, New York: New York University Press, 2006, p. 9.

⑤ R. A. W. Rhodes, Sarah A. Binder and Bert A. Rockman, *The Oxford Handbook of Political Institutions*, Oxford: Oxford University Press, 2008, p. 717.

四 校企合作

校企合作是指职业院校与企业建立合作关系联合培养技术技能型人才。从广义上来讲，校企合作包括产教融合、狭义的校企合作和工学结合，[①]其中产教融合是指产业系统与教育系统的融合，狭义的校企合作是指职业院校与企业这两种实体之间的合作，工学结合是指工作与学习的结合。此外，还有内涵相近的概念，如产学合作，延伸的概念，如产学研（指科研机构）合作、产学政（指政府机构）合作等。

在本书中，校企合作主要是指职业院校与企业这两类实体层面之间联合培养技术技能人才，但是这里合作并不仅仅局限于职业院校与单个企业之间的合作，更偏向于职业院校与行业之间的一种合作。

第三节 文献综述

一 国内研究

（一）关于校企合作的研究

校企合作是一个历久弥新而又难以突破的话题，[②]它也经常被吹捧为现代职业教育诸多困境的答案。学者们对校企合作"校热企冷"的问题形成普遍共识，有学者形象地将其比喻为"壁炉现象"[③]。中央政府政策的模糊性、地方教育部门的"劣性互动"、职业院校"逃避责任"、企业的"投机行为"，[④]流动性、片段性和粗放性的企业资源转化成教学需求十分困难，[⑤]某些行业中企业的分散性大大降低了校企合作的可能性，[⑥]

[①] 徐国庆：《从分等到分类：职业教育改革发展之路》，华东师范大学出版社2018年版，第28页。
[②] 张斌：《多重制度逻辑下的校企合作治理问题研究》，《教育发展研究》2014年第19期。
[③] 肖凤翔、王珩安：《权利保障：突破校企合作"壁炉现象"的企业逻辑》，《江苏高教》2020年第9期。
[④] 张斌：《多重制度逻辑下的校企合作治理问题研究》，《教育发展研究》2014年第19期。
[⑤] 郭苏华：《从企业教育资源的特征看校企合作的困境》，《教育发展研究》2013年第5期。
[⑥] 吴立军、吴晓志：《校企合作中企业参与行为的博弈分析——基于企业和社会收益的不同视角》，《高教探索》2015年第10期。

使得校企合作看上去红红火火,但质量极低。即使参与的企业也只是提供实习岗位、教师培训、设施设备等,远远没有深入到人才培养的各个环节。[①] 为了解决这一难题,学者们提出了不同的观点。

多数学者认为,解决这一问题的关键就是完善校企合作制度,[②] 而制度的完善离不开政府干预,这就像一个事物的两个方面,使得制度建设和政府干预形影不离。从国际经验介绍来看,学者们对西方发达国家校企合作制度的研究十分详尽,包括对英国现代学徒制和德国双元制法规框架的介绍,[③] 对德国、美国、日本、英国、澳大利亚职业教育校企合作中法律制度的比较等。[④] 立法[⑤]、财税、补贴[⑥]等一系列制度构建的举措得以提出,制度构建中最为关键的角色是政府,这也使得政府干预备受学者推崇。校企合作长效机制的构建,无论是激励、保障还是制约机制,都离不开政府的政策支持和制度建设;[⑦] 政府要积极利用行政、经济和法律在内的多种手段为企业和院校的合作牵线搭桥;[⑧] 首先且十分重要的是健全校企合作法律体系、完善评估机制、细化合作制度,因为校企合作的有效性依赖于法律制度的保障;[⑨] 只有政府协调统筹提供制度保障,明确各方的权利、责任和义务,进行制度创新,才能解决其中的跨部门、跨领域问题;[⑩] 政府应该主动作为,包括经济激励政策、制度、立法等,

---

[①] 林英:《高职院校校企合作现状及构建机制的调研》,《中国大学教学》2011年第7期。

[②] 周晶:《中国职业教育校企合作制度建设研究》,博士学位论文,东北师范大学,2015年,第1页。

[③] 关晶:《西方学徒制研究:兼论对我国职业教育的借鉴》,博士学位论文,华东师范大学,2010年,第66—128页。

[④] 杨红荃:《职业教育校企合作中的法律制度建设研究》,博士学位论文,武汉大学,2013年,第51—73页。

[⑤] 包杨川:《校企合作法律法规的完善策略——基于职业教育的视角》,《中国高校科技》2015年第7期。

[⑥] 姜睿思、谢富纪:《政府应如何补贴委托代理关系下的产学合作》,《科技管理研究》2020年第2期。

[⑦] 唐林伟:《高等职业教育校企合作长效机制研究:布迪厄场域理论的视角》,《现代教育管理》2013年第6期。

[⑧] 江玲:《高职院校校企合作的困境与前途》,《江苏社会科学》2010年第S1期。

[⑨] 祁占勇、王君妍:《职业教育校企合作的制度性困境及其法律建构》,《陕西师范大学学报》(哲学社会科学版)2016年第6期。

[⑩] 和震:《职业教育校企合作中的问题与促进政策分析》,《中国高教研究》2013年第1期。

力争最大限度地使系统达到帕累托最优均衡。① 尽管学者们对政府干预存在的弊端有所揭露,但是在解决校企合作困境中,依然坚持政府要主动担当和作为,② 要在政策保障、法律界定、财税支持等方面深入介入。③ 即使是经济学产权理论在校企合作中的新应用,也难以脱离制度建设。校企合作问题的根源在于产权保护不足,④ 要明确校企合作中政府、行业、企业、职业院校利益主体之间的权责关系,需要法律规范的强制手段,⑤ 对利益主体的产权划分依然陷入制度化困境。⑥

另一类观点看到了政府主导作用发挥的有限性,它肯定了校企合作协调机制的重要性,更关注校企合作以什么方式组织的问题,尤其是通过中间平台构建校企双方的合作协调机制。首先,学者们从不同角度论证了中间平台的重要性。中介组织参与校企合作是由我国市场经济运行模式决定的;⑦ 经济学交易成本理论指出了校企合作之间的交易费用,而中介组织的作用可以降低这些协调沟通、违约、退出、事后监管、谈判等成本;⑧ 人际网络中结构洞理论视角指出"中间人"缺失是校企合作失败的一个重要原因,而中介组织可以发挥很好的桥梁作用;⑨ 多元治理理论强调校企合作中政府、职业院校、行业和社会等利益主体的功能角色定位,而

---

① 俞慧刚:《政府介入下校企合作的利益博弈与利益分配格局演化》,《高等工程教育研究》2020年第5期。
② 张元宝:《校企合作中利益相关者的博弈与协调》,《中国高校科技》2019年第9期。
③ 吴华:《产权视域下的校企合作——市场机制的失效和政府的有限介入》,《现代教育管理》2014年第3期。
④ 王为民:《合作产权保护与重组:职业教育校企合作机制创新》,《教育研究》2020年第8期。
⑤ 肖凤翔、陈凤英:《校企合作的困境与出路——基于新制度主义的视角》,《江苏高教》2019年第2期。
⑥ 马廷奇:《命运共同体:职业教育校企合作模式的新视界》,《清华大学教育研究》2020年第5期。
⑦ 周英文、徐国庆:《中介组织参与职业教育改革的机制分析——以美国为例》,《教育发展研究》2021年第7期。
⑧ 郑彬:《产业集群环境下校企合作教育的优势与发展路径——基于交易成本理论视角》,《高教探索》2019年第11期。
⑨ 张建青:《结构洞视角下基于第三方机构的校企合作模式研究》,《福建论坛》(人文社会科学版)2016年第10期。

行业协会等社会组织有助于"利益共同体"的形成;① 其他功能还包括降低校企合作中员工流失、安全等风险,② 畅通利益诉求渠道等。③ 其次主要是对中间平台类型和属性的讨论。中间平台被看作专门从事人才培训与管理的行业协会、专业协会、人才交流中心等各类社会组织;④ 职业培训公司和行业协会是充当中介的组织;⑤ 行指委可以很好地扮演这个角色;行业组织对行业内天然的约束力使它们成为校企合作交流的桥梁和纽带,⑥ 行业协会可以成为政校企合作的中介组织,⑦ 要基于行业协会构建中介机构;⑧ 第三方社会组织,尤其是社会上存在的专门教育机构或培训机构可以用于校企合作"中间地带"的人才培养;⑨ 政府是校企合作协调的最佳人选,⑩ 是关键的中间协调人,⑪ 在政校企联盟中发挥中介作用。⑫ 从中介组织的属性来看,有人指出中介组织既不是校企一体化组

---

① 吴立军、吴晓志:《校企合作中企业参与行为的博弈分析——基于企业和社会收益的不同视角》,《高教探索》2015年第10期。

② 刘晓、高倩:《高等职业教育校企合作的风险表征与规避策略》,《黑龙江高教研究》2015年第7期。

③ 王振洪、王亚南:《高职教育校企合作利益机制及构建路径》,《黑龙江高教研究》2012年第4期。

④ 张建青:《结构洞视角下基于第三方机构的校企合作模式研究》,《福建论坛》(人文社会科学版) 2016年第10期。

⑤ 金劲彪、姬海宁:《构建校企合作"利益共同体"的探索与实践》,《中国大学教学》2014年第11期。

⑥ 潘海生、王世斌、龙德毅:《中国高职教育校企合作现状及影响因素分析》,《高等工程教育研究》2013年第3期。

⑦ 郭福春:《中德职业教育校企合作的比较分析》,《现代教育管理》2014年第12期。

⑧ 孙健、贺文瑾:《论企业参与高职院校校企合作的经济动力及其提升》,《高等工程教育研究》2018年第4期。

⑨ 解水青、秦惠民:《阻隔校企之"中间地带"刍议——高职教育校企合作的逻辑起点及其政策启示》,《中国高教研究》2015年第7期。

⑩ 南旭光、张培:《高职教育校企合作交易特征及治理模式》,《现代教育管理》2016年第2期。

⑪ 李勤:《从校企合作到校企联盟——以不完全信息静态博弈为分析工具》,《教育发展研究》2014年第7期。

⑫ 吴强:《校企合作战略联盟长效机制影响因素分析》,《技术经济与管理研究》2015年第2期。

织，也不是完全的市场交易组织；① 也有人认为中介组织可以是官方组织，也可以是社会中介机构。②

此外，越来越多的学者开始从市场化的角度看待职业教育校企合作，大家普遍认为，职业教育校企合作不仅是一个教育问题，更是一个经济问题。这里有三类观点。一是从我国社会主义市场经济运行模式出发，探讨我国校企合作倾向于采用哪种模式。这一观点从资本主义多样性理论出发，对以德国为代表的协调市场经济模式和以美国为代表的自由市场经济模式进行对比，以此分析我国市场经济运行模式的特征，并基于此进行校企合作的分析。有学者指出，我国市场经济运行模式偏向于美国为代表的自由市场经济模式，③ 因此应基于美国模式探索校企合作；有学者虽然赞同我国市场经济模式偏向美国为代表的新福特主义模式，但是职业教育发展却应该立足于德国为代表的后福特主义发展模式；④ 有学者虽然对两种模式进行了对比，但是显然没有意识到我国市场经济并不具备德国模式中协调市场经济的特征，⑤ 依然提出我国市场经济下技能形成体制具备瑞典国家主义技能形成的特征，⑥ 而瑞典同样也是协调市场经济模式。二是从职业院校的角度出发，探索学校如何适应市场化的问题。这类观点与教育产业化雷同，例如职业教育市场化就是将职业院校看作企业性质的单位，和其他企业共同参与市场竞争，承担企业不擅长或不愿做的外包项目；⑦ 或者将职业院校看作"准市场主体"，通过股份制改

---

① 王春旭、朱俊：《技术复杂性与治理结构：技能形成中的校企合作》，《教育学术月刊》2018年第6期。
② 何菊莲、杨拔翠等：《校企合作育人质量测评及优质合作育人模式构建——基于1538份校企合作人员调查的实证分析》，《高等工程教育研究》2019年第4期。
③ 徐国庆：《我国二元经济政策与职业教育发展的二元困境——经济社会学的视角》，《教育研究》2019年第1期。
④ 陈玺名：《职业教育校企合作中的计划与市场》，《现代教育管理》2015年第1期。
⑤ ［俄］托马斯·雷明顿、杨钋：《中、美、俄职业教育中的校企合作》，《北京大学教育评论》2019年第2期。
⑥ 杨钋：《技能形成与创新：职业教育校企合作的功能分析》，社会科学文献出版社2020年版，第35页。
⑦ 唐金花、王瑞敏：《产业柔性集聚背景下高职校企合作新模式研究：基于服务外包途径》，《教育发展研究》2016年第21期。

革成立公司。① 三是从企业的角度出发，分析企业在市场经济条件的参与动机。例如，企业参与的成本收益，将其看作影响职业教育办学最关键的因素之一，② 认为经济动力缺失是企业参与积极性不高的关键因素，③ 并提出企业在获得生产利润的同时也要获得教育利润，如部分生均公用经费、学生学费、财税优惠等；④ 现代企业参与受社会性动力、行为结果性动力、内部控制性动力的综合影响。⑤

（二）关于教育中介组织的研究

1. 对教育中介组织的存在意义进行解释

第一，对教育中介组织生存和发展合理性的解释。王义娜和陈彬从交易成本经济学理论视角诠释了教育中介组织生存和发展的合理性，即相比于市场经济领域的中介组织，教育中介组织可以通过提供多重社会服务功能节约交易成本，使教育服务供给的单位总成本达到最小，因此应该增加教育中介组织在教育服务方面的功能。⑥ 徐冬青借助政治学及社会学领域中公民社会理论解释了教育中介组织出现的缘由，即随着当代中国社会的转型，国家和社会的分野出现了公民社会，由此孕育了社会组织，他主张应该从国家—社会的关系模式对教育中介组织进行定位。⑦ 胡春花从经济学政府失灵的角度分析了教育中介组织产生的原因，即在提供教育服务方面存在着市场、政府无法妥善解决的问题，因此需要教

---

① 吴华：《产权视域下的校企合作——市场机制的失效和政府的有限介入》，《现代教育管理》2014年第3期。

② 冉云芳：《企业参与职业教育办学的成本收益分析》，博士学位论文，华东师范大学，2016年，第1页。

③ 孙健、贺文瑾：《论企业参与高职院校校企合作的经济动力及其提升》，《高等工程教育研究》2018年第4期。

④ 王利平、吴秀玲：《校企合作立法中的责任主体及其驱动与规制——基于高等教育现代化视角的对策性研究》，《现代教育管理》2019年第4期。

⑤ 贺艳芳：《我国企业参与现代学徒制动力问题研究——基于中德企业的对比》，博士学位论文，华东师范大学，2018年，第1页。

⑥ 王义娜、陈彬：《教育中介组织生存与发展的合理性阐释——基于交易成本经济学的视角》，《复旦教育论坛》2009年第5期。

⑦ 徐冬青：《市场引入与主体重构——现代学校制度若干问题研究》，辽宁人民出版社2009年版，第140—145页。

育中介组织的介入。① 杜明峰则从教育公共治理的视角出发提出，政府对教育管理权力的下放促进了教育社会组织的发展。②

第二，对教育中介组织功能和作用的研究。唐安国和阎光才总结了高等学校与政府间中介机构的作用特点，分别为整合目标和行为、整合功能运作、信息交流沟通。③ 阎光才进而分析了这类中介机构的三大职能特征，分别为决策的研究和咨询、宏观协调和管理以及信息服务。④ 毕国军将教育中介组织的功能概括为服务社会、评估鉴定、沟通社会、市场调节以及科学研究五大功能。⑤ 范履冰和曾龙总结了教育中介组织扮演的几大角色，分别为政府和学校之间矛盾和冲突的缓冲器，协调外界与学校关系的服务器，处理与社会关系的交换器，因此发挥着协调管理、教育决策咨询、信息服务的作用。⑥ 王全旺和周志刚从高职院校工学结合的视角探讨了中介组织的功能，认为中介组织在职业院校工学结合中可以发挥信息沟通和协调、资质认定、引导行业企业参与、质量评估等一系列作用，可以实现政府、学校、企业之间的有效沟通和协调，促进校企合作产教融合。⑦

2. 对教育中介组织的类型进行探讨

第一，对高等教育相关中介组织的研究。（1）对教育评估认证机构的研究。肖莉萍介绍了美国高等教育评估机构的发展历史，并对其评估机制以及存在的问题进行了深入剖析。⑧ 李阳芳以美国高等教育认证体系

---

① 胡春花：《我国政府与高校间中介性组织有关问题的研究》，硕士学位论文，苏州大学，2004年，第41页。
② 杜明峰：《社会组织参与教育——治理的视角》，博士学位论文，华东师范大学，2017年，第96页。
③ 唐安国、阎光才：《关于高校与政府间中介机构的理论思考》，《上海高教研究》1998年第6期。
④ 阎光才：《国外政府和高校间中介机构的职能特征分析》，《有色金属高教研究》1998年第6期。
⑤ 毕国军：《深化教育改革与教育中介组织》，《教育研究与实验》1998年第3期。
⑥ 范履冰、曾龙：《论教育中介组织的角色和作用》，《国家教育行政学院学报》2011年第8期。
⑦ 王全旺、周志刚：《教育中介组织在高职院校工学结合中的作用探究》，《学术论坛》2008年第6期。
⑧ 肖莉萍：《美国高等教育评估中介机构的研究》，硕士学位论文，广西师范大学，2008年，第1页。

中的两大代表性的中介机构为研究对象,总结了认证类中介机构的类型及其运行机制、作用和特点等。[1] 李春梅从组织学的视角分析了高等教育评估中介组织的专业性,即工作、技术、人员、权力的专业性。[2]（2）对高等教育协会组织的研究。刘金丽以美国教育理事会为例,详细分析了这一非政府性质的教育中介组织,包括其发展的历史、结构、运行机制以及对美国高等教育的影响。[3] 熊耕对美国协会组织进行了系统性研究,全面介绍了美国高等教育中的协会组织类型、运作环境、运行机制、参与方式等。[4]（3）对教师有关的教育中介组织的研究。郭朝红围绕教师政策制定介绍了美国、英国、日本、法国等国家的教育中介组织,并分析美国全美教师协会、美国教学与未来委员会等教师组织、专业研究团体对具体教师政策的影响及其影响方式,如组织间合作、教育研究、政策回应、政治活动等。[5] 周小虎基于利益集团视角详细分析了美国两大代表性的教师组织,包括这两大组织对教师政策、基础教育改革和高等教育改革的影响。[6] 付淑琼则针对具体的一个教育中介组织进行介绍,详细分析了美国大学教授协会的成立、历史发展、现状以及组织情况等。[7]

第三,对职业教育相关中介组织的研究。（1）对社会组织的研究。孙健分析了职业教育治理体系中社会组织缺位的现象和原因,并指出了社会组织在职教治理体系中扮演着中介者、监管者、协调者的重要角色。[8] 江波指出了社会组织在广西职业教育中的参与情况,如社会团体、

---

[1] 李阳芳:《美国高等教育评估中介机构运行机制研究》,硕士学位论文,河南师范大学,2019年,第1页。
[2] 李春梅:《高等教育评估中介组织专业性解析:组织学的视角》,《教育理论与实践》2009年第9期。
[3] 刘金丽:《美国教育理事会组织研究》,硕士学位论文,华东师范大学,2011年,第1页。
[4] 熊耕:《美国高等教育协会组织研究》,知识产权出版社2010年版,第1页。
[5] 郭朝红:《影响教师政策的中介组织》,天津教育出版社2006年版,第1—4页。
[6] 周小虎:《利益集团视角下的美国教师组织对教育政策影响的研究》,博士学位论文,东北师范大学,2006年,第1页。
[7] 付淑琼:《高等教育系统的专业协调力量 美国大学教授协会研究》,浙江大学出版社2011年版。
[8] 孙健:《职教治理体系中的社会参与:缺位与定位——以行业协会为例》,《教育发展研究》2015年第19期。

民非企业、基金会等。① 韦岚以香港非营利性的职业训练局为例,介绍了职业教育中介组织的运作机制。② 马君等人分析了新西兰的行业培训组织,对其特色、发展机制进行了深入探讨。③ 潘海生等人分析了产教融合服务组织的动力机制,强调了其中介性、市场性、专业性的特点。④ 周明通过国际比较分析了职业教育评估组织的模式和特点,指出其独立、服务与专业的特性。⑤（2）对行业组织的研究。吴海丽基于对 1+X 证书制度试点的分析发现,行业协会是 1+X 证书制度中重要的培训评价组织,作用突出。⑥ 肖凤翔和贾旻研究了行业协会组织参与职业教育存在的困境并提出了其参与机制。⑦ 刘根华等人实地调查了温州和金华两地的行业组织,指出了其参与职业教育的问题,如平台不足,执行力不够等,并构建了其发展路径。⑧ 邓志军等人对比了德国和澳大利亚两个国家的行业组织,分析了它们参与职业教育的特点和模式。⑨

3. 对教育中介组织存在问题的探讨

李子彦详细分析了我国教育中介组织发展面对的内外困境,从外部来看,我国对此类组织存在认知误区与偏差,还没有完善的法律法规体系,管理体制存在弊端,制度供给不足且社会监督力度不够;从内部来看,教育中介组织自身独立性不足,缺乏对自身正确的角色认知,资金不足,资源匮乏,职业化和专业化程度较低,内部治理结构

---

① 江波:《社会组织参与广西职业教育研究》,《民族教育研究》2015 年第 4 期。

② 韦岚:《职业教育中介组织的运行及内在机理——以香港地区职业训练局为例》,《职业技术教育》2020 年第 16 期。

③ 马君、刘昕荷:《基于行业主导、雇主主体的新西兰职业教育与培训模式研究——以行业培训组织（ITOs）为例》,《河北师范大学学报》（教育科学版）2020 年第 1 期。

④ 潘海生、裴旭东:《职业教育产教融合服务组织:动力、内涵与功能优化》,《职业技术教育》2019 年第 27 期。

⑤ 周明:《职业教育评估组织实施比较研究》,《中国职业技术教育》2015 年第 18 期。

⑥ 吴海丽:《1+X 证书制度试点中职业教育培训评价组织研究——基于前四批参与试点组织的分析》,《职教论坛》2021 年第 12 期。

⑦ 肖凤翔、贾旻:《行业协会参与现代职业教育治理的机理、困境和思路》,《西南大学学报》（社会科学版）2016 年第 4 期。

⑧ 刘根华、胡彦:《行业组织参与职业教育的问题及路径研究》,《高等工程教育研究》2016 年第 4 期。

⑨ 邓志军、邓佳楠:《德、澳两国行业组织参与职业教育的模式、特点及启示》,《教育与职业》2015 年第 34 期。

有待改善。① 此外，陈洁还指出，政府由于缺乏政务外包经验和技能，也使得中介组织的运行效果并不理想。② 王运宏也分析了我国职业教育中介组织存在的问题，如缺乏独立性和权威性，职责不清，运行不规范等。③ 陈文娇分析了我国教育中介组织的内涵、特征、类型及其发展，指出我国教育中介组织失灵主要表现为偏向政府组织、偏向企业组织、缺乏约束机制，失灵原因主要有体制束缚、道德失控、管理漏洞、利益驱动、腐败侵染五大方面。④

4. 对中介组织参与教育治理的研究

第一，教育中介组织与政府和学校的关系研究。周光礼梳理了教育中介组织与政府、学校之间形成的各种行政法关系，以此为基础构建了确立教育中介组织法律地位的三者互动模型。⑤ 吴天运用政策工具理论框架，从工具理性、价值理性、制度理性阐释了教育中介组织与政府合作治理关系的变迁，为构建非政府组织与政府的良性互动提供了解释框架。⑥ 周迪从资源依赖视角出发以某社会组织参与农村学前教育项目为例，探讨了社会组织与政府的资源合作动态过程，认为两者的互依性是合作的前提，但是存在非对称性资源依赖关系。⑦ 杨凤英在借鉴治理理论的同时，也从制度的视角对美国教育中介组织介入高等教育管理的原因进行了探讨，尤其是基于新制度经济学中的制度变迁理论梳理了美国中介组织介入教育管理的原因。⑧

---

① 李子彦：《教育中介组织参与公共教育治理：功用、困境及路径》，《黑龙江高教研究》2017 年第 3 期。
② 陈洁：《发展教育中介组织的若干思考》，《教育发展研究》2004 年第 Z1 期。
③ 王运宏：《我国职业教育中介组织存在的问题与建议》，《中国高教研究》2008 年第 4 期。
④ 陈文娇：《我国教育中介组织失灵与治理之研究》，硕士学位论文，华中师范大学，2006 年，第 1 页。
⑤ 周光礼：《论教育中介组织的法律地位》，《高等工程教育研究》2006 年第 5 期。
⑥ 吴天：《教育中介组织与政府合作治理关系研究——基于政策工具视角》，硕士学位论文，上海交通大学，2013 年，第 1 页。
⑦ 周迪：《资源依赖视角下社会组织与政府的互动关系研究——以 Q 机构农村学前教育项目为例》，硕士学位论文，青海师范大学，2017 年，第 1 页。
⑧ 杨凤英：《分权与合作：中介组织介入高等教育管理研究：基于美国的实践》，人民出版社 2016 年版，第 44—47 页。

第二，教育中介组织的参与方式研究。吴磊和冯晖基于合作治理视域提出教育组织可以通过政府或社会组织主导的工具型或表达型模式参与教育，通过扶持教育社会企业、规范教育行业以及政策倡导等途径进行参与。① 王战军和乔刚构建了社会组织参与研究生教育的三种模式，分别为委托模式、竞争模式、主动模式，政府购买服务，组织招标活动让社会组织参与进来，或者社会组织可以主动提供服务参与进来。② 杜明峰从教育公共治理的视角分析了社会组织参与教育的空间和领域，并构建了社会组织参与教育的基本框架，提出了政府主导下的社会组织参与，"补充式"参与和多样化参与策略以及基于问题的教育参与。③ 曾媛媛以某非营利组织为案例研究对象深入剖析该组织在新时代的运行实践方式，提出在新时代非营利组织要参与教育应该超越传统非营利组织的定位，利用好网络资源，依托网络平台、区块链技术等，拓宽组织边界。④

第三，教育中介组织的参与领域研究。唐斌整合了第三部门理论、公共物品理论和人力资本理论，以"政府—市场—志愿"的三维视角提出教育多元筹资体制，并构建了第三部门参与的志愿机制，提出通过推动民间捐资、形成代表教育利益的压力集团等方式促进第三部门组织参与教育筹资。⑤ 朱进喜等人从经济学的视角分析了非营利组织教育资源配置的主观经济愿望和客观经济条件，认为这可以使资源配置达到帕累托最优，提出应加大对非营利组织教育资源配置的优惠力度与资助。⑥ 杨卿以第三部门理论和大学治理为基础研究了我国第三部门组织参与大学治理存在的问题及可行性分析，认为第三部门组织应该积极参与大学内、

---

① 吴磊、冯晖：《合作治理视域下社会组织参与教育治理：模式、困境及其超越》，《中国教育学刊》2017 年第 12 期。

② 王战军、乔刚：《社会组织参与研究生教育治理的行为模式研究》，《学位与研究生教育》2017 年第 10 期。

③ 杜明峰：《社会组织参与教育——治理的视角》，博士学位论文，华东师范大学，2017 年，第 129 页。

④ 曾媛媛：《网络化时代教育 NGO 的组织重构——以 M 组织运行实践为例》，硕士学位论文，吉林大学，2019 年，第 1 页。

⑤ 唐斌：《教育多元筹资问题研究——兼论第三部门在教育筹资中的作用》，博士学位论文，华中师范大学，2008 年，第 1 页。

⑥ 朱进喜、吴卓平、王松婵：《非营利组织配置教育资源的经济分析》，《高等农业教育》2014 年第 4 期。

外部的治理。①

（三）研究述评

1. 国内校企合作研究述评

校企合作是国内职业教育的一个研究热点，学者们通过案例研究、国际比较研究、实证研究等方法，借鉴经济学、社会学等视角对其展开研究，虽然取得了丰硕的成果，但是也可以看到重复性研究过多，急需发展新的探索道路，以免止步不前。以下是对目前校企合作研究现状的反思。

第一，国内研究体现了对校企合作制度构建的高度重视，而这一高度重视使得研究话语具有十分明显的政策化导向。无论是强制性法律措施的实施，财税减免等补偿性激励措施，还是各类管理相关的规章制度，都依靠政府出台政策解决。这确实需要政府解决，但是考虑到制度环境以10年或100年演变的频率，②这似乎使校企合作难题更加无解。《中华人民共和国职业教育法》自1996年施行以来，时隔25年首次进行修订，而《校企合作促进办法》直到2018年才出台。对于企业税收制度的调整，只能由全国人民代表及其常务委员会制定法律，其修订涉及《中华人民共和国企业所得税法》《中华人民共和国税收征收管理法》等多项法规，需要财政、税务、教育等诸多部门的参与。事实上，这类研究有一个突出的贡献，就是引起了人们对校企合作制度建设的关注。制度本身也应该被关注，但是问题在于人们高估了制度的能力，③认为一旦法律体系明确了校企合作中各方利益相关者的权、责、利关系，就可以消除校企合作中的混乱。持这些观点的人假定权利的界定和执行很简单，但是从实际情况来看，远非如此。正如有些学者的反思指出，这类研究下的政策建议无论在理论还是在实践上都尚待成熟。④

---

① 杨卿：《我国第三部门参与大学治理的现状、问题与策略研究》，硕士学位论文，山西大学，2011年，第1页。
② [美] 奥利弗·伊顿·威廉姆森：《契约、治理与交易成本经济学》，陈耿宣编译，中国人民大学出版社2020年版，第179页。
③ [美] 奥利弗·伊顿·威廉姆森：《契约、治理与交易成本经济学》，陈耿宣编译，中国人民大学出版社2020年版，第181页。
④ 王为民、俞启定：《校企合作"壁炉现象"探究：马克思主义企业理论的视角》，《教育研究》2014年第7期。

第二,国内研究对校企合作中介组织的研究还处于萌芽的初始状态,但是这一研究方向却极具价值。它标志着我国开始从社会分析的第二层向第三层转变,即从依靠政府机关、司法部门、政治组织等构建适宜的制度环境,向追求达到适宜的治理结构转变,[1] 体现了治理行为向私人秩序方向的演进。[2] 显然,这方面的研究还存在很大不足。一方面,对于校企合作中介组织的重要性认识不足,不少文献依然没有跳脱出政府作为"中间人"的惯性思维,这体现出人们对教育领域非政府组织的不信任,也阻碍了人们对其他类型中介组织功能和作用发挥的探索。另一方面,多数文献对中介组织类型和作用的探讨经常寥寥数语带过,没有深入剖析到底哪些组织可以发挥中介的作用,哪些组织其实并不适合,更无从得知它们应该如何发挥中介的作用。这个研究方向还有待进一步挖掘。

第三,国内研究对市场化的关注,突破了传统的从学校视角出发对企业提要求的做法,开始从市场经济运行模式和规律来思考校企合作问题。这一研究视角比较新颖,但是一些本质问题仍有待深入探索。例如,职业院校面对市场化冲击,是否要大力发展教育产业化还需要进一步的论证。

2. 国内教育中介组织研究述评

总体来看,我国对教育中介组织的研究较为全面,涉及了教育中介组织研究的各个领域,包括中介组织的功能作用、类型、参与方式、参与领域、存在问题、国际经验借鉴等。可以发现,国内学者充分肯定了教育中介组织的作用,越发意识到教育中介组织的重要性,并且对国内教育中介组织面临的问题有着较为清晰的认识。面对这些问题,国内的研究者对教育中介组织参与教育事务的方式、领域等多个方面进行了探讨。已经有学者不再满足于对教育中介组织进行概括性、学理性的论述,而是能够深入挖掘组织发展的来龙去脉,组织自身运行的逻辑以及组织参与教育的机制。这些都表明,国内对教育中介组织的关注和兴趣正在

---

[1] [美]奥利弗·伊顿·威廉姆森:《契约、治理与交易成本经济学》,陈耿宣编译,中国人民大学出版社2020年版,第136页。

[2] [美]奥利弗·伊顿·威廉姆森:《契约、治理与交易成本经济学》,陈耿宣编译,中国人民大学出版社2020年版,第138页。

不断增加。

尽管如此，由于我国教育中介组织起步较晚，研究时间相对较短，依然存在一些问题。从研究范围来看，国内对教育中介组织的研究主要以高等教育为主，尤其关注中介组织在高校和政府之间如何发挥作用。针对其他教育领域尤其是职业教育的研究依然较少，对于中介组织在职业院校—政府—市场之间发挥作用的研究仍需增加。从研究类型来看，在众多研究中，又以评估类中介组织的研究成果居多，其他领域如基金会、研究会、协会、联合会的关注依然太少。在职业教育领域，教育评估中介组织同样备受关注，其次是对行业协会的研究，但是中介组织种类繁多，国内仍需增加对其他类型教育中介组织的研究。

从研究视角来看，多数研究依然停留在对某类中介组织或者某个中介组织本身进行描述性介绍，较少借助理论视角对组织发展和存在的缘由进行深入剖析，这也导致人们对这些中介组织发展经验的可借鉴性和可推广性存在疑问。在运用理论分析的研究中，多数研究从经济学和管理学的视角对组织进行分析，或者只是将理论陈列文中，依然对组织进行描述性介绍。在对组织分析的理论中，政治学、社会学等学科对组织的研究已经非常广泛，对组织理论的解读及其运作的研究也比较丰富，因此，有必要借助组织研究领域的最新成果，从新的视角对教育中介组织进行全新解读，丰富教育领域对中介组织的研究。在运用理论分析的时候也应该避免将理论当作"背景"而不运用到问题分析中的现象。从研究方法来看，由于我国教育中介组织建设还不成熟，相关研究更多聚焦到国际经验介绍，因此，国际比较法、文本分析法是这个领域较为常用的研究方法。在未来的研究，可以增加对教育中介组织的实地调查和考察，提供更多实证资料，提高研究成果的指导价值。

二 国外研究

(一) 国外关于校企合作的研究

校企合作在国际职业教育发展中同样引起了高度重视。国外学者普遍认为职业教育和私营部门的合作是职业教育发展的长效机制，两者在技术人员技能培训、职业标准制定、课程开发、教材编写、教师培训、评估、融资等方面的合作具有压倒性的优势①。校企合作在国外的概念和术语中有多种叫法，使用最为广泛的是社会合作伙伴关系（social partnership）或者公私合作伙伴关系（Public-Private Partnerships，PPP），其他的还有"公私合作"（public-private partnership）、英国的"私人融资计划"（Private Finance Initiative，PFI）、墨西哥的服务提供项目（Service Provision Project，SPP）、加拿大的替代融资和采购（Alternative Financing and Procurement）、世界银行的私营部门参与（Private Sector Participation，PSP）等。它们共同的本质特征是，不同利益相关者的合作、目的具有复杂性（为实现社会和经济有益的目标）、要求责任对等性（所有伙伴对互动结果负责，风险平等分配）、注重结果（拥有一个特定的目标）和互动的长期性，以及关系的形式化（以协议、合同、备忘录等形式订立）②。此外，从不同角度来看合作的类型也多种多样，根据参与者数量可以分为双边和多边合作；根据合作领域的不同，可以分为基础设施公共机构私营管理、教育服务外包、非教育服务外包、创新和研究伙伴关系、代金券和补贴；根据项目融资——提供教育服务的综合标准，可以分为私人倡议、赞助、混合项目、政府计划；根据合作的广度和深度可以分为广泛伙伴关系和深入伙伴关系；根据互动协调度——投资额的综合标准，可以分为自由型（合作程度较低）、团结型（雇主、教育机构、政府和民间社会的高度参与，中介发挥核心作用）、家长式互动（一家大型公司的积极参与）、财团式的伙伴关系。

1. 关于校企合作模式的研究

不同国家校企合作模式的介绍及比较是国外一个很重要的研究领域。埃布纳（Ebner）和尼古拉（Nikolai）解释了集体主义培训计划在国家集群内的变化，他们看到在德国、奥地利和瑞士开发并建立起来的双元制，尽管系统相似，但是并不相同。他们指出，德国和瑞士依然能够保持双

---

① Jane Oviawe, "Revamping Technical Vocational Education and Training through Public-Private Partnerships for Skill Development", *Makerere Journal of Higher Education*, Vol. 10, Issue 1, January 2018.

② Oleksandra Volodymyrivna Borodiyenko, et al., "Public-private Partnership in Education as a Prerequisite for the Growth of Regional Labor Markets: Analysis of Foreign Experience", *Financial and Credit Activities: Problems of Theory and Practice*, Vol. 1, Issue 36, February 2021.

元制培训模式占据主导地位，这与雇主、工会的阻挠，政党之间的博弈密切相关，导致在培训中扩大学校因素的努力都以失败告终，但是奥地利相反，党派之间的联盟、中央政府的管理、雇主和工会的支持，使得它在20世纪70年代中期以后逐渐削弱了双元职业培训，建立起全日制职业培训制度。[1] 埃梅内格尔（Emmenegger）还分析了合作在区域、部门和职业层面的方式和水平，提出了校企合作的六个核心任务，分别为系统开发、内容确定、经费筹措、培训服务组织、供需匹配和监测审查认证，并指出国家机构、企业和中介组织等行为者之间的合作至关重要。[2] 除了双元制，英语国家的学徒制也是各国学者普遍关注的校企合作模式。尼汉（Nyhan）讨论了爱尔兰在1993年通过构建雇主、工会和政府新型社会伙伴关系成功实行国家学徒方案的历史发展，作者认为这种突破性的"社会伙伴关系"协定为校企合作开展学徒制创造了一种良好的工业文化环境。[3] 英国、美国最接近以实践为导向的公私伙伴关系培训形式是学徒制，萨蒂科（Satdykov）分析了美国学徒计划的参与要求、人数、补贴分配等情况，以及英国政府为吸引雇主参与提出的税收优惠政策、法律要求等，他指出了两个国家的校企合作的共同之处，即引进学徒计划是首要方向，国家为了在市场竞争的条件下吸引企业培训都承担了一大部分培训成本。[4] 此外，还有新加坡的"工厂学校"（factory school）模式，在这种模式下，职业教育考试系统和企业之间密切联系，雇主深入参与为各种职业教育机构和项目提供咨询、制定职业标准、评估文凭候选人、提供最先进的教学设备、就广泛的课程方向提供建议，这也是新加坡职

---

[1] Christian Ebner and Rita Nikolai, "Duale Oder Schulische Berufsausbildung? Entwicklungen und Weichenstellungen in Deutschland, Österreich und der Schweiz", *Swiss Political Science Review*, Vol. 16, Issue 4, December 2010.

[2] Patrick Emmenegger, Lukas Graf and Christine Trampusch, "The Governance of Decentralised Cooperation in Collective Training Systems: a Review and Conceptualisation", *Journal of Vocational Education & Training*, Vol. 71, No. 1, March 2019.

[3] Barry Nyhan, "Creating the Social Foundations for Apprenticeship in Ireland", *Rediscovering Apprenticeship: Research Findings of the International Network on Innovative Apprenticeship (INAP)*, Springer, 2010, pp. 45–57.

[4] Ayrat Ildarovich Satdykov and Qualification Systems, "Comparative Analysis of Enterprise's Participation in the Process of Labor Training in USA, Great Britain and Russia", *Contemporary Problems of Social Work*, Vol. 5, No. 2, January 2019.

业教育课程的一个标志。①

2. 关于德国双元制模式的学习与借鉴

很显然，国外对校企合作双元制模式的研究热情同样十分高涨。一类学者看到了双元模式的优越性，希望将其经验移植到本国中来。如皮利亚韦茨（Pyliavets）等人发现，在职业培训中引入与德国双元模式的社会伙伴关系对乌克兰职业教育发展具有重要战略意义，而立法活动对保障职业教育更是不可或缺。② 雷明顿（Remington）分析了俄罗斯从国家计划经济向市场经济转型开展德国模式试点的情况，他指出，在经济转型的过程中，俄罗斯行业协会和工会没有能力解决校企合作的问题，而政府行动者可以，有效的政府和有凝聚力的地区集团或社会精英可以更好地解决职业教育改革所带来的集体行动问题。③ 格伦瓦尔德（Grunwald）分析了智利和埃及学习德国双元模式经验的案例，他们发现政府在公私伙伴关系构建中发挥重要作用，但是德国模式也被证明不存在直接的可复制性，这需要政府放弃对职业培训方面的垄断，需要足够活跃的经济来确保企业参与，需要与国家目标和指导方针清晰对接等。④ 另一类学者看到了双元模式移植的令人失望的后果，探讨如何才能移植成功的问题。如欧拉（Euler）看到，尽管德国在培训体系输出上做了很大努力，但是也只是被几个中欧国家采用，他借助瑞士、荷兰、奥地利、丹麦、挪威、卢森堡和英国的实证案例进一步提出了德国双元制的 11 个核心要素，其中政府与企业的密切合作是一个必不可少

---

① Marc Tucker. The Phoenix：Vocational Education and Training in Singapore. International Comparative Study of Leading Vocational Education Systems［EB/OL］（2012 – 10 – 01）［2021 – 08 – 03］. https：//careertech. org/wp-content/uploads/sites/default/files/files/resources/ncee-the-phoenix＿2012. pdf.

② Maryna Pyliavets，Oksana Protas，et al.，"A Comparative Analysis of Peculiarities of Vocational Education in Ukraine and Germany"，*Revista Romaneasca pentru Educatie Multidimensionala*，Vol. 12，Issue 3，September 2020.

③ Thomas F. Remington，"Business-government Cooperation in VET：a Russian Experiment with dual Education"，*Post-Soviet Affairs*，Vol. 33，No. 4，July 2017.

④ Edda Grunwald. Public-private Partnership Models in TVET and Their Impact on the Role of Government［EB/OL］（2008 – 05）［2021 – 08 – 03］. https：//unevoc. unesco. org/e-forum/GTZ＿PPP-in-TVET. pdf.

的元素。① 皮尔茨（Pilz）和李（Li）也指出，即使德国制造类企业在其他国家自行推广双元制也遇到不少阻力，它们与美国、中国、印度的职业学院、社区学院等开展合作，除了中国有个别成功案例，其他国家都失败了。② 曼文森（Hummelsheim）和鲍尔（Baur）同样指出，亚洲国家要想移植这个模式需满足五大关键要素，分别为社会对标准的认可、职业教师和导师的培训、制度化的研究和职业指导、国家与私营部门之间的密切合作、在职学习。③ 还有一类学者看到了双元制自身也在随着时代变化，对双元制本身展开反思。如欧拉看到了德国双元制的危机提出了双元制实现现代化的变革举措，④ 梅约（Maio）等人提出了瑞士双元制模式如何在经济自由化和全球化冲击下采取更具包容性的新举措，即将职业教育与培训的关键权力下放给企业，让雇主担任"看门人"角色。⑤

3. 关于企业参与校企合作的研究

在这些研究中，如何促进企业参与职业教育与培训是一个关键问题。这也是除了德国和瑞士，其他所有发达国家都在不断尝试解决的问题。这涉及企业和职业院校合作如何组织的问题，也是伙伴关系该如何构建的问题。有学者从资本主义多样性的角度提出，在协调市场经济国家，雇主、工会、教育机构和政府建立长期战略伙伴关系以协调培训和就业，但是在自由市场经济国家，个人、教育机构和雇主在决定对技能形成的

---

① Dieter Euler. Germany's Dual Vocational training System: a Model for Other Countries?: A Study Commissioned by the Bertelsmann Stiftung [EB/OL] [2021 – 08 – 03]. https://eunec.eu/sites/www.eunec.eu/files/attachment/files/2013_study_german_vet_system.pdf.

② Matthias Pilz and Junmin Li, "Tracing Teutonic Footprints in VET Around the World? The Skills Development Strategies of German Companies in the USA, China and India", *European Journal of Training and Development*, Vol. 38, No. 8, August 2014.

③ Stefan Hummelsheim and Michaela Baur, "The German Dual System of Initial Vocational Education and Training and Its Potential for Transfer to Asia", *Prospects*, Vol. 44, Issue 2, June 2014.

④ Dieter Euler, *Modernisierung des dualen Systems: Problembereiche, Reformvorschläge, Konsens-und Dissenslinien*, Bonn: BLK, 1998.

⑤ Gina Di Maio, Lukas Graf and Anna Wilson, "Embedded Flexibilization and Polite Employer Domination: the Case of Short-track Apprenticeships in Switzerland", *Empirical Research in Vocational Education and Training*, Vol. 12, Issue 1, March 2020.

投资时很大程度上依赖市场信号。① 而且在国家层面，政治经济模式对公共部门和私营部门的合作方式是一种"刚性约束"，也只能在部门或地方层面才有可能改变。② 如中国、美国和俄罗斯的经济发展轨迹尽管不同，但是三国为促进企业和教育机构之间的合作采用的做法惊人相似，即都采用了市场化的做法，杨（Yang）和雷明顿（Remington）总结了这些国家校企合作案例的经验，包括财团式伙伴关系、大公司主导的"父母模式"等，并指出以往良好的合作历史、中间人的监督和协议执行，以及政校企之间的面对面沟通有助于克服自由化的弊端。③ 穆勒（Müller）借用机械工程校企合作的案例表明，对于中国私营部门来说，应该基于公司需求和学校吸引力更多地探索市场导向机制的校企合作，行业协会为这种机制提供了机会。④ 美国为了推动社区学院与企业的合作，发展了一组十分关键的合作伙伴——劳动力中介组织，这些组织包括基金会、社会团体等各类社会组织，它们连接了雇主和工人的需求，在近十几年的发展中造就了不少成功的案例。⑤

除了组织的问题，为了吸引企业的参与，各国还从经济、政策、文化等方面提出了诸多举措。如很多实行双元制的欧洲国家，它们并不是依赖"自发"的共同投资，而是利用强制性培训基金和征税使雇主之间建立强制性互惠关系。⑥ 澳大利亚为了分摊职业教育与培训的经费负担，

---

① Busemeyer, Marius R. and Christine Trampusch, "The Comparative Political Economy of Collective Skill Formation", *The Political Economy of Collective Skill Formation*, Oxford: Oxford University Press, 2011, pp. 101-125.

② Rodney Haddow, "How Malleable are Political-economic Institutions? The Case of Labour-market Decision-making in British Columbia", *Canadian Public Administration*, Vol. 43, No. 4, December 2000.

③ Thomas F. Remington and Po Yang, "Public-private Partnerships for Skill Development in the United States, Russia, and China", *Post-Soviet Affairs*, Vol. 36, Issue 5-6, June 2020.

④ Armin Müller. Cooperation of Vocational Colleges and Enterprises in China: Institutional Foundations of Vocational Education and Skill Formation in Nursing and Mechanical Engineering-Preliminary Findings [EB/OL] (2017-12) [2021-08-03]. https://www.econstor.eu/bitstream/10419/173260/1/1010343025.pdf.

⑤ Maureen Conway and Robert P. Giloth, *Connecting People to Work: Workforce Intermediaries and Sector Strategies*, New York: American Assembly, Columbia University, 2014, pp. 1-17.

⑥ Etienne Cognard, "Varieties of Capitalism and Financial Cooperation Between Employers: The Initial and Continuous Vocational Training in Comparison", *European Journal of Industrial Relations*, Vol. 17, Issue 1, March 2011.

在小企业普遍不愿意甚至抵制参与的情况下依然发布政策鼓励小企业参与进来,使得这个政策成为一个特别"困难的要求"。[1] 雷明顿同样赞同,公司和学校联合投资双元职业教育体系在体制上来说都是昂贵的,这需要美国政府在所有这些伙伴关系安排中发挥至关重要的作用,在某些情况下,甚至发挥中介的关键作用。[2]

(二) 国外关于教育中介组织的研究

1. 关于教育中介组织自身建设的研究

对教育中介组织类型的研究。对这一问题的关注尤其在 1992 年以"中介组织在高等教育中的作用"为主题的高等教育年会中得到充分讨论,各国学者对什么组织发挥了什么样的中介作用或缓冲作用进行了细致的探讨。阿韦杜托(Avveduto)和布兰迪(Brandi)介绍了意大利主要研究机构国家研究委员会在高等教育方面的举措,并详细分析了这一缓冲机构在大学和政府之间发挥作用的机制。[3] 瓦塞尔(Wasser)则分析了纽约城市大学董事会发挥缓冲作用的案例。[4] 鲁德尔(Rudder)比较了德国和美国高等教育中介组织的类型、特色以及发展背景,认为德国政府在高等教育中扮演的角色更强,而美国非政府因素占据更大比重。[5] 米尔贝格(Mühlberg)详细分析了德国高等教育联合会的功能和资金来源,认为这是一个在国家与大学之间的中介组织,但对其是否发挥缓冲作用表示怀疑。[6] 美国学者霍金斯(Hawkins)在其著作中着重介绍了美国主要的全国性七大高等教育协会,详细分析了这些代表性协会组织的发展

---

[1] Stephen Billett, "Increasing Small Business Participation in VET: a 'Hard Ask'", *Education + Training*, Vol. 43, No. 8/9, December 2001.

[2] Thomas F. Remington, "Public-private Partnerships in TVET: Adapting the Dual System in the United States", *Journal of Vocational Education & Training*, Vol. 70, Issue 4, June 2018.

[3] Sveva Avveduto and M. Carolina Brandi, "Education Functions within Research", *Higher Education Policy*, Vol. 5, Issue 3, September 1992.

[4] Henry Wasser, "Boards of Trustees As Buffers: The Case History of the City University of New York", *Higher Education Policy*, Vol. 5, Issue 3, September 1992.

[5] Helmut de Rudder, "Buffer Institutions in Public Higher Education in the Context of Institutional Autonomy and Governmental Control: A Comparative View of the United States and Germany", *Higher Education Policy*, Vol. 5, Issue 3, September 1992.

[6] Christoph Mühlberg, "Is the Deutsche Forschungsgemeinschaft a 'Buffer Institution' for Research in Germany?", *Higher Education Policy*, Vol. 5, Issue 3, September 1992.

历程、发展动机、服务内容与目的，以及它们与大学和国家的关系等。[1]

对教育中介组织功能的研究。斯普利（Spoonley）认为"缓冲组织"可以打破大学"学术"和政府"管理"之间日益紧张的关系，从而推动高等教育创新发展，以更好地应对时代的各种挑战。[2] 阿拉尔（Alar）和约翰斯通（Johnstone）讨论了美国多校区大学系统的作用，认为这一管理委员会可以将学校需求传递给政府，同时也能将政府需求传递到学校，使得大学制度在政府干预和学校自治之间起到缓冲作用，同时它也发挥着调节者的角色。[3] 埃德加（Edgar）用五边形模型构建了高等教育所处的环境，认为高等教育在政府、学术界、雇主、学生之间都需要一定的缓冲机构以便于两者的双向沟通，这些缓冲组织可以提供决策或咨询缓冲，避免政府对高等教育的垄断，促进高等教育的创新发展。[4] 多拉马克（Doramaci）介绍了土耳其公立大学与政府之间建立的一个缓冲机构——高等教育委员会，分析了其在两者间发挥的缓冲作用，认为该组织有助于协调土耳其各高等教育机构关系，确保已分配的资源得到有效利用，并表明该组织很好地发挥了其缓冲作用。[5] 尼夫（Neave）介绍了英国、澳大利亚、德国、印度、法国等不同国家的一些高等教育缓冲机构，根据这些机构的发展经验提出，尽管有些机构消亡了，有些机构重新涌现，但它们的主要功能都是为了确保大学和国家之间不间断的、更持久的互动，其中心作用就是作为协调工具，或者更确切地说是作为政策微调的工具。[6]

对教育中介组织专业化问题的研究。尼兰（Nerland）和卡尔塞斯

---

[1] Hugh Hawkins, *Banding Together: The Rise of National Associations in American Higher Education, 1887-1950*, Maryland: Johns Hopkins University Press, 1992, pp. 1-10.

[2] Neil Spoonley, "Innovation: The Roles of 'Buffer Organizations'", *Higher Education Policy*, Vol. 5, Issue 3, September 1992.

[3] Arif Çağlar and D. Bruce Johnstone, "The Role of American Multicampus University Systems as Buffer Institutions in Safeguarding Campus Autonomy", *Higher Education Policy*, Vol. 5, Issue 3, September 1992.

[4] Edgar Frackmann, "The Role of Buffer Institutions in Higher Education", *Higher Education Policy*, Vol. 5, Issue 3, September 1992.

[5] Ihsan Doğramaci, "The Role of Buffer Institutions in Higher Education, and the Turkish Experience", *Higher Education Policy*, Vol. 5, Issue 3, September 1992.

[6] Guy Neave, "On Bodies Vile and Bodies Beautiful: The Role of 'Buffer' Institutions Between Universities and State", *Higher Education Policy*, Vol. 5, Issue 3, September 1992.

（Karseth）分析了政府—学校之间的中介组织挪威教育联盟，研究表明，联盟的知识工作确保了教师的差异化发展，使其成为政府举措和法规的监督者。① 卢比恩斯基（Lubienski）等人发现，近年来，美国联邦政府表达了对"基于研究"的干预措施的偏好，不仅是公共政策制定者，受教育的私人政策者（尤其是慈善家）也明确要求教育中介组织提供证据，从而规定或限制资金的使用，并且会根据干预措施的有效性，决定是否撤资。②

对教育中介组织合法性、声望、规范性等问题的关注。基泽（Kezar）等人关注了美国大学协会发起的本科科学、技术、工程和数学教育（Science, Technology, Engineering, Mathematics, STEM）计划，研究发现，社会压力、公众认可和优先次序制定是组织提高规范性的重要因素，大学声望是美国大学协会普遍存在的激励机制。③ 泰勒（Taylor）和沃伯顿（Warburton）发现，英国第三部门组织高度重视合法性的政治形式（针对参与性结构和对成员、受益者的责任制意义而言），但是政府通常更倾向于优先考虑合法性的技术形式，例如研究和执行政策的能力。④ 巴奈特（Barnett）提出，中介组织合法性的一个指标是声誉，具备了良好的理性和公正的声誉，中介组织可以在很大程度上被接受为信息和建议的合法来源。⑤

对教育中介组织"中介性"问题的研究。马歇尔（Marshall）介绍了澳大利亚在政府和高等教育机构发挥"缓冲"作用的中介组织——在国家

---

① Monika Nerland and Berit Karseth, "The Knowledge Work of Professional Associations: Approaches to Standardisation and Forms of Legitimisation", *Journal of Education and Work*, Vol. 28, Issue 1, 2015.

② Christopher Lubienski, Janelle Scott, and Elizabeth DeBray, "The Politics of Research Production, Promotion, and Utilization in Educational Policy", *Educational Policy*, Vol. 28, Issue 2, March 2014.

③ Adrianna Kezar and Samantha Bernstein-Sierra, "Examining Processes of Normative Isomorphism and Influence in Scaled Change Among Higher Education Intermediary Organizations", *AERA Open*, Vol. 5, Issue 4, October-December 2019.

④ Marilyn Taylor and Diane Warburton, "Legitimacy and the Role of UK Third Sector Organizations in the Policy Process", *Voluntas: International Journal of Voluntary and Nonprofit Organizations*, Vol. 14, Issue 3, September 2003.

⑤ Michael Barnett, "Historical Sociology and Constructivism: An Estranged Past, a Federated Future?", *Historical Sociology of International Relations*, Cambridge: Cambridge University Press, 2002, p. 113.

享有很高权威的法定委员会，重点关注了其衰弱的过程。从其发展来看，由于联邦政府部门开始积极参与大学和学院的事务，它们对委员会提出了各种无法满足的要求，虽然提供了新的资金，但是这种突然提供的资金在高等教育界造成分歧，严重损害了委员会的规划程序；总之，由于政府的强力干涉，"缓冲"组织的作用被大大削弱，最终被政府解散。① 韦氏（Wechsler）和弗里德里希（Friedrich）研究中介组织参与学校规划和洛杉矶教育重组联盟时发现，中介组织有必要在维持计划灵活性、建立可持续变化以及保持组织独立性之间保持平衡，但是它们可能会因为依赖决策者获取关键资源而使发展受到限制。② 卡瓦斯也曾指出高等教育缓冲机构的作用存在不稳定性，其中一个根源在于其很难保持中立性，大多数缓冲组织不能维持自己在大学和政府之间的中立地位，而存在明显的倾斜，这种倾斜就成为一种漏洞，需要在组织结构、活动范围、文化因素、独立声誉等方面做出改变。③

2. 中介组织参与教育治理的因素分析

从整个大的社会背景来看，教育中介组织的兴起与新自由主义改革密切相关。克拉夫（Klaf）等人注意到，新自由主义改革模式在教育领域的扩张已经存在一段时间。④ 梅塔（Mehta）指出，美国社会福利政策虽然赋予了地方政府对公立学校的控制特权，但是也导致了当地问责制度系统的复杂和不平衡，为了应对社会福利政策缺陷，人们开始呼吁为学校改革提供广泛的公众支持。⑤ 自此，美国开启了新自由主义时代，倡导权力下放和私有化思想，为非国家服务提供者进入美国公共教育创

---

① Neil Marshall, "End of an Era: the Collapse of the 'buffer' Approach to the Governance of Australian Tertiary Education", *Higher Education*, Vol. 19, Issue 2, June 1990.

② Marjorie E. Wechsler and Linda D. Friedrich, "The Role of Mediating Organizations for School Reform: Independent Agents or District Dependents?", *Journal of Education Policy*, Vol. 12, Issue 5, 1997.

③ Elaine El-Khawas, "Are Buffer Organizations Doomed to Fail? Inevitable Dilemmas and Tensions", *Higher Education Policy*, Vol. 5, Issue 3, September 1992.

④ Suzanna Klaf and Mei-Po Kwan, "The Neoliberal Straitjacket and Public Education in the United States: Understanding Contemporary Education Reform and its Urban Implications", *Urban Geography*, Vol. 31, Issue 2, 2010.

⑤ Jal Mehta, "How Paradigms Create Politics: The Transformation of American Educational Policy, 1980–2001", *American Educational Research Journal*, Vol. 50, Issue 2, April 2013.

造了条件。鲍尔（Ball）指出，在高等教育领域，非国家行为者运动正蓬勃发展，形成了由私人和非营利行为者组成的复杂政策网络，国家对非国家服务提供者的支持导致各级政府、公共和私营部门之间的界限越来越模糊。①

从政府层面而言，政策制定的"外包"行为以及基于证据的政策制定推动了教育中介组织的发展。鲍尔（Ball）和朱曼（Junemann）在分析英国学校网络治理结构时指出，政府人员参与学校改革时的角色已经发生变化，出于责任分散等原因，政府内部人员越来越有可能将政策制定"外包"给外部人员，其中就包括慈善机构等中介组织，旨在建立广泛共识，减少政策实施阻力；而基金会和中介组织在传统政府体系之外的决策中也越来越扮演着"经纪人"的角色。② 尼尔森（Nelson）等人也指出，负责制定政策决策的人员通常不具备解释或评估复杂研究报告的能力，他们通常依靠中介个人或组织为决策者收集、总结和"打包"研究报告，该功能赋予此类中介机构以卓越的权威来代表研究证据。③

从中介组织自身参与的因素来看，主要与组织领导人、组织成员、组织目标等相关。费里斯（Ferris）等人访谈了26个关注K-12教育政策的基金会，共20个高级项目工作人员，研究发现，基金会参与教育决策主要受领导人的影响，外部影响主要为当前关于基础教育的研究报告等。④ 拉德曼（Laderman）等人基于对华盛顿特区和科罗拉多州24家独立政策制定机构高层领导的文件分析和半结构化访谈，研究了几种类型的独立政策制定机构（国家会员组织、智库、倡导组织、

---

① Stephen J. Ball, "New Voices, New Knowledges and the New Politics of Education Research: the gathering of a perfect storm?", *European Educational Research Journal*, Vol. 9, No. 2, September 2010.

② Stephen J. Ball and Carolina Junemann, *Networks, New Governance, and Education*, Chicago, IL: The Policy Press, 2012, pp. 5-6.

③ Steven R. Nelson, James C. Leffler and Barbara A. Hansen. Toward a Research Agenda for Understanding and Improving the Use of Research Evidence [EB/OL] (2009-01) [2020-9-11]. https://educationnorthwest.org/sites/default/files/toward-a-research-agenda.pdf.

④ James M. Ferris, Guilbert C. Hentschke, and Hilary Joy Harmssen, "Philanthropic Strategies for School Reform: An Analysis of Foundation Choices", *Educational Policy*, Vol. 22, Issue 5, September 2008.

基金会等)。研究发现,会员独立政策制定机构主要由会员利益主导来决定关注哪些政策领域的问题并安排优先事项;其中13家独立机构表示它们是由董事会领导确定政策问题和优先事项;8家机构表示由特别委员会(主要是该机构的联邦关系官员)决定;多数机构(15家)主要根据出资人的要求关注政策的某些问题;此外,也会考虑媒体传达的公众兴趣或者受到某个权威专家的影响。[1]

3. 中介组织参与教育治理方式的研究

(1) 中介组织参与教育政策的制定

不同的中介组织介入了教育政策制定的不同阶段,在不同阶段采取的干预方式也有所不同。费里斯等人(2008)在研究基金会参与公共政策的决策制定范围时发现,它们关注学校专业发展和治理的政策领域,主要干预政策制定的前两个阶段;并通过拨款、与其他组织合作进行介入。[2] 德尼莎(Denisa)等人关注了美国完全学院联盟在大学落实政策要求中发挥的作用,他们采用半结构化方式访谈了56名人员,同时对中介组织进行了观察,并对其档案数据进行了梳理。基于政策传播的概念模型——国家互动模型,该研究发现,完全学院联盟主要通过采取奖励措施、巨额拨款激励、一定的惩罚性措施、示范最佳做法间接施压、与地方中介机构联合、制定有效营销方案等措施推动政策落实。[3] 拉德曼等人研究了中介组织参与高等教育政策制定的全过程,包括教育政策问题的选择(设置政策制定机构)——问题的确定(通过数据和信息界定问题的范围及潜在原因)——制定解决方案(依赖证据和先前研究)——政策宣传和实施(分享信息、吸引媒体注意、结成联盟、公布政策议程、进行研究、利用重点活动、参与直接宣传或阻止某些政策的

---

[1] Cecilia Marie Orphan, et al. The Role of Intermediary Public Policy Organizations in Shaping the Policy Agenda for Higher Education [EB/OL] (2018-06) [2020-9-11]. http://morgridge.du.edu/wp-content/uploads/2018/06/Public-Policy-Research-Brief_FINAL.pdf.

[2] James M. Ferris, Guilbert C. Hentschke, and Hilary Joy Harmssen, "Philanthropic Strategies for School Reform: An Analysis of Foundation Choices", *Educational Policy*, Vol. 22, Issue 5, September 2008.

[3] Denisa Gandara, Jennifer A. Rippner and Erik C. Ness, "Exploring the 'How' in Policy Diffusion: National Intermediary Organizations' Roles in Facilitating the Spread of Performance-Based Funding Policies in the States", *The Journal of Higher Education*, Vol. 88, Issue 5, March 2017.

执行)。①

　　中介组织通过提供研究或证据影响教育政策的制定。卢比恩斯基表示，出于很多原因，教育政策的研究证据（特别是相对于其他部门的研究证据）经常被低估，其中的教育研究通常非常复杂或理论化，而且由于教育具有"延时性"特征很难获得经验证据；中介组织通过选择、解释、包装和促进特定研究的方式将研究人员和用户联系起来促进政策偏好，这也是中介组织在美国教育政策领域迅速普及的重要原因。②科伯恩（Coburn）等人在2002—2005年追踪了一个中型城市学区中央办公室政策的制定过程，研究发现学区在制定教育政策时越来越注重基于证据，而中介组织在其中发挥了重要作用，积极推动了诸多基于研究的课程和教学改革。③麦克唐纳（McDonnell）和韦瑟福德（Weatherford）重点关注美国通用核心州标准计划，这是一项由中介组织在国家一级说服决策者制定的特定政策，而研究证据的应用则成为中介组织最强有力的说服。④

　　(2) 教育中介组织参与学校治理

　　教育中介组织干预学校董事会选举政治。萨拉（Sarah）等人关注了2008—2013年间向洛杉矶等四个地方城市董事会候选人和组织提供的16000多笔捐款，以确定外部捐款的范围和模式。研究发现，尽管教育工作者工会仍然是竞选支持的主要经费来源，但是各类教育组织或其他团体动员富豪捐助者群体支持选举对当地政治产生了重大影响。⑤海勒（Heller）就基

---

① Cecilia Marie Orphan, et al. The Role of Intermediary Public Policy Organizations in Shaping the Policy Agenda for Higher Education [EB/OL] (2018–06) [2020–9–11]. http://morgridge.du.edu/wp-content/uploads/2018/06/Public-Policy-Research-Brief_FINAL.pdf.

② Christopher Lubienski, "The Critical Challenge: Policy Networks and Market Models for Education", *Policy Futures in Education*, Vol. 16, Issue 2, January 2018.

③ Cynthia E. Coburn, Judith Toure, and Mika Yamashita, "Evidence, Interpretation, and Persuasion: Instructional Decision Making at the District Central Office", *Teachers College Record*, Vol. 111, Issue 4, April 2009.

④ Lorraine M. McDonnell and M. Stephen Weatherford, "Evidence Use and the Common Core State Standards Movement: From Problem Definition to Policy Adoption", *American Journal of Education*, Vol. 120, No. 1, November 2013.

⑤ Sarah Reckhow, Jeffrey R. Henig, and Jamie Alter Litt, "'Outsiders with Deep Pockets': The Nationalization of Local School Board Elections", *Urban Affairs Review*, Vol. 53, Issue 5, August 2016.

金会等中介机构的巨额经费对 K-12 教育的影响访谈了密歇根州立大学的莎拉·雷克豪（Sarah Reckhow）。雷克豪表示，学校董事会选举不仅有私人基金会经费的流入，一些以改革为导向的教育非营利组织的董事会成员也为此投入了巨额资金，他们支持改革候选人，让校董会选举看起来像国会竞选一样，以此与教师工会（以往校董会竞选的中介组织）推荐的候选人进行竞争，从而支持他们偏爱的改革。① 雷克豪等人发现，之所以一些中介组织会介入当地学校董事会选举，也是为了抵消教师工会在其中的一些"暗箱操作"。②

教育中介组织尤其影响高等教育格局。尚（Chan）研究发现，随着全球大学联盟的发展，大学和大学协会之间普遍成为一种隶属关系形式。③ 博伊斯（Boyce）在研究组织学习对实现和维持高等教育变革重要性时指出，学科协会有助于强调教师在研究中的作用，这一作用被认为比教学更有声望，被当作一种仍然支配着许多大学活动的普遍准则。④ 格林伍德（Greenwood）等人考察了加拿大会计行业的一个重大变化，探讨了专业协会对高度制度化的组织的重要性，认为这些协会为高等教育组织提供了至关重要的专业规范。⑤ 布兰科维奇（Brankovic）在分析美国高等教育院校地位影响因素时指出，如今，国家、组织和个人比以往任何时候都受到各种中介机构进行的各种形式评估的影响，这些中介机构除了影响大学的排名，也可以为不同活动赋予不同价值，例如，通过优先考虑教学而不是研究，为那些在教学中表现出色的人提供提高排名的机会。⑥ 马

---

① Rafael Heller, "Big Money and Its Influence on K-12 Education: An Interview with Sarah Reckhow", *Phi Delta Kappan*, Vol. 99, Issue 8, April 2018.

② Sarah Reckhow, Jeffrey R. Henig, and Jamie Alter Litt, "'Outsiders with Deep Pockets': The Nationalization of Local School Board Elections", *Urban Affairs Review*, Vol. 53, Issue 5, August 2016.

③ Wendy W. Y. Chan, "International Cooperation in Higher Education: Theory and Practice", *Journal of Studies in International Education*, Vol. 8, Issue 1, March 2004.

④ Mary E. Boyce, "Organizational Learning Is Essential to Achieving and Sustaining Change in Higher Education", *Innovative Higher Education*, Vol. 28, Issue 2, December 2003.

⑤ Royston Greenwood, Roy Suddaby and C. R. Hinings, "Theorizing Change: The Role of Professional Associations in the Transformation of Institutionalized Fields", *The Academy of Management Journal*, Vol. 45, No. 1, February 2002.

⑥ Jelena Brankovic, "The Status Games They Play: Unpacking the Dynamics of Organisational Status Competition in Higher Education", *Higher Education*, Vol. 75, Issue 4, April 2018.

丁斯（Martins）发现，当《商业周刊》的学校排名与他们自己对学校相对地位的看法不一致时，商学院的高层管理者更有可能发起组织变革。①

（3）中介组织主动参与教育治理

中介组织越来越重视通过"凝聚力量"，搭建"中介网络"，联合参与教育改革。斯科特（Scott）等人关注中介组织网络在影响政策议程中的作用，在四个城市进行了为期三年的调查，共进行了 200 次访谈。研究发现，中介组织网络中往往有一个占主导地位的中介组织，其资金充裕且发挥着领导和召集功能，它们通过与国家级政策联盟建立广泛联系参与政策议程。② 麦吉恩（McGuinn）评估了美国教育改革倡导组织，这个组织由若干个中介组织组成，旨在推动特许学校相关政策的实施。他分析了组织的幕后运转，这些组织的员工与州教育机构人员建立了广泛联系，并树立了良好信誉；他们定期邀请国家认可的专家为这些内部人员举行情况介绍会，指出改革中存在的问题，并为其他州应对类似挑战提供经验借鉴。③

中介组织不断涌现新的参与方式，例如研究中介组织、风险慈善等。库珀（Cooper）将连接研究生产者和研究使用者的组织定义为研究中介组织，即有明确的任务声明或与之相关的任务数据使用、研究使用或知识动员，但是研究者与研究者或从业者与从业者连接的组织不被看作教育中介组织。④ 此外，风险慈善成为新自由主义力量的经纪人。巴尔干（Barkan）将风险慈善事业称为"慈善资本主义"，专门指称巨型基金会，它们采用和母公司一样的商业模式运行基金会。⑤ 巴尔托达诺（Baltoda-

---

① Luis L. Martins, "A Model of the Effects of Reputational Rankings on Organizational Change", *Organization Science*, Vol. 16, Issue 6, December 2005.

② Janelle Scott, Elizabeth DeBray, et al., "Urban Regimes, Intermediary Organization Networks, and Research Use: Patterns Across Three School Districts", *Peabody Journal of Education*, Vol. 92, Issue 1, January-March 2017.

③ Patrick McGuinn, "Fight Club: Are Advocacy Organizations Changing the Politics of Education?", *Education Next*, Vol. 12, January 2012.

④ Amanda Cooper, "A Tool to Assess and Compare Knowledge Mobilization Efforts of Faculties of Education, Research Brokering Organizations, Ministries of Education, and School Districts", *Brock Education Journal*, Vol. 25, No. 1, June 2016.

⑤ Joanne Barkan, "Plutocrats at Work: How Big Philanthropy Undermines Democracy", *Social Research*, Vol. 80, No. 2, March 2013.

no）分析这些巨型基金会的运作时指出，在文化层面上，它们通过成功地操纵公众对学校成功的理解，不断地再现新自由主义的意识形态；就政治利益而言，这些基金会通过游说立法者和学区制定择校友好的立法和政策；总而言之，这些基金会利用公共资金来推行它们的议程，在没有任何政府投入或控制的情况下废除公共教育。①

4. 中介组织参与教育治理效果的分析

（1）中介组织介入教育治理带来的正面影响

中介组织在推动民主建设中发挥了积极作用。德布雷（DeBray）通过最近重新授权的中小学教育法来审视美国联邦教育政策的政治，他指出，长期以来，联邦一级的教育政策制定一直被概念化为"铁三角"（教师工会和其他利益集团、教育部和国会委员会）谈判的产物，但是有影响力的倡导组织和智囊团的加入有效地拆除了"铁三角"的组合。② 奥尔（Orr）和罗杰斯（Rogers）重点考察了社区参与公立学校教育的作用，研究发现，如果没有公众的积极参与，很难改善学校的传统系统，处于社会底层的人们很容易被拒之改革的门外，而这种情况只会愈加严重，甚至威胁到美国民主的健康。③ 沃克（Walker）从政治学家的视角称赞慈善家，认为他们通过向可能没有政治组织能力的团体提供资源使其参与政治，促进了多元化的公民社会。④ 弗莱什曼（Fleishman）更是指出，美国私人基金会的最大贡献在于，不断使社会政策和公民关注的每一个可想到的问题获得广泛多元化的个人和团体支持，使他们表达自己的观点并落实到实践中。⑤

中介组织推动了研究成果的生产、传播和应用。斯科特在分析中介

---

① Marta P. Baltodano, "The Power Brokers of Neoliberalism: Philanthrocapitalists and Public Education", *Policy Futures in Education*, Vol. 15, Issue 2, June 2016.

② Elizabeth H. DeBray, *Politics, Ideology and Education: Federal Policy During the Clinton and Bush Administrations*, New York: Teachers College Press, 2006, pp. 1 – 10.

③ John Rogers and Marion Orr, *Public Engagement for Public Education: Joining Forces to Revitalize Democracy and Equalize Schools*, California: Stanford University Press, 2011, pp. 1 – 10.

④ Jack L. Walker, "The Origins and Maintenance of Interest Groups in America", *The American Political Science Review*, Vol. 77, No. 2, June 1983.

⑤ Joel L. Fleishman, *The Foundation: How Private Wealth is Changing the World*, New York: Public Affairs, 2009, p. 50.

组织通过研究影响教育政策时效时发现，相比于大学和传统研究人员在很大程度上依赖于可靠的传播策略，中介组织研究结果的推广和宣传更为灵活，依赖推特、博客等社交媒体进行快速、广泛的传播。[1] 沃克（Walker）也指出中介组织在政策传播中发挥关键作用，它们有效地促进了政策在不同州之间的传播。[2] 戈尔迪（Goldie）等人通过文献计量法和社会媒体分析法分析了教育中介组织的影响力，研究发现，与学术期刊上发表的同行评审研究相比，中介组织（智囊团等）产生的精选报告有一定的影响力，从而产生了所谓的"回声室"（Echo Chamber）效应。[3]

中介机构在促进大学—行业合作中也发挥了积极作用。西格尔（Siegel）提出，鉴于大学—行业具有不同的动机和行为，并且使用不同的文化方法开展运作，因此中介组织的活动具有减少分歧和误解的可能性。[4] 儿玉（Kodama）认为中介组织降低了大学—行业之间合作的交易成本。[5] 埃莉莎（Elisa）等人研究了九个意大利中介组织，对这些组织如何促进技术转让进行概念性理解。研究发现，不同类型的中介组织以相同的方式解决了将学术界和行业联系起来的问题，基于接近法，研究开发了一个理论框架，解释了中介组织如何减少认知、合作中的地理、组织和社交距离等问题。[6]

---

[1] Janelle Scott, Christopher Lubienski, et al., "The Intermediary Function in Evidence Production, Promotion, and Utilization: The Case of Educational Incentives", *Policy Implications of Research in Education*, Springer International Publishing, 2014, pp. 80 – 81.

[2] Jack L. Walker, "The Diffusion of Innovations among the American States", *American Political Science Review*, Vol. 63, Issue 3, November 1969.

[3] David Goldie, Matthew Linick, et al., "Using Bibliometric and Social Media Analyses to Explore the 'Echo Chamber' Hypothesis", *Educational Policy*, Vol. 28, Issue 2, February 2014.

[4] Donald S Siegel, David A Waldman, et al., "Toward a Model of the Effective Transfer of Scientific Knowledge from Academicians to Practitioners: Qualitative Evidence from the Commercialization of University Technologies", *Journal of Engineering and Technology Management*, Vol. 21, Issues 1 – 2, March-June 2004.

[5] Toshihiro Kodama, "The Role of Intermediation and Absorptive Capacity in Facilitating University-industry Linkages—An Empirical Study of TAMA in Japan", *Research Policy*, Vol. 37, Issue 8, September 2008.

[6] Elisa Villani, et al., "How Intermediary Organizations Facilitate University-industry Technology Transfer: A Proximity Approach", *Technological Forecasting and Social Change*, Vol. 114, January 2017.

（2）中介组织介入教育治理带来的负面影响

中介组织介入教育领域增加了教育私有化的风险。卢比恩斯基等人着重分析了美国慈善机构和智囊团通过政策网络协调在教育政策中发挥作用的机制，他们指出，虽然这个政策网络声称可以为问题解决带来急需的智力和财务资源、技术成熟度和政策敏锐度，但是"如果一个想法是依赖于私人的，即使是出于善意的赞助，那么公共决策本身也可能被私有化，或者至少反映出民主输入方式的衰落，而有利于少数极富裕的资助者"[1]。萨尔特曼（Saltman）同样指责基金会参与教育的行为，认为它们针对公立学校改革的慈善活动是推行新自由主义议程的进一步的企业行为，而不是基于社会利益。[2] 皮亚扎（Piazza）使用"倡导联盟框架"（ACF）探索了"教育改革倡导组织"（ERAO）在教育政策制定中的作用，他指出，有反对者认为ERAO削弱了教师工会的权力，加速了公共教育私有化。[3]

此外，教育中介组织的介入也带来了其他的负面影响。赖希（Reich）在分析慈善基金会改变教育公共政策资金分配时指出，在某些情况下，受国家税收政策等方面的干预，当地的教育基金会在无意中扩大了贫富地区之间的差距。[4] 斯科特研究了新兴慈善机构在参与美国特许学校建设中的新投资手段，即风险投资。研究发现，这些风险投资增加了特许学校的规模和数量，但是也在政治、社会和经济方面引发了一定的紧张局势，例如人们普遍担心投资是否可持续的问题，其中充满政治色彩的种族环境也容易带来政治和社会矛盾。[5] 斯科特表示，虽然中

---

[1] Christopher Lubienski, T. Jameson Brewer and Priya Goel La Londe, "Orchestrating Policy Ideas: Philanthropies and Think Tanks in US Education Policy Advocacy Networks", *The Australian Educational Researcher*, Vol. 43, March 2016.

[2] Kenneth J. Saltman, *The Gift of Education-Public Education and Venture Philanthropy*, New York: Palgrave Macmillan, 2010, p. 200.

[3] Peter Piazza, "Antidote or Antagonist? The Role of Education Reform Advocacy Organizations in Educational Policymaking", *Critical Studies in Education*, Vol. 60, No. 3, October 2016.

[4] Rob Reich, "A Failure of Philanthropy: American Charity Shortchanges the Poor, and Public Policy is Partly to Blame", *Stanford Social Innovation Review*, Vol. 3, No 4, January 2005.

[5] Janelle Scott, "The Politics of Venture Philanthropy in Charter School Policy and Advocacy", *Educational Policy*, Vol. 23, Issue 1, January 2009.

介组织通过研究影响教育政策，但是中介经纪人实际上是试图"出售"一组特定的研究结果，不同的背景因素影响了这种简单的经济交易发生的方式，并且可能由于信息不对称而存在研究质量鱼龙混杂的问题。[1]

（3）中介组织介入教育领域没有产生实质效果

对这一问题的研究主要是从中介组织对整个教育系统的影响来看的。芬恩（Finn）和埃米斯（Amis）调查了美国 K-12 教育改革 1993 年收到的最大的一份慈善基金会资助，即沃尔特·安纳伯格（Walter Annenberg）大使为改革美国公立学校提供的 5 亿美元赠款。研究发现，虽然个别学校发生了一些好的改观，但总的来说，这些钱似乎已经消失在体制中，没有留下持久的痕迹，当然也没有实现任何有意义的改革。[2] 巴凯蒂（Bacchetti）和埃尔利希（Ehrlich）揭示了慈善基金会与学校之间的相互矛盾，可以发现，尽管进行了长期且非常庞大的金融投资，但慈善活动不太可能实现实质性的改革，更不用说在整个系统范围内进行改革。[3] 合作前，教育机构和领导人的承诺远远超出他们的能力，基金会认识到了这种夸张的说法，但仍然相信他们的资助会起到作用。为了双方狭隘的利益需求，双方往往会强调积极的因素，合理化不好的因素，使合作成为一种默认的"骗局"。也因此，基金会、受益者和公共教育领域伙伴表现出了深深的不满。大学有人员表示，基金会试图对大学有所改变，但是学校和大学是自治的，他们希望自主制定自己的议程，精英学校觉得没什么需要改变的；教育领导人认为基金会过分关注可衡量的结果，特别会采用一般的商业模式，它们需要创新但是往往没有专门知识支撑，此外基金会决策不透明，除董事会外缺乏问责制，而且会因为没有得到想要的结果而快速撤资；但是基金会领导人也提出，他们投入了大量资

---

[1] Janelle Scott, et al., "The Intermediary Function in Evidence Production, Promotion, and Utilization: The Case of Educational Incentives", *Using Research Evidence in Education*, Switzerland: Springer International Publishing, 2014, p. 76.

[2] Jr. Finn, Chester E. and Kelly Amin, *Making It Count: A Guide to High-Impact Education Philanthropy*, Washington, DC: Thomas B. Fordham Foundation, 2001, p. 6.

[3] Ray Bacchetti and Thomas Ehrlich, "Reconnecting Education and Foundations: Turning Good Intentions into Educational Capital (review)", *Review of Higher Education*, 2007, Vol. 31, No. 1.

金却没有看到多少回报，学校改革和考试等政策问题更加混乱，K-12教育系统性变革的可能性很小。

(三) 研究述评

1. 关于校企合作的研究述评

可以看到，除了个别双元制比较成功的欧洲国家，校企合作在其他发达国家同样也是一个棘手的问题。在国家层面，面临着从普通教育向职业教育过渡的关键培训问题，针对职业教育声望较低、经费不足等问题出台什么支持政策，专业协会、企业和工会如何在规划和实施职业培训的过程中与公共部门进行互动，特别是制定职业标准、教育计划，以及就业机会提供等方面，教育机构和私营部门如何开展研究，进行有效的关联，如何开展有效协调和合作，如开发灵活的跨学科培训课程、专业咨询、证书和文凭的认可等。在教育机构层面，存在管理质量水平低，缺乏切实可行的渐进式管理模式，教师和培训师的资格水平不足，政策支持经费不足，培训内容与实际工作情况不一致，缺乏合作动机和现代基础设施等问题。在企业层面，存在系统职业培训和雇主存在培训资金不足，培训条件不达标，缺乏实训时间，意愿不足，监督和控制的准备程度较低等问题。

这些问题伴随着技能人才短缺、技能不匹配、青年人口失业等一系列情况变得愈发明显。国际社会普遍认为，校企合作、公私伙伴关系构建是发展职业教育的关键。为了解决这些问题，德国双元制的成功毫无疑问成为世界各国争相模仿的典范，但是受限于本国政治经济等一系列复杂因素的影响，除了环境较为接近的几个欧洲国家，其他国家都很难取得成功。尽管德国自身在推广双元模式时同样做出了极大努力，但是结果却并不乐观。这已经引起了政治经济学派的关注，他们从国家政治经济的角度思考资本主义国家的区别，提出要发展适宜本国国情的校企合作模式。其他国家也在不断结合自身国情探索合适的模式，这些成功的案例无一不在追求协调合作的伙伴关系，而调节这关系的不仅仅是依赖政府的大力支持就能够成功的。其他国家虽然无法构建像德国那样亲密的伙伴关系，但是其发挥协调作用的中介组织也成为了其他国家的效仿对象。

2. 关于教育中介组织的研究述评

从研究范围来看，国外针对教育中介组织的研究涉及美国、英国、加拿大、挪威、澳大利亚、意大利等国家，尤以美国研究居多。对中介组织参与教育治理的研究涉及广泛，主要包括中介组织在教育治理中的作用、中介组织的参与机制、中介组织的参与效果、中介组织的自身建设四大方面，学者们尤其关心中介组织到底是如何参与、参与后对教育有什么改变的问题。此外，国外对不同教育中介组织的类型都有所关注。其中包括基金会、委员会、学科协会、专业协会等，尤其对基金会格外关注，涉及传统基金会、新型基金会、基金会的影响力分析、基金会的作用机制等，且分析细致。

从研究深度来看，国外对中介组织参与教育治理的研究并没有仅停留在表面介绍，每个方面又深入研究了不同领域。中介组织在教育政策、高等教育格局调整、大学—行业合作等方面发挥了作用；其参与机制进一步包括参与因素的分析、参与方式又分为干预教育政策制定的不同阶段、提供研究或证据影响教育政策的制定、干预学校董事会选举政治、联合参与教育改革以及新涌现的方式；参与效果研究又分为正面影响效果、负面影响效果以及没有效果的分析；就其自身建设而言，中介组织关注自身专业化、合法性、声望、规范性等，同时也对目前的中介组织发展中遇到的阻碍和制约有所分析。

从研究方法来看，国外学者十分注重理论和方法的应用。学者们采用了多种研究方法，例如接近法、描述性制图法、二次分配程序、观察法、文本分析法（包括政策文本、中介组织网络资源文本、媒体报告等）、社交网络分析、跨区域比较、追踪调查等。多数学者使用了访谈法，包括结构化或半结构化访谈，而且以深度访谈为主，对访谈时长和访谈人数都有较高要求，甚至不遗余力进行长达3—5年的纵向研究，访谈数十位利益相关者。此外，学者们从政治经济学、管理学、组织学等多个视角研究中介组织的问题，借鉴了倡导联盟框架、国家互动模型等不同的分析框架，并试图通过相关研究构建理论框架，例如校企合作中介组织的作用发挥框架。可以发现，在分析问题时，国外学者倾向于借助不同理论的分析框架，将理论与问题分析相结合。

但是也可以发现，美国对教育中介组织的研究主要聚焦基础教育和高等教育，高等教育特别关注研究型大学，对社区学院的关注相对较少，对职业教育的关注更是相对较少。正因如此，研究者们更关注中介组织在政府—学校之间发挥的作用，强调中介组织对政策的干预，对于调节政府—学校—市场关系的关注依然较少。虽然高等教育对校企合作有所关注，但是其更偏向于技术的应用，涉及学校治理方面的研究相对较少。

第四节　研究方案

一　研究问题

为了了解美国职业教育相关的中介组织的运行情况，本书主要围绕以下几个问题进行探索。（1）美国中介组织为什么参与职业教育校企合作？（2）美国中介组织是如何参与职业教育校企合作的？（3）美国中介组织参与职业教育校企合作有哪些经验启示？具体内容如下。

（一）美国中介组织为什么参与职业教育校企合作

美国大量中介组织能够介入职业教育校企合作，仅仅是因为它们的功能恰好被校企合作需要吗？这仅是其表面运作的原因。那么，中介组织参与校企合作背后的原因是什么？研究表明，非营利性的教育中介组织对制度有着很强的依赖，这就决定了它们仅仅依靠技术或生产效率是很难引起重视的，制度合法性对它们就显得尤为重要。因此，本书主要从两个方面进行分析，中介组织参与校企合作是受到哪些制度环境的影响和推动，它们自身组织结构的变迁又受到制度环境的哪些塑造？

（二）美国中介组织如何参与职业教育校企合作

这里关注的是美国中介组织的行动机制，它们以何种方式参与职业教育校企合作，这种方式在具体实践中是如何运作的。国内诸多文献对教育中介组织的研究并没有深入探讨组织的实际运作，这让中介组织参与校企合作变得扑朔迷离。那么，它们参与校企合作可以承担哪些任务，怎样完成这些任务，这些问题需要从它们的实践活动中获得。

(三) 美国中介组织参与职业教育校企合作有哪些经验启示

研究将剖析美国中介组织在校企合作中搭建沟通桥梁、制定行业标准、整合各方资源的具体模式；再总结其在政策倡导、质量评估等方面的作用；最后结合我国实际，提炼出社会中介组织促进校企深度融合、优化职业教育资源配置的可行路径。

二 研究思路

以下步骤呈现了本书的研究思路：

第一步，本书根据"职业教育模式与国家经济运行模式息息相关"的已有事实，深入分析不同国家市场经济模式与校企合作的策略互动，明确中介组织在经济模式与校企合作之间的协调作用。

第二步，为了系统性地分析中介组织的运作，本书选取了近年来组织理论研究中较为盛行的学派，即自然系统理论中的组织分析的新制度主义，作为整个研究的理论基础。从这一理论出发，本书的概念和框架逐步明晰并建立起来。

第三步，借助理论框架中"组织的生存"，从合法性和制度性两个维度剖析美国中介组织参与职业教育校企合作的动力因素，从而明确它们能够参与其中的本质原因。这两个维度从制度的层面肯定了中介组织的存在，相比于其面临的不太稳定的技术环境，更具解释力。

第四步，根据理论框架中环境对组织的输入方式，总结出美国中介组织参与校企合作的几大行动策略，并结合具体案例剖析组织的行动机制。该理论总结了环境影响组织行动的七大方式，对本书总结概括中介组织行为具有很好的指导意义。

第五步，概括美国中介组织参与职业教育校企合作产生的经验效果，总结其对制度环境的影响。

技术路线见图 0-3。

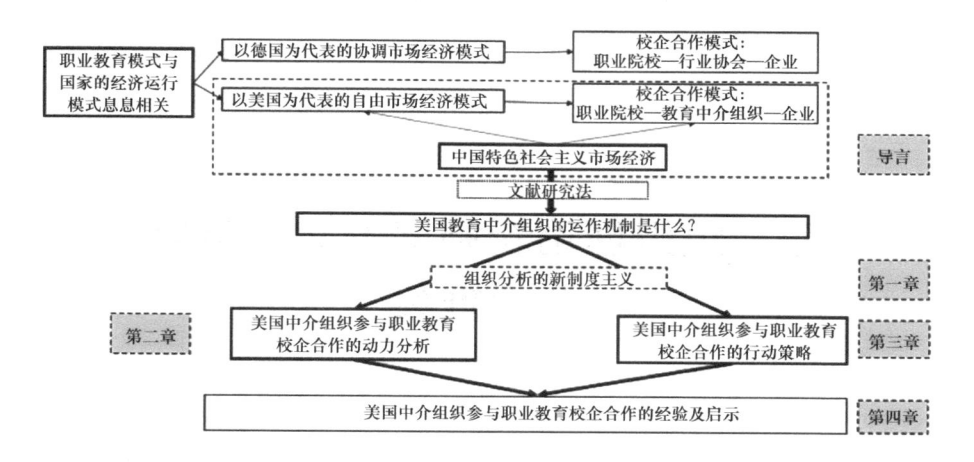

图 0-3 技术路线

三 研究方法

（一）文献研究法

本书采用文献研究的方法，通过搜集、整理、分析期刊论文、学位论文、论著、网络资源等文本资料主要解决以下问题。第一，通过文献研究收集和教育中介组织相关的文献，并进行分析整理和述评，以此确定研究思路；第二，通过文献了解美国中介组织参与职业教育校企合作的动力因素、参与机制。

（二）案例研究法

本书采用案例研究法，选取具有代表性的美国职业教育校企合作案例，这些案例应涵盖不同类型的中介组织、行业领域以及合作模式，以确保研究的全面性和客观性。通过对这些资料的细致分析，了解中介组织在职业教育校企合作中的具体角色、参与方式、发挥的作用以及面临的挑战。

第一章

基于组织理论新制度主义视角的分析框架

为什么会形成组织理性的正式结构，是组织理论的中心问题之一。自20世纪80年代初开始，关系网络管理成为当前主流的组织理论，组织管理学、组织经济学和组织社会学从不同角度对组织间关系或组织间关系网络的管控、协调进行研究。然而，迈耶和罗恩指出，社会组织的关系网络并不是组织正式结构的唯一来源，[①] 人们忽视了组织正式结构的另一个来源，即合法性。韦伯指出的科层化组织尤其强调特定行政人员及其推行的组织行为，[②] 组织的生存与否完全取决于领导者和可能的行政管理人员的存在。[③] 但是韦伯同样指出了，理性科层制建立在法理型统治的合法性上，也就是说，理性化的正式结构的另一个来源是合法性。组织分析的新制度理论即是从合法性的角度解释了那些没有反映理性行动者行为的现象，"从理论上指出了本次研究的成果范围"[④]。因此，本章内容将围绕这一理论构建合适的理论框架，从而指导后续研究的开展。

---

① ［美］沃尔特·W. 鲍威尔、保罗·J. 迪马吉奥：《组织分析的新制度主义》，姚伟译，上海人民出版社2008年版，第48页。

② ［德］马克斯·韦伯：《经济与社会》（上卷），林荣远译，商务印书馆1997年版，第56、106—107页。

③ 张建平：《马克斯·韦伯科层制思想解析》，《社会科学论坛》2016年第4期。

④ ［美］彼得·M. 布劳、W. 理查德·斯科特：《正式组织：一种比较方法》，夏明忠译，东方出版社2006年版，第10页。

第一节 组织分析的制度理论视角

斯科特等人开创性地从"理性系统""自然系统""开放系统"三个视角分析组织理论的研究成果,梳理了不同流派的主张。[①] 理性系统把组织当作实现特定目的的工具,组织行动则是以最高效率达到既定目标,主要代表学派有韦伯的科层制理论等,他们强调组织目标具体化和结构正式化的特征,体现了个人行为者认识,主要关注组织内部的特征;自然系统的代表学派有梅奥(Mayo)的人际关系学说等,他们强调组织与其他社会系统的共同属性。开放系统视角的引入最晚,代表学派有权变理论等,他们主张个体参与者和参与者团组的复杂性和易变性以及他们之间联系的松散性,充分肯定了组织与环境之间相互依赖的关系。组织分析的制度理论视角起源于自然系统中以塞尔兹尼克(Selznick)为代表的制度学派,他们受到了理性系统视角代表人物的影响,其出发点是人的友善与进取、人的社会性和激励因素的复杂性,强调组织是自生的,[②] 组织是对外部环境做出反应并适应环境的自然系统。

一 组织分析的传统制度主义理论

塞尔兹尼克是早期组织分析的制度学派代表人物,他在1949年发表的《田纳西河流管理局与基层结构》一书中,对田纳西河流管理局及水利大坝工程进行研究,提出了早期制度学派的基本思想。塞尔兹尼克同样也受过理性系统理论的影响,他曾在哥伦比亚大学研究韦伯的科层制,但是在学术上更多地受到巴纳德(Barnard)和米歇尔斯(Michels)等自然系统理论家的影响。

(一) 早期制度学派出现的背景

巴纳德在组织学领域有着非常大的影响力,他的很多观点成为塞尔

[①] [美] W. 理查德·斯科特、杰拉尔德·F. 戴维斯:《组织理论:理性,自然和开放系统》,高俊山译,中国人民大学出版社2011年版,第39—120页。

[②] [美] W. 理查德·斯科特、杰拉尔德·F. 戴维斯:《组织理论:理性,自然和开放系统》,高俊山译,中国人民大学出版社2011年版,第97页。

兹尼克制度主义观点的基础。他的著作《经理的职能》在韦伯著作尚未翻译成英文之前，就已经第一次在美国读者面前系统地提出了组织理论。巴纳德认为组织是一个协作系统，他认为正式组织是个人之间有意识有目的且经过相互协商的协作。[1] 他的协作系统主张（1）组织想要生存必须充分调动参与者为其发展作出贡献，可以利用物质奖励、荣誉、权力、声望等各种激励措施诱导参与者做贡献；（2）组织是所有参与者的沟通协调系统，这种安排可以让上级的目的被下属接受，成功的组织要在道义上将参与者约束到一个集体目标中；（3）组织要想保持参与者持续协作努力的状态，要坚持协作的非正式、非物质、道德基础和人际关系，认为物质奖励"弱激励"，必须有其他社会和心理激励的支持；（4）组织是不完整的，会从属于或者依赖其他组织而生存，因此有必要重视外部联系和力量的作用。[2] 虽然巴纳德的一些主张饱受争议，佩鲁等人曾对其进行严厉批评。但仍有一些学者，例如塞尔兹尼克等人，在巴纳德的一些观念基础上继续发展起来，例如目标的激励作用、将价值观念融入组织过程和结构的方式方法等。

除了巴纳德对制度学派的影响，当时的学术背景也推动了制度学派的出现。第二次世界大战以后，以默顿为代表的哥伦比亚学派尤其重视组织实际运作与理性运作矛盾的地方。塞尔兹尼克就曾跟随默顿进行科层制研究，他关注理性组织实际运作中出现的问题。在当时，组织研究遵从韦伯式理性组织的理论模式。在理性组织模式中，组织可能设置非常模糊的总目标，但是实际运行的目标却非常明确，组织运作以此为基础按照理性进行设计，从根本上来说，组织结构是提高绩效的工具和手段。[3] 组织的目标会规定需要完成的任务是什么，需要雇用什么类型的员工，如何在参与者之间分配资源，也因此，严格的组织目标支持着组织的理性行为。组织的管理者和设计者也会重新规划组织任务和活动，从

---

[1] Chester I. Barnard, *The Functions of the Executive*, Cambridge, MA: Harvard University Press, 1968, p.4.

[2] ［美］W. 理查德·斯科特、杰拉尔德·F. 戴维斯：《组织理论：理性，自然和开放系统》，高俊山译，中国人民大学出版社2011年版，第80—83页。

[3] ［美］W. 理查德·斯科特、杰拉尔德·F. 戴维斯：《组织理论：理性，自然和开放系统》，高俊山译，中国人民大学出版社2011年版，第40—43页。

而更好地协调各方提高绩效。这些规范结构——组织中的计划、程序、角色、规则、前提、章程等——可以确保组织的良好运作。但是在这一阶段，很多研究者发现了组织在实际运作中存在背离组织理性运作的地方，各种非理性活动激发了塞尔兹尼克的研究，成为其研究的一个出发点。

基于以上背景，塞尔兹尼克提出了一个新的自然系统模型，经过不断地修改和完善，形成了具有相当影响力的组织分析思路，即制度理论。随着制度理论在实际中的应用与发展，制度学派也逐渐壮大起来。

（二）早期制度学派的经验研究

早期制度学派最著名的经验研究是塞尔兹尼克对田纳西水电工程的研究。该工程的实施是在20世纪30年代，由田纳西河流域管理局负责。美国联邦政府为该项目提供了大量资金支持，旨在解决田纳西河流域因受洪水侵袭而带来的经济不景气的问题，为当地提供便利、控制水灾、规划河道、保护生态等。管理局设在当地，并通过民主的方式与当地社区和居民共同制定了开发项目。同时，管理局又邀请当地领导人作为咨询者和决策者。这种共同决策大大提高了公众对组织的认可程度，同时也使其获得了政治支持。在国会通过的工程法案中，管理局对这一水利工程的实施有着非常明确的目标。正如大家所期待的，这一工程的实施会按照既定目标进行组织、设计和实施。

但是在实际运行中，塞尔兹尼克发现了组织运作过程中诸多非理性的活动。例如，管理局虽然有了当地领导人的参与，但是他们也对项目和管理局施加影响，继而破坏公众利益，如侵吞工程附近提升的土地价值，木材经营者侵占绿化林木的使用等。除此以外，该水利工程虽然是由大众参与的，但是也牵涉了强大的利益集团，如美国农业部、工商界头目等都卷入其中。他们实际上控制了整个工程，从而制定了许多有利于自己的政策，以此从中获利。很多项目的初衷是为了帮助当地的贫困群众，但是却与最初的组织目标背道而驰，成为富人谋取利益的工具。

自从塞尔兹尼克为类似研究提供了一种模式以来，很多研究开始考察组织的初始目标是如何被更换或破坏的。克拉克研究了洛杉矶和加利福尼亚州的成人教育，发现成人教育正逐渐成为一种服务性组织。由于成人教育在公立学校体系中处于边缘地位，为了吸引更多的生源和资金，他们越来越根据学生和社会兴趣设置课程，那些能够吸引学生的项目得以保留，那些具有学术价值却不受大众欢迎的项目则因为招生问题被取消，这也偏离了其最初规划时所宣称的目标，即提供智力和文化培训。[①] 威尔逊（Wilson）描述了基督教青年会组织特征的转变，由于对付费客户、当地董事会越来越依赖，由于其联盟结构的形成，基督教青年会从1860年到1900年左右，对公开或正式的宗教计划的重视程度逐渐下降，组织成员也从城市贫民转向郊区中产阶级青年，逐渐成为这类郊区青年的娱乐和社交中心。[②]

这些研究形成了早期制度学派的一种研究模式。分析者关注组织的结构特征和规划随着时间和条件的变化而发生的改变，从根本上来看，他们主要是为了解释组织目标的变化，将组织所宣称的目标与实际运行遵循的目标进行对比。在研究方法上，主要采用案例研究，依靠文献以及对组织发展历史知情者的访谈为主。然而，这种研究模式被过分应用，也因此受到一些批评者的指责，佩鲁曾指出早期制度学派研究的主要事例"都是为了生存和成长而出卖自己的目标"[③]，甚至有些研究走上了揭露组织黑暗面的歧途。[④] 尽管如此，这也为当时组织研究跳脱出狂热的理性系统视角提供了新的参考。

（三）早期制度学派的基本思想

塞尔兹尼克通过《田纳西河流域管理局与草根组织——一个正式组织的社会学研究》《行政管理的领袖》等著作阐释了早期制度学派的基本思想，这些思想与经济学家对组织的解释不同，体现了社会学导向尤其

[①] Helen P. Gouldner, "Adult Education in Transition: A Study of Institutional Insecurity", *American Journal of Sociology*, Vol. 63, No. 1, July 1957.

[②] John Wilson, "Social Movements in Organizational Society", *Social Forces*, Vol. 67, Issue 3, March 1989.

[③] Charles Perrow, "The Analysis of Goals in Complex Organizations", *American Sociological Review*, Vol. 26, No. 6, December 1961.

[④] ［美］W. 理查德·斯科特、杰拉尔德·F. 戴维斯：《组织理论：理性，自然和开放系统》，高俊山译，中国人民大学出版社2011年版，第87页。

是组织理论的影响。以下是早期制度学派的基本主张和观点。①

1. 对正式组织的看法。显然，塞尔兹尼克认同理性系统分析家的主张，认为正式组织均会受到组织理性规则机构、规定目标的影响。正式组织把人力、技术等资源作为实现组织目标的工具。但是他同样也提出，组织内的个体有自己的目标和特殊问题，从而影响组织成员采取理性行动，出现了拒绝被视为简单工具的倾向。也因此，塞尔兹尼克表示，关注组织最重要的不是看到其工具性，而是其生命力。②

2. 正式组织中必将出现非正式结构。为了控制自己的生存环境，组织个体或亚群体会开展一些非正式的活动，此外，组织在与其他组织交往中，也会采用非正式交流和非正式控制，这使得非正式结构的出现成为一种必然现象。而且，这种非正式的结构具有非常重要的作用，在进行组织内外沟通和劝说的过程中发挥着不可替代的作用。

3. 依据结构功能理论分析组织适应自身环境所在的社会结构的过程。塞尔兹尼克没有回避运用功能分析，他认为组织具有系统性的防御方式，会随着外部环境的变化通过自我防御机制进行动态适应。组织的首要需求都是维系自身的整体性和延续性，组织内部的安全问题、非正式关系的稳定性、决策的持续性问题等都会随之调整。塞尔兹尼克提出，"在很大意义上，组织可以被视为一个适应性的社会结构，无论其存在的特殊目标如何，均面临着在自身存在的制度环境中谋求生存的简单问题"③。

4. 个人与环境对组织有约束作用。个体对组织的影响有其特定的方式，他们会对那些与其观念和习惯不一致的要求进行抵制，组织在某种程度上也需要遵循个体所接受的习惯和观念。当政策制度化为原则时，组织行动会利用这一原则，从而限制组织实施特定行为的方式。现有的社会结构和文化模式同样会对组织行为施加一些限制，组织在进行决策时，需要考虑外界对合理决策的争议，而这些外部的主张和利益通过博

---

① [美] 菲利浦·塞尔兹尼克：《田纳西河流域管理局与草根组织——一个正式组织的社会学研究》，李学译，重庆大学出版社2014年版，第159—164页。

② Philip Selznick, *TVA and the Grass Roots*, Berkeley: University of California Press, 1949, p. 10.

③ [美] 菲利浦·塞尔兹尼克：《田纳西河流域管理局与草根组织——一个正式组织的社会学研究》，李学译，重庆大学出版社2014年版，第159页。

弈在一定程度上也会重塑组织的计划。

可以看到，早期制度学派对组织的看法明显不同于理性系统视角的组织模式，组织不再是一个技术的组合体，一个封闭的系统，而是一个深受外部环境影响而制度化了的组织。塞尔兹尼克在研究组织时，走出了理性组织模型，没有将组织当作一个简单的效率机器，注重组织外部制度、观念、价值的影响，这也构成了早期制度学派的基本思想。

二　组织分析的新制度主义理论

在社会科学领域，制度学派思想有着悠久的历史，制度分析的应用在不同学科也十分广泛，但直到20世纪70年代开始才在组织研究中备受关注。1977年，美国社会学教授迈耶（Meyer）发表了两篇论文，分别为《作为一种制度的教育之影响》和《制度化组织：作为神话与仪式的正式结构》，成为组织社会学新制度学派的开创性文章，确立了很多核心思想。1983年，社会学教授迪马吉奥（DiMaggio）和鲍威尔（Powell）发表了《关于"铁笼"的再思考：组织场域中的制度性同形与集体理性》，极大地推进了新制度主义的发展，使得组织社会学的新制度主义在20世纪80年代盛行起来。

（一）新制度主义学派出现的学术背景

新制度主义学派出现的历史渊源可以追溯到塞尔兹尼克及其同事为代表的"老制度主义"，但是除此以外，新制度主义学派的出现还受到另一个学派的影响。20世纪60—70年代出现的权变理论同样也是新制度学派出现的一个重要的学术背景。

20世纪30年代前后，世界经济危机出现，虽然理性系统学派泰罗（Taylor）、法约尔（Fayol）、韦伯（Weber）等人提出的科学管理显著提高了劳动生产率，但是也暴露了一系列危机，激起了工人、工会的反抗，难以达到提高生产率和利润的目的。到20世纪40年代，自然系统学派的代表人物梅奥开创了人际关系学说，主张通过开展人际关系活动减少劳资冲突问题。在此基础上，行为科学学派得以成形，并在20世纪50—60年代在组织研究中广泛应用，使得组织研究迎来了一段黄金时期，也促使组织研究走出了韦伯式的理性组织框架。但是行为科学学派主要关注组织内部"人"的行为，强调对人的管理，并没有回答如果组织是非理性设计的,组织结构与其环境条件、目标、技术之间的关系是什么。20世纪60—70年代出现的权变理论为这个问题的回答提供了新的视角。

权变理论是从开放系统的视角看待组织问题,是系统设计学派的一个分支。开放系统视角虽然在组织分析的三个视角中出现最晚,但是其传播速度非常快,对组织理论也产生了巨大的影响。开放系统视角着重对组织过程的研究,对组织与环境之间的互动和相互依赖给予了充分关注。哈佛商学院教授劳伦斯(Lawrence)和洛施(Lorsch)最早在《组织与环境:管理差异化与整合》(Organization and Environment: Managing Differentiation and Integration)提出"权变理论"的说法。他们选择了塑料、集装箱和食品加工三个行业进行比较,研究从高不确定性到低不确定性环境中,环境与相应组织内部特征之间的关系。其基本假设是为了提高效率,处于不稳定环境中的组织会比处于稳定环境中的组织更具差异性。[1]

权变理论的核心是组织形态与环境的适应程度,不存在最好的组织形态,只有适应性,只有那些最能适应环境的组织才能繁荣发展。[2] 劳伦斯和洛施提出了组织至少在两个层面——组织内每个子单元结构特征、组织的分化和整合模式——与其所联系的环境相适应。组织结构会因为外部环境、技术、目标的改变而发生相应变化,这一基本思路影响了新制度主义思想,成为新制度主义学派出现的一个重要学术背景。

(二)新制度主义学派的基本思想

迈耶基于以上学术背景提出了新制度主义理论。他观察了美国的教育制度,美国联邦政府对教育管理没有行政权力,教师由州政府负责。尽管美国教育机构是分权治理的,不同地方的教育体制结构却非常相似。此外,他发现,美国联邦政府为各学区提供了很多资源支持,而与此同

---

[1] Cecil Carr, "Book Reviews: Organization and Environment Managing Differentiation and Integration by Paul R. Lawrence and Jay W. Lorsch", *Journal of Industrial Relations*, Vol. 10, Issue 3, September 1968.

[2] [美] W. 理查德·斯科特、杰拉尔德·F. 戴维斯:《组织理论:理性,自然和开放系统》,高俊山译,中国人民大学出版社2011年版,第124—125页。

时，各学区也被要求遵从联邦政府制定的法律要求和规则等。为了获取资源，不同学区也都设置了类似的规章制度。但是从权变理论的视角来看，如果组织面临的环境、规模、技术等各不相同，那么组织之间也各不相同。面对这种趋同的现象，迈耶引进了一个新的思路，他提出的新制度理论为当时组织研究提供了一个全新的视角。

1. 组织的合法性

组织学者认为合法性对组织至关重要，大多数利益相关者只会与合法的组织打交道，组织制度主义者也指出，合法性提高了组织的生存。合法性是组织制度主义的一个基本概念。韦伯（1968）最早将合法性的概念引入社会学，继而合法性的概念在组织理论中应用开来。帕森斯（Parsons）是最早将合法性概念引入组织理论的研究者之一，他借鉴韦伯的概念，将合法性定义为组织符合社会公认和制度化的"良好行为准则"[1]。根据这一定义，迈耶[2]、迪马吉奥[3]等人将组织合法性定义为组织目标、结构和活动与特定环境中的法律、规范和价值观的一致性。迈耶和斯科特从认知层面提出了组织合法性的另一个定义，即"组织的文化支持程度"，现存一系列文化支持解释组织存在、运行、管辖、不足或否认替代方案的程度。[4] 萨奇曼（Suchman）对组织合法性的定义极具影响力，将其看作"一种普遍的看法或假设，即实体的行为在某种社会构建的信仰、价值观、规范和定义体系中是可取的或适当的"[5]，这一定义为很多组织合法性的研究提供了理论基础。

斯科特从制度的视角提出，组织合法性不是一种可以拥有或交换的

---

[1] Talcott Parsons, "Suggestions for a Sociological Approach to the Theory of Organizations-I", *Administrative Science Quarterly*, Vol. 1, No. 1, June 1956.

[2] John W. Meyer and Brian Rowan, "Institutionalized Organizations: Formal Structure as Myth and Ceremony", *American Journal of Sociology*, Vol. 83, No 2, September 1977.

[3] Paul J. DiMaggio and Walter W. Powell, "The Iron Cage Revisited: Institutional Isomorphism and Collective Rationality in Organizational Fields", *American Sociological Review*, Vol. 48, No. 2, April 1983.

[4] John W. Meyer and W. Richard Scott, "Centralization and the Legitimacy Problem of Local Government", *Organizational Environments: Ritual and Rationality*, Beverly Hills, CA: SAGE, 1983, pp. 199 – 215.

[5] Mark C. Suchman, "Managing Legitimacy: Strategic and Institutional Approaches", *Academy of Management Review*, Vol. 20, No. 3, July 1995.

商品，而是一种反映文化一致性、规范性支持或与相关规则或法律一致的条件，合法性的重要性只有在失去的时候才会立即痛苦地显现出来，这表明合法性不是一种特定的资源，而是社会存在的基本条件。[1] 规制性合法性、规范性合法性、文化—认知合法性由此构成了斯科特组织合法性的三个维度。规制过程包括建立规则、检查他人是否遵守规则，以及在必要时通过制裁、奖励或惩罚等方式试图影响未来的行为。规制背后的制度逻辑是一种工具逻辑，即个人制定他们认为会促进他们利益的法律和规则，个人遵守法律和规则是因为他们寻求随之而来的奖励或希望避免制裁，其范围和经验指标可以在宪法、法律、法典、规则、指示、规章等寻找。一套稳定的规则体系，无论是正式的还是非正式的，以监督和制裁权力为后盾，影响行为者的利益并伴随着有罪或无罪的感觉，构成了对制度的一种普遍看法。规范体系包括价值观和规范，价值观是对偏好或期望的概念，以及对现有结构或行为进行比较和评估的标准的构建；规范规定了应该如何做，通过何种合法手段来追求有价值的目标。共享的规范和价值被视为稳定社会秩序的基础，遵循规范的行动者面临的首要任务不是"什么选择最符合我自己的利益"，而是"在这种情况下，我在其中的角色是什么，我应该采取什么合适的行为"。文化认知维度是组织分析的新制度主义的主要显著特征，迈耶、鲍威尔、斯科特等人都强调制度的文化这一核心要素，强调了共同意义框架的社会中介构建的中心作用。符号——文字、符号、手势——通过塑造我们赋予物体和活动的意义来发挥作用，意义在相互作用中产生并被维持和转变，因为它们被用来使正在发生的事件有意义。从文化认知理论的视角来看，顺从在很多情况下发生是因为其他类型的行为是难以想象的，遵守惯例是因为它们被视为"我们做事的方式"，主流的逻辑被用来证明一致性是正统的，感知到的正确性和行为背后的想法极具稳固性。组织合法性三个维度的比较，见表1-1。[2]

---

[1] W. Richard Scott, *Institutions and Organizations: Ideas, Interests, and Identities*, Thousand Oaks, California: Sage publications, 2013, p.72.

[2] W. Richard Scott, *Institutions and Organizations: Ideas, Interests, and Identities*, Thousand Oaks, California: Sage publications, 2013, p.60.

表1-1　　　　　　　　组织合法性三个维度的比较

	规制性维度	规范性维度	文化—认知维度
合规的基础	合理性	社会责任	理所当然　共享理解
秩序的基础	管制规则	约束性期望	建构模式
机制	强制的	规范的	模仿的
逻辑	工具性	得体性	正统性
指标	规则 法律 制裁	认证 认可	共同信念 共同行动逻辑 同构关系
引起的情感因素	会感到恐惧、内疚/清白的	羞愧/荣誉	确定/困惑
合法性基础	受法律制裁	道德管理	可理解的 可识别的 文化支持的

2. 理性化的正式结构的兴起

对理性化的正式结构兴起的条件进行解释和说明，是组织理论的一个核心问题。在当时的学术背景下，权变理论等开放系统学派关注组织外部复杂的关系网络，强调外部环境与组织结构的互动，但是更多的是关注组织的技术环境，即组织对资源的依赖以及与其他组织的关系。迈耶赞同从组织环境的角度解释、研究各种组织现象，这是其思想的一个最基本的出发点。但是他提出不能只考虑组织的技术环境，必须考虑组织的制度环境，即"社会中理性化的制度结构的成长使得正式组织变得越来越普遍和精致"[1]。

迈耶的一个重要论点是，制度的趋同性促进了组织的成功和生存，这种融合了外部合法性的正式结构，增强了内、外部参与者的支持。[2] 迈耶总结了新制度主义的观点，并结合传统组织成功的主张，构建了组织生存的新模式（见图1-1）。

---

[1] 张永宏：《组织社会学的新制度主义学派》，上海人民出版社2007年版，第7页。
[2] 张永宏：《组织社会学的新制度主义学派》，上海人民出版社2007年版，第10页。

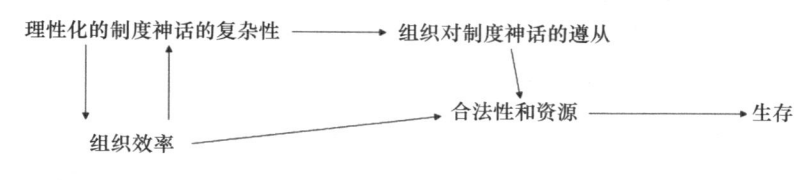

图 1-1 组织的生存

迈耶认为现代社会是一个遍布着制度规则的社会,这种制度要素的盛行,形成一种被神化的东西使大家不得不接受,由此出现了理性神话的现象。这里的制度是指一个组织面临的被人们广为接受的社会事实,如文化期待、法律制度、观念制度、社会规范等。① 这种理性化的制度神话随着以下具体过程而变得日益复杂。首先,精细化的复杂关系网络推动了更多理性化的神话出现。随着社会中密集关系网络的出现,组织间的互动越来越密切,在这样的条件下,"一个具体有效的做法、职业专长或协作原则成为类似神话的形式"②,教育、法律、公众意见、认证系统等一系列因素促使组织采纳新的结构。其次,环境的集体组织程度越高,制度性需求的范围越广。很多制度神话是建立在法令的基础上,具备了官方合法性。伴随着统一民族和集权国家而发展起来的法理型秩序社会,其制度倾向于拥有集体权威,并通过这种制度合法化具体化组织结构,由此涌现出新的正式组织。最后,地方组织领导的努力。组织并不只是"温顺"地适应制度环境,它们在适应集体权威规则的同时,也会将自身目标和结构映射到权威机构的规则中。随着制度环境走向制度神话,迈耶提出了一个命题,即"现代制度被彻底地理性化,这些理性化要素作为一种神话,产生了更多的正式结构"③。

制度神话促使大量正式组织出现,组织对制度神话的遵从必然做出一系列改变。首先,组织会融合制度要素巩固自身合法性,其中一个最重要的方面就是"组织语言的进化"④。组织语言会主动遵守制度规则,

---

① 周雪光:《组织社会学十讲》,社会科学文献出版社 2003 年版,第 72 页。
② 张永宏:《组织社会学的新制度主义学派》,上海人民出版社 2007 年版,第 9 页。
③ 张永宏:《组织社会学的新制度主义学派》,上海人民出版社 2007 年版,第 7 页。
④ 张永宏:《组织社会学的新制度主义学派》,上海人民出版社 2007 年版,第 11 页。

以此表明组织是理性的、合法的,避免组织行为受到质疑。用合法性词汇描述组织的政策、目标和程序,人们会将这类组织看作是在追求集体界定和认可的目标。这些神话可以为组织活动贴上正当标签,也意味着如果不融入社会承认的要素,组织生存就会遇到危机。其次,组织会采纳外部评估标准,以此确定结构性要素的价值。"仪式性的价值标准和源于仪式性的生产功能对组织来说是有益的"[1],这会让组织更受社会的认可。这些外部的或者仪式性的价值标准包括重要人物认可、类似诺贝尔奖之类的仪式性奖励、专家和顾问设定的标准价格、部门或人才在外部的声望和名誉等。例如,如果组织获得了享有声望的专家的支持,其组织信誉就会大大提高,更容易获得捐赠、投资等;对于内部的成员而言,组织采纳仪式性的评估标准,表现好的单元,其在组织单元内部的权力就会增强。最后,组织通过对外部制度的依赖减少组织动荡并维持组织的稳定性。组织的特征和技术程序都处于制度环境的控制之下,组织会逐渐变成一个更大的集体系统的一部分,由此一来,组织可以依靠制度协议而不是完全依靠绩效,就能保证组织生存和发展获得支持。组织接受了制度合法性,可以使其"不受技术绩效变化的直接制裁"[2]。

组织要想成功地生存下来,对组织合法性和资源的获取必不可少。新制度主义学派认为,组织的成功除了依赖传统上界定的与效率相关的因素以外,还依赖于对环境制度的适应。组织适应制度环境的能力以及被环境制度合法化的能力决定着其所能获得的资源的多少。因此,迈耶提出第三个命题,即"组织的长期生存可能性是随着国家结构的复杂化以及组织对制度化规则的回应而增加的"[3]。这就需要组织领导人及时了解不断变化的时代背景以及政府的相关规划,与制度化环境保持一致,不断提高自身的生存能力。这也意味着,如果偏离制度环境的规定,组织极有可能面临失败。

总体来看,组织生存依据及其影响因素见图1-2。

---

[1] 张永宏:《组织社会学的新制度主义学派》,上海人民出版社2007年版,第12页。
[2] 张永宏:《组织社会学的新制度主义学派》,上海人民出版社2007年版,第12页。
[3] 张永宏:《组织社会学的新制度主义学派》,上海人民出版社2007年版,第13页。

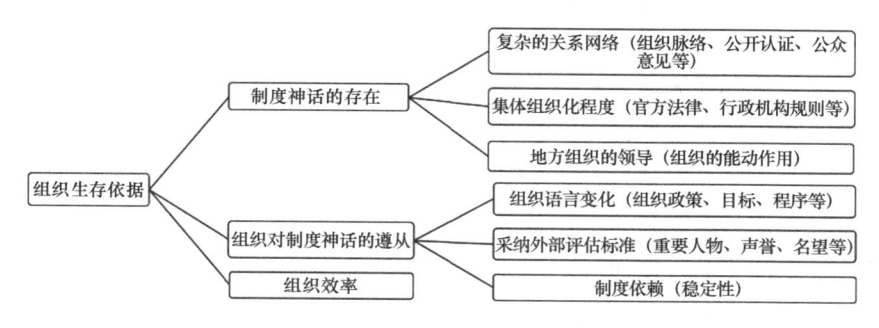

图 1-2 组织生存依据及其影响因素

3. 组织场域中的制度性同形变迁

迈耶在 1977 年发表了那篇关于制度化组织的开创性研究之后，新制度主义并没有在其他学科形成一定的影响。新制度主义的发展以及在其他学科中的广泛应用在很大程度上得益于迪马奇奥和鲍威尔关于组织趋同性的研究。在 20 世纪 80—90 年代，迪马奇奥和鲍威尔设立的框架推动了很多研究的开展。尽管如此，迪马奇奥和鲍威尔与迈耶的开创性研究所关注的问题是一样的。迈耶观察到不同地方的教育体制结构具有相似性，因而思考影响组织生存的因素是什么，提出了制度化的组织。迪马奇奥和鲍威尔同样观察到组织场域中不同组织会同时采用类似的组织模式和管理经验，因而提出了组织为什么具有趋同性的问题。同样，他们的基本理论思路都是，趋同现象的出现起源于组织面临的制度化环境。

组织场域是新制度主义理论的一个分析单位。迪马奇奥和鲍威尔所使用的组织场域是指那些构成一个公认的机构生活领域的组织，包括主要供应商、资源和产品消费者、监管机构，以及生产类似服务或产品的其他组织。[①] 组织场域不会片面地关注竞争组织或者实际上相互影响的组织，而是关注相关行动者的整体性。组织场域的形成伴随着制度化的过程，随着场域内组织相互作用程度的增加、组织间清晰的支配结构和联

---

① Walter W. Powell and Paul J. DiMaggio, *The New Institutionalism in Organizational Analysis*, Chicago: University of Chicago press, 2012, pp. 64–65.

盟模式的出现,信息负荷的增加以及内部共识的形成,场域才会逐渐形成。[1]

迪马奇奥和鲍威尔提出一个重要判断,即"理性化和科层制的引擎已经从竞争性的市场转向国家和专业组织"[2]。科层制是普遍的组织形式,韦伯强调主要是竞争性的市场让公司和国家实现科层化,但是随着时代的变迁,迪马奇奥和鲍威尔认为组织结构变迁越来越少受到市场竞争或效率需求的驱动,取而代之的是国家和专业的影响。他们提出了三种导致组织领域内制度趋同的机制,分别为强制性机制、模仿机制和社会规范机制。

(1) 强制性制度。强制性制度趋同的压力来源于组织所依赖的其他组织或者所处的社会文化期待,组织被劝说、被邀请或者被强制加入共谋。在政府领域之内,国家法令的颁布会直接导致组织变迁,例如为了遵守政府对环境的管制要求,制造商不得不引进新的环保技术。共同的法律环境也会影响组织领域内不同组织的行为和结构,为了承担法律上的义务,符合联邦政府或基金的要求而制定的财务报告、年度报告、合同等,也会塑造组织的行为。这也体现了迈耶在制度化组织研究中的命题假设,即随着制度化神话定义了新的理性化的活动领域,正式组织就在这些领域产生了;而随着这些制度神话的产生,现有组织会扩充其正式结构,从而与这些新的神话趋同。[3] 新的制度规则的出现会塑造组织的结构,组织结构也会越来越体现出国家制度性和合法性的规则。在政府领域之外,这种强制性趋同也会出现。在联合大企业、垄断公司等的影响下,很多子公司或者相关领域的组织也会受到它们的直接压力,从而采用标准的操作流程,使用合法化的结构与标准。

(2) 模仿机制。除了强制性制度趋同外,推动制度趋同的另一个重要因素就是"不确定性"[4]。迪马奇奥和鲍威尔认为模仿是对不确定性的一种反应,如果组织的技术不被人们所理解,或者组织的目标不清晰甚

---

[1] Paul J. Dimaggio, "State Expansion and Organizational Fields", *Organization Theory and Public Policy*, Beverly Hills: Sage Publications, 1983.
[2] 张永宏:《组织社会学的新制度主义学派》,上海人民出版社2007年版,第24页。
[3] 张永宏:《组织社会学的新制度主义学派》,上海人民出版社2007年版,第7页。
[4] 张永宏:《组织社会学的新制度主义学派》,上海人民出版社2007年版,第29页。

至相互矛盾，或者外部环境出现符号象征方面的不确定性，组织或者主动或者无意识地会模仿组织领域内成功组织的结构。一般而言，组织倾向于模仿其所在领域内更成功或者更具合法性的组织结构，由于模仿过程普遍存在，组织领域内也会出现一种普遍存在的结构安排，但是这种安排根本无法说明被模仿的模式会增进组织绩效。

（3）社会规范机制。社会规范是制度趋同组织变迁的第三个来源，主要产生于"专业化"[①]。这里专业化方面的进展主要体现在组织中的专业人员，尽管不同类型的专业人员彼此不同，但是他们也会表现出组织中普遍的专业同行的相似性。专业人员接受了大学提供的正规教育，以及类似的专业培训制度，这使得他们形成了对共同组织规范的认知；他们参与的专业协会或行业协会等组织，也会向他们传播组织和专业行为的社会规范性规则。专业人员占据着相似的组织位置，具有相似的工作倾向，是一群可以相互替代的个体，从而导致了组织的同形。此外，组织的人才筛选机制也使他们具备了类似的职业生涯轨迹，达到专门职业顶层的人在本质上没有差异。

总体来看，制度趋同变迁的机制见图1-3。

图1-3 制度趋同变迁的三种机制

4. 环境对组织结构的影响

制度主义学派认为，组织面对着技术环境和制度环境这两种不同的环境。技术环境强调组织生产效率，制度环境强调组织对制度化规则的趋同。在技术环境中，组织通过生产的产品或提供的服务在市场中进行交换，因其对生产系统的有效、充分的控制而获得回报，纯粹的技术环境与新古典经济学家的竞争市场基本一致；制度环境的特征是拥有完善

[①] 张永宏：《组织社会学的新制度主义学派》，上海人民出版社2007年版，第31页。

的要求和规则，组织想要合法性地存在并获取资源和支持，必须遵守这些要求和规则。新制度学派与其他组织理论只关注技术环境不同，他们提出了很重要的一点，即强调技术环境和制度环境的共存性，两者并非处于相互排斥的状态。[1] 斯科特将制度环境和技术环境分为强、弱两种状态的变量，并列举了不同环境组合状态下的部分组织类型（见图1-4）。[2]

制度环境

	强	弱
技术环境 强	制药业 属于基础设施的组织 银行 普通医院	一般制造业
技术环境 弱	精神病院 学校和法律机构 教堂	饭店 俱乐部

图1-4 技术环境与制度环境的组合情况

　　银行、航空公司、医院等组织对技术要求都很高，同时又必须遵守国家的制度要求，因此面临着绩效要求和程序性要求的双重压力。一般性的制造业组织更多关注技术要求，制度要求相对较弱且随着时代变化而有所不同。精神病院、教堂、学校、法律机构等大多数专门服务组织更多要遵从强制度要求，技术环境的要求相对较弱，但是有时候技术要求的程度也会有所变化。饭店、俱乐部等私人组织处在技术和制度要求都不高的环境中，组织想要保持长久、繁荣的发展相对而言很是困难。可以发现，很难在组织的实际运行环境中，将技术性和制度性要求清楚地分开。

　　对于制度化的组织而言，它们的成功主要依赖于制度化的规则和要

---

　　[1] ［美］沃尔特·W. 鲍威尔、保罗·J. 迪马吉奥:《组织分析的新制度主义》，姚伟译，上海人民出版社2008年版，第133页。

　　[2] W. Richard Scott, *Organizations: Rational, Natural and Open Systems*, Englewood Cliffs, N. J.: Prentice-Hall, 1981, p. 126.

求，必然要面临一个普遍的问题，即制度要求与技术要求的冲突和不协调。迈耶也指出，组织为了满足制度性规则会开展一些仪式性活动，尽管这些活动的举行十分必要，但是如果从效率的角度来看很可能是纯粹的成本支出。[①] 例如大学会聘请某个诺贝尔奖得主任职，这会给学校带来良好的声誉，吸引更多优秀的学生和教师，但是从即时的效率来看，这笔费用支出的回报低于同等费用的教育回报，还会降低学校解决诸如当下后勤、设施完善等问题的能力。为了协调仪式性要素和技术活动的要求，组织通常采取脱耦和信心逻辑的策略。迈耶提出了一个命题，即组织结构要素之间是脱耦的，其与活动之间也是脱耦的。[②] 这种脱耦一方面可以让组织维持正式的、合法的结构，另一方面也使得技术活动根据实际情况不断调整。因此，这类组织通常拥有趋于相似的正式结构，但是实际做法却又多种多样。同时，迈耶也提出了另一个命题，即组织结构越是制度化，组织就越会维护促进内部和外部的信息、满意和忠诚的表现。[③] 也就是说，虽然组织结构和组织活动脱耦，两者之间缺少正式的协作，但是组织因为信心与忠诚逻辑却不会陷于混乱。这种来自组织内、外部人员的信心与忠诚为制度化组织的合理性提供了解释和说明，组织也会借此表达仪式性的承诺，让参与者认可并支持组织的基本结构要素。

组织面临着技术环境和制度环境的双重压力，尽管两者的程度可能有所不同，但是组织也需要做出一些策略调节两者之间由于不协调造成的冲突。而对于环境如何影响组织结构的变革，制度理论家由于关注的环境要素不同、影响机制不同以及受影响的组织结构层面不同而提出了不同的观点。斯科特通过对制度分析文献的阅读，总结了目前存在的七种不同的解释，说明了环境影响组织结构的机制。

（1）组织结构的环境强制输入观。这种强制输入有两种类型，分别为通过权威方式和通过强制权力方式的强制输入。在组织所在的部门或场域中，有一个具有强大影响力的存在，它可以把组织结构形式强加给

[①] 张永宏：《组织社会学的新制度主义学派》，上海人民出版社2007年版，第16页。
[②] 张永宏：《组织社会学的新制度主义学派》，上海人民出版社2007年版，第17页。
[③] [美] 沃尔特·W. 鲍威尔、保罗·J. 迪马吉奥：《组织分析的新制度主义》，姚伟译，上海人民出版社2008年版，第63页。

从属的或者同场域内的其他组织单元。托尔博特（Tolbert）和朱克（Zucker）在1983年发表的文章中研究了美国州政府推行公务员制度的演变过程，相比较而言，政府通过权威方式实现组织结构变革，遇到的抵制更少些，也更加稳定。也因此，通过权威方式实现组织结构变革通常比通过强制权力方式更为"深刻而非表面化"①。

（2）组织结构的环境授权观。这是一种"由上层单元对一个地方组织的结构特征或性质进行授权或合法化"②的相对比较独特的制度机制。这一模式与上面的环境强制输入模式不同，更强调组织主动引起上层机构的注意，获得上层机构的许可。主动获得环境授权是组织追求外部合法性的过程，组织通过获得多种来源的权威，以此获得外部支持者对组织活动的持续支持。组织会积极迎合外部的评估指标，例如被列入社区名录、被列入慈善捐赠组织、寻求合格的资格认证等，以此显示组织是被外部集体所认可的。例如，塞恩（Singh）、塔克尔（Tucker）和豪斯（House）对1970—1980年加拿大多伦多成立的389个志愿社会服务组织进行研究，将是否被列入社区名录和是否被税务局登记为慈善捐赠成员为衡量指标，研究这种授权机制，并发现相比较而言，获得这个指标的外部合法性，包括与外部利益攸关方建立支持性交换关系，可以显著降低组织的死亡率。③

（3）组织结构的环境诱致观。这同样是由组织所在部门或场域中的权威机构主导的，但不同的是，这类机构无法通过权威或强制权力影响组织结构，只能通过"向那些愿意遵守其条件和要求的组织提供物质等激励方式"④，诱致组织结构变迁。这类机构不能随意支配其权力或权威，它们通常借助市场之类的控制策略，为遵守其要求和意愿的组织提供足

---

① Pamela S. Tolbert, Lynne G. Zucker, "Institutional Sources of Change in the Formal Structure of Organizations: The Diffusion of Civil Service Reform, 1880 – 1935", *Administrative Science Quarterly*, Vol. 28, No.1, March, 1983.

② [美] 沃尔特·W. 鲍威尔、保罗·J. 迪马吉奥：《组织分析的新制度主义》，姚伟译，上海人民出版社2008年版，第190页。

③ Jitendra V. Singh, David J. Tucker and Robert J. House, "Organizational Legitimacy and the Liability of Newness", *Administrative Science Quarterly*, Vol. 31, No. 2, June 1986.

④ [美] 沃尔特·W. 鲍威尔、保罗·J. 迪马吉奥：《组织分析的新制度主义》，姚伟译，上海人民出版社2008年版，第191页。

够强烈的诱惑。例如，它们向其他组织提供资金或补助，并设定资助或补助的条件，满足条件的组织则会根据要求提供任务或项目完成的证据，如提供周期性报告等，当组织利用资金完成某个目标时，权威机构才能控制组织所做的事情。这种环境诱致也是美国联邦政府常用的策略。美国在教育管理权上也实行分权制，各州的教育机构比联邦教育机构更具有权威。斯科特和迈耶确定了美国公共部门的三种决策权，分别为项目规划决策权（决定部门活动开展的目标或目的）、方式决策权（确定实现这些目标或目的采用什么程序、哪些方式）和投资决策权（决定资金开支和分配）。① 联邦教育机构通常具备为教育服务部门进行投资的决策权，但是具体开展哪些项目，如何开展，则由州政府或地方政府组织官员、专门机构等来控制，它们更具有项目规划决策权和方式决策权。

（4）组织结构的自致观。自致观不同于强制性或诱致性组织结构变迁，自致观更强调组织行动者的作用，这是行动者主动追求、有意识选择的过程。② 组织在向制度化环境趋同的过程中，会主动模仿其他成功组织，由此带来组织结构的变革。但是对于组织内部而言，组织的行动者或者决策者也会从他们的主观认识出发进行制度设计。组织变革从而依靠组织内部的能动性，而非外部力量的推动，这种变革由于是组织自行发起的，因而也更为深刻。如果组织管理者主动采纳一种新的组织结构模式，这就是与外部推动相反的情况，而这种变迁也体现了组织管理者相比较于外部规则或人员在组织变革中的优势。

（5）组织结构的铭记观。新生组织在其建立时期拥有的某种特征并将其保持到未来的过程，是组织铭记的过程。③ 学者们认为这类组织存在一种被组织看作"为完成组织目标而理所当然应该接受"④ 的结构特征，这种特征能保持组织结构并让其持续存在。

---

① ［美］沃尔特·W. 鲍威尔、保罗·J. 迪马吉奥：《组织分析的新制度主义》，姚伟译，上海人民出版社2008年版，第130页。
② ［美］沃尔特·W. 鲍威尔、保罗·J. 迪马吉奥：《组织分析的新制度主义》，姚伟译，上海人民出版社2008年版，第192页。
③ ［美］沃尔特·W. 鲍威尔、保罗·J. 迪马吉奥：《组织分析的新制度主义》，姚伟译，上海人民出版社2008年版，第193页。
④ ［美］沃尔特·W. 鲍威尔、保罗·J. 迪马吉奥：《组织分析的新制度主义》，姚伟译，上海人民出版社2008年版，第194页。

（6）组织结构的环境要素观。这种观点强调组织在制度化的过程中，不是通过环境中的权威强制变革，环境也没有提供各种激励，组织者也不是有意识地纳入复杂的环境要素。相反，他们认为组织结构是"通过适应性的、无计划的漫长历史"[①] 演变而来。组织在一段时期内，把环境结构要素与组织专门化功能边界的演变结合起来，通过大范围的适应，逐渐把环境的显著差异反映或应用到自己的机构中来。总而言之，这不是一种有目的、有意图的影响。

（7）关于组织结构形成方式的其他看法。迈耶、斯科特和迪尔在1981年的研究中提出来，美国学校组织之间的有序性和连贯性，体现了共享的制度信念的影响，而不是组织结构趋同的影响。这种共享的制度信念，包括制度规则和角色等，会逐渐融入组织结构从而使组织参与者达成一种共识。例如学校的校长、老师等不同的角色群体对关于课程分级、课程教材、学生的标准行为等相关的教育政策存在大量共识。这些共同的理解和象征符号融入组织形式和程序，也可以直接影响个体参与者的信念，从而使得组织结构"可能只是对参与者实施直接影响的文化系统的一种支持和补充"[②]。

总体来看，环境影响下组织的行动策略见图1-5。

图1-5　环境影响下组织的七种行动策略

（三）新制度主义学派的经验研究

新制度主义学派的应用范围十分广泛，很多学者使用该理论范式对组织的各种现象进行解释，也因此形成了诸多经验研究。学者们从制度

---

① ［美］沃尔特·W.鲍威尔、保罗·J.迪马吉奥：《组织分析的新制度主义》，姚伟译，上海人民出版社2008年版，第195页。

② ［美］沃尔特·W.鲍威尔、保罗·J.迪马吉奥：《组织分析的新制度主义》，姚伟译，上海人民出版社2008年版，第196页。

的视角解释组织的合法性、趋同模式、组织变迁，起初主要聚焦在对非营利组织的分析，后面逐渐拓展到营利组织，除了研究组织，还向其他领域进行了拓展。总而言之，新制度主义学派积累了丰富的实证研究，为后续研究奠定了坚实的基础。以下经验研究体现了新制度主义学派的研究思路。

对于组织合法性的研究。瑞夫（Ruef）和斯科特收集了143家医院的数据，考察合法性对它们在46年间环境变迁中的影响。组织合法性包括了管理合法性和技术合法性，结果表明，管理和技术形式在组织生存机会方面都提供了显著的改善，但是每种效果的强度随时间而变化，这主要取决于制度环境的性质。在这份研究中，医院的发展年限、规模大小、市场生态、所有制状况、技术合法性、管理合法性被当作组织特征的变量，外部环境则控制了组织密度、医生—总体人口比率、城市化这三个变量。他们采用计量经济学估计随着时间的变化，组织特征对组织管理和技术合法性的影响，在这里，合法化被设计成一个一阶自回归模型。研究结果表明，医院的管理合法性和技术合法性会在不同的制度环境中发生改变，管理合法性高的医院可能在具有广泛的正式关系为特征的制度环境中更好地生存；技术合法性高的医院可能在集中管理和融资控制为特征的制度环境中更好地生存。[1]

对于组织制度趋同的研究。豪斯查尔德（Haunschild）和曼纳（Miner）研究了影响雇用投资银行的因素，通过对1988—1993年这段时间内的539次公司收购的资料整理，来探究组织间模仿的模式。他们将组织间选择性模仿分为三种截然不同的模式，分别为频率模仿（复制非常常见的做法）；特征模仿（复制具有某些特征的其他组织的做法）；结果模仿（基于一种做法的明显影响决定是否效仿）。频率模仿使用过去采用某一实践的公司的数量进行测量；特征模仿采用雇用63家投资银行之一的其他公司的平均资产测量；结果模仿则是参考收购酬金的数据；环境不确定是通过交易不确定性和交易伙伴不确定性进行测量。控制变量共有四

---

[1] Martin Ruef, W. Richard Scott, "A Multidimensional Model of Organizational Legitimacy: Hospital Survival in Changing Institutional Environments", *Administrative Science Quarterly*, Vol. 43, No. 4, December 1998.

套，分别为收购公司的特征（公司所属产业、规模以及其在过去是否雇用那家投资银行）；目标公司的特征（公司所属产业、目标规模）；收购本身的特征（竞价的数量、收购规模的价值）；投资银行的地位及能力。他们使用 logistic 回归分析测量这些变量之间的相互影响，研究发现这三种模式在组织中可以独立发挥作用，并且受到了不确定性和结果显著性的影响。[1] 研究主要强调了模仿在组织转型中的复杂作用，虽然新制度主义提出组织存在制度性同形的变迁特征，但是这组研究略有不同，他们认为制度因素也可能会导致差异。

对组织变迁分析的研究。鲍威尔和迪马吉奥在《组织分析的新制度主义》一书中专门阐述了制度理论在组织变迁分析领域中的解释潜力，包括对组织场域出现的分析，对场域中组织重要转型的解释以及对制度过程和组织间竞争关系的分析。迪马吉奥分析了20世纪20—40年代以美国艺术博物馆为核心的组织场域的建构。美国的艺术博物馆最初是针对普通民众的教育机构，逐渐发展为城市精英主导的收藏和鉴赏场所，随着不同类型的博物馆的涌现，其规模和资产逐渐增加，由此带动了艺术教育在其他组织中的发展，例如大学开展艺术相关课程和专业、出现了艺术教师协会等。研究尤其强调了卡耐基公司的捐助以及组织专业化发展的五个关键维度，分别为大学专家、知识产生、专业协会、专业精英、职业专家。专业人员通过促使博物馆重新关注大众艺术教育、改变博物馆职员结构、控制关键资源和技能、获取市政支持和基金等方式动员艺术博物馆改革，以此影响制度变迁，构建了结构化的博物馆场域环境。[2] 这在美国尤其典型，因为中央政府的力量相对弱小，更多是由专业协会、大学、支持和顾问组织中的技术专家通过发起弱的运动实现制度变迁。布林特（Brint）和卡拉贝尔（Karabel）更是以美国社区学院为例，解释了新制度主义理论在组织起源与转型中的应用，认为两者之间高度契合。美国在20世纪初出现了第一所两年制社区学院，主要提供人文课程教

---

[1] Pamela R. Haunschild, Anne S. Miner, "Modes of Interorganizational Imitation: The Effects of Outcome Salience and Uncertainty", *Administrative Science Quarterly*, Vol. 42, No. 3, September 1997.

[2] Paul J. DiMaggio, *Nonprofit Enterprise in the Arts: Studies in Mission and Constraint*, Oxford: Oxford University Press on Demand, 1986, pp. 113 – 139.

育，很多学生通过社区学院梦想进入四年制大学，由此带来了社区学院的繁荣发展；20世纪20年代，社区学院开始认识到他们的很多学生并不能转入四年制大学，由此提出向职业教育转变；在20世纪30—60年代，有了部分成功案例，尽管有学生和父母的抵制，管理者和研究者依然大力推动职业课程；直到20世纪60年代晚期，职业教育工程获得成效，得到私人基金和联邦政府的支持。社区学院反而在绩效恶化的情况下逐渐繁荣，并在职业教育精英的组织下获得政府支持。布林特和卡拉贝尔由此指出了组织结构与任务绩效之间无太多联系的情况，提出了反对效率和竞争是所有变迁背后动力的主张，并总结了制度起源和转型的影响因素——组织所处场域中的权力中心、组织面临的机会场域、组织的特征与优势、组织精英的精神体系、市场因素、管理者因素、其他因素（例如地位群体冲突、全国性示威事件与机会、人口变迁等）。①

向其他领域的拓展。卡罗尔（Carroll）和汉南（Hannan）收集了9个报纸群体在19世纪—20世纪超过5200种报纸资料，以此对密度依赖模型进行风险函数模型检验，其中密度被假定为社会合法性与竞争过程的一个函数。研究表明，合法化和竞争的密度依赖对组织的演变具有强大的解释力。② 韦斯特法尔（Westphal）、古拉提（Gulati）和肖特尔（Shortell）将制度与网络视角结合起来，共同解释医院对全面质量管理采纳的行为。他们以2700家美国医院为样本，研究这些医院对新管理方式的采纳和使用，以及新管理方式对组织效率和合法性的影响。研究表明，早期采纳者是出于对提高医院工作效率的考虑，后期采纳者更多考虑如何通过新的管理方式获得合法性的问题。③

---

① Steven Brint and Jerome Karabel, *The Diverted Dream: Community Colleges and the Promise of Educational Opportunity in America*, 1900 – 1985, Oxford: Oxford University Press, 1989, pp. 214 – 215.

② Glenn R. Carroll and Michael T. Hannan, "Density Dependence in the Evolution of Populations of Newspaper Organizations", *American Sociological Review*, Vol. 54, No. 4, August 1989.

③ James D. Westphal, Ranjay Gulati and Stephen M. Shortel, "Customization or Conformity? An Institutional and Network Perspective on the Content and Consequences of TQM Adoption", *Administrative Science Quarterly*, Vol. 42, No. 2, June 1997.

三 新、老制度主义的比较

新制度主义是在西方社会科学反思经济学新古典经济理论和政治学行为主义理论的基础上发展起来的。新古典经济理论把经济集体行为看作是行动主体选择偏好的结果,行为主义同样将集体现象看作是个体行为的聚集结果。它们忽视了社会背景和社会制度的影响,随着政治、经济和社会制度对集体生活影响的增加,很多现象无法用个体偏好进行解释,人们日益增加了对制度因素的兴趣。从 20 世纪后半期开始,制度研究重新兴起,社会科学领域研究范式开始向新制度主义转型。

无论是新制度主义还是老制度主义,两者都反对工具理性主义,并注重揭示那些与以往理论相冲突的组织行为,强调组织与环境之间的关系,强调文化在塑造组织行为中的作用。不可否认的是,新制度主义的研究路径与以往制度主义的研究路径出现了分离与差异。本书基于组织分析的新制度主义理论框架进行分析,在厘清制度主义在组织分析中的特征的同时,也有必要梳理组织理论中新、老制度之间的关系,并比较两者的异同(见表 1-2)。[①]

表 1-2 组织理论的新、老制度主义对比

	老制度主义	新制度主义
利益冲突	中心论题	边缘论题
制度惰性的根源	既得利益	合法性强制
结构化的重点	非正式结构	正式结构的符号性作用
组织嵌入	地方社区	场域、部门和社会
嵌入性的性质	合作—选择性的	构成性
制度化的焦点	组织	场域或社会
组织动力学	变革	持续
功利主义批判的基础	利益聚合理论	行动理论
功利主义批判的证据	意外结果	非反思性活动
认知的主要形式	价值观、规范、态度	分类、管理、脚本、图式

---

① [美]沃尔特·W.鲍威尔、保罗·J.迪马吉奥:《组织分析的新制度主义》,姚伟译,上海人民出版社 2008 年版,第 15 页。

续表

	老制度主义	新制度主义
社会心理学	社会化理论	归因理论
秩序的认知基础	承诺、义务或依附	惯习、实践行动
组织目标	替代性的	并存性的（模糊性的）
研究议程	政策导向的	学术导向的

在利益冲突方面，老制度主义关注中心论题，而新制度主义关注边缘论题。从塞尔兹尼克对田纳西河流域管理局的研究来看，管理局现任领导为了保证乡村电气化工程而取消了前任领导的农业计划，展现了组织内部和组织之间的利益冲突，是一种政治性的分析。新制度主义早期关注的焦点主要放在"那些防止行动者认识到其利益或按其利益而采取行动的各种制度层面"①。

新、老制度主义都认为制度化限制了组织的理性，但是两者对其限制发生的根源看法不同。塞尔兹尼克介绍了管理局管理人员、地方领导者、企业、协会等不同利益群体对他们所得利益进行博弈、权衡的状况，认为是这种既得利益限制了组织的理性。新制度主义最核心的是强调合法性，他们认为限制组织的理性是为了维护组织的稳定性与合法性之间的关系。

在对组织结构化的理解方面，老制度主义关注非正式结构对正式结构的影响，新制度主义并不认为组织的非理性是由组织有意识而为之的行为。老制度主义看到了各种利益团体利用人际关系影响、共同的派系主张、共谋利益等方式"瓜分"田纳西河流域改革的红利，展现了非正式结构偏离正式结构并制约正式结构发展的过程，组织原本为当地贫苦农民服务的使命也因为这些狭隘利益的博弈而被抛至脑后。新制度主义则认为组织行为的扩散是组织相互影响的结果，是正式结构的符号性作用的结果。

从两者的研究中可以发现，老制度主义主要关注地方社区，尤其是

---

① [美]沃尔特·W. 鲍威尔、保罗·J. 迪马吉奥：《组织分析的新制度主义》，姚伟译，上海人民出版社2008年版，第15页。

在塞尔兹尼克的研究中，田纳西河流域管理局并没有设在联邦政府，而是设在田纳西当地，他们重点研究的是这个组织与地方社区的联系。新制度主义关注的是场域、部门和社会。斯科特和迈耶将"一个组织所处的社会部门之结构"看作组织环境的一个重要层面；[①] 迪马吉奥和鲍威尔分析组织制度性同形变迁的过程，更是将组织场域作为一种分析单位，认为场域具有同时关注组织间连通性和结构等同的优势。[②]

新、老制度主义对组织环境的看法各不相同，那么在不同环境中，组织的嵌入性质、组织制度化的焦点也会有所不同。老制度主义关注组织与地方社区之间的关系，重点强调了组织原始目标及其行为的变化，这种制度化改变主要发生在组织内部，是组织与外部环境合作—选择的动态过程。新制度主义认为组织制度化的环境是在部门、场域或社会之中，他们看重组织与组织之间的关系，认为制度化改变的是组织的构成，包括组织形式的制度化、组织结构要素的制度化以及组织规则的制度化。

自帕森斯功能主义解体后，社会学领域广为流传的是功利主义、行动者—利益模型，无论是新、老制度主义者都反对这种将组织行为与个人行动简单加总的观点，打破了这些概念的霸权存在。他们的一个贡献在于，组织行动者共享的一种潜意识理解导致了组织变迁与组织稳定，与组织利益无关，[③] 由此对经济学理论的功利主义提出批判。老制度主义者反对利益聚合理论，强调规范，制度研究使行动者关注到那些使他们不太认识自身利益或根据自身利益行动的因素，以此保持利益中立，并且认为组织的各种行为都会产生超出任何个人控制的"意外结果"。新制度主义者提出了组织本质中"广为接受"的假设，强调人的行为具有习惯性和非反思性的特征，从而将制度视为理所当然应该接受的。

对于老制度主义学派而言，制度化行为的认知是基于价值观、态度和规范的。塞尔兹尼克认为组织实现制度化的一个方式就是"其目标或

[①] ［美］沃尔特·W. 鲍威尔、保罗·J. 迪马吉奥：《组织分析的新制度主义》，姚伟译，上海人民出版社 2008 年版，第 117 页。

[②] ［美］沃尔特·W. 鲍威尔、保罗·J. 迪马吉奥：《组织分析的新制度主义》，姚伟译，上海人民出版社 2008 年版，第 70 页。

[③] 张永宏：《组织社会学的新制度主义学派》，上海人民出版社 2007 年版，第 460 页。

程序趋向于实现公认的、富含价值的状态"①，组织成员的选择偏好也受到规范的影响。新制度主义学派则指出，形成制度的不是价值观和规范，而是理所应当接受的脚本、分类和规则，吉普森也指出，制度可以确立行动者身份认同的程序或规则框架，是获得这些身份的行动者的活动脚本。②

此外，老制度学派遵从了社会心理学的社会化理论，秩序的认知基础强调承诺、义务和依附。塞尔兹尼克将承诺分为了囿于组织紧迫任务的强制承诺、个体社会品格催生的承诺、制度化的承诺、社会与文化环境衍生的承诺、行动过程利益核心衍生的承诺，他认为对承诺的分析是阐释组织化行动决策影响因素的颇有力度的工具。他们关注组织的政策导向，并且认为组织目标具有选择性、替代性的特征。③ 新制度主义学派遵从了社会心理学的归因理论，他们认为秩序的认知基础是惯习和实践行动，主要聚焦组织形式和实践的"广为接受"性质。对于组织的目标，他们认为制度化的组织为了迎合外部不同制度环境，以及协调外部制度环境与内部技术环境的矛盾和冲突，通常采用模糊的方式设置目标。此外，他们的研究议程主要是学术导向的。

第二节　组织制度理论与本研究的结合

组织制度学派诞生于20世纪70年代兴起的组织社会学，它与历史制度学派共同构成了经济社会学中的制度学派。从上述对组织制度学派的分析可以发现，制度学派反对新古典经济学和理性选择采用的理性行为假设，拒绝采用个人主义方法论，并反对使用其放之四海而皆准的"大理论"。它们提出，人类很多行为是无法用理性行为假设说明的，理性行为本身的选择偏好也受到制度影响。组织制度学派强调通过人的认知解

---

① ［美］菲利浦·塞尔兹尼克：《田纳西河流域管理局与草根组织——一个正式组织的社会学研究》，李学译，重庆大学出版社2014年版，第163页。
② ［美］沃尔特·W. 鲍威尔、保罗·J. 迪马吉奥：《组织分析的新制度主义》，姚伟译，上海人民出版社2008年版，第159—160页。
③ ［美］菲利浦·塞尔兹尼克：《田纳西河流域管理局与草根组织——一个正式组织的社会学研究》，李学译，重庆大学出版社2014年版，第162页。

释制度，历史制度学派强调理性与制度的不可分割性，注重历史的研究。尽管略有不同，制度学派的主张和研究为本研究的开展提供了独特的分析视角。

一 组织制度理论视角在本研究中的适切性分析

组织制度学派有三个重要的研究方向，分别为理性的社会建构、国家的作用和非市场治理机制。本书是对职业教育中介组织的研究，这些组织大都是非营利性的教育组织，属于非市场治理机制的范围。组织制度理论早期非常重视对非营利部门中非理性行为的研究，其代表人物如社会学教授鲍威尔就曾主编了《非营利部门研究手册》、耶鲁大学社会学教授迪马吉奥也曾著有《艺术产业中的非营利企业：经济生活的社会组织》，后来的研究者逐渐将研究领域拓展到营利部门，可见组织制度理论对非营利部门的研究有着深厚的基础。

从该理论视角出发，组织的生存不仅由组织效率、技术环境决定，而且还体现了制度环境对组织的影响以及组织对制度环境的遵从，这符合"非营利组织"的组织特性，也契合了本书的研究视角。本书要回答我国是否必然需要职业教育中介组织，我国需要职业教育中介组织是否只是出于对其组织优势的考虑，在未来，国家对这类组织的重视程度如何，在研究美国职业教育中介组织时要关注哪些影响因素等一系列关键问题，组织的制度理论为这些问题的回答提供了很好的视角。

（一）理性的社会建构契合本书对经济制度的分析

组织制度学派主张，理性是社会地建构出来的，人的认知可以推动社会建构的过程。人们通过认知因素，也就是日常生活中的常识性知识来理解现状，以此做出的行动无法用价值判断为基础的理性进行解释。人类的行为方式具有主观意义，他们有对关于因果关系的分析和认识，因此，人们的行为会对外部事实进行分析，而不是单纯地顺从和服从。这种意义形成一种集体共识时，行动就会成为惯习，从而为制度的形成打下基础。多宾（Dobbin）指出，社会科学家要解释人类的行动，需要理解行动者的目的，领悟行动者对行动与目的之间因果关系的理解。① 经济行为中的理性更强调行动者从经验中把握意义，而忽视了人类行动主观上的意义。

组织制度学派主要从政策范式的角度来分析理性行为的社会文化特征，重视意识形态、经济理论和经济思想在理性社会建构中发挥的作用。意识形态通过影响政治话语影响政策范式。霍尔（Hall）指出，国家的政治话语是由一系列思想共同构成的，包括社会和经济性质的共同看法，对政府适当角色的各种看法，一些共同的政治理想，以及对过去政策经验的集体记忆等，国家政策制定离不开这些流行的思想观念，这些环境也成为影响政策制定的一个关键组成部分。② 政治文化对产业政策范式有着重大影响，各国政体运行方式、权力分配方式的不同，它们在经济治理中发挥的作用也会不同。此外，经济学和经济学家也会影响政策范式。

经济因素是组织生存的一个重要环境因素，任何组织的发展都与国家的经济有着密切的关系，教育中介组织也不例外。本书在分析美国职业教育中介组织生存的依据时，必然要涉及美国经济制度对这类组织的影响，例如美国经济制度的特点是什么，市场如何与职业教育中介组织互动等。同时，在借鉴美国经验时，也不能忽视我国经济制度的现状，应避免"拿来主义"的问题。

（二）国家作用分析契合本书对政治制度的考量

组织制度学派认为，政治是渗透到经济结构中的，③ 国家可以被看作"由一系列政策领域组成的场域"④。在这个场域中，不同的利益集团代表为行动主体之间制定稳定的规则和治理结构的政策。国家可以通过正式组织和非正式组织治理经济，可以影响双边或多边形式的交流方式。国家是一个行动主体，它被认为拥有自主权，在一定程度上摆脱各利益集

---

① Frank Dobbin, *Forging Industrial Policy: The United States, Britain, and France in the Railway Age*, New York: Cambridge university press, 1994, pp. 1 – 10.

② Peter A. Hall, *The Political Power of Economic Ideas: Keynesianism Across Nations*, Princeton: Princeton University Press, 1989, p. 383.

③ John L. Campbell, J. Rogers Hollingsworth, Leon N. Lindberg, *Governance of the American economy*, New york: Cambridge University Press, 1991, p. 357.

④ 高柏：《中国经济发展模式转型与经济社会学制度学派》，《社会学研究》2008年第4期。

团的影响，为民族利益服务。但是在实际情况中，无法将国家与市场相对立，在不少国家，政府发挥着强有力的作用，同时又实行着市场经济。国家并没有取代市场，而是利用多种非市场治理机制补充、限制市场的发展，例如日本和韩国。在这种情况中，国家的法律和官僚程序可以反映公民社会的诉求，也可以赋予公民社会权力，它们塑造了市民社会与国家之间的关系以及市民社会内部的关系。[1] 国家也被看作一个结构，它为不同的经济行动主体提供了一个政治舞台，不同利益集团可以获得不同的制度性机会，从而对政策制定产生不同程度的影响。

国家制度对经济治理模式的选择有着很大的影响。在英、美为代表的共同法系中，国家的角色更主要的是保护自由和私有财产。司法部门同时拥有一定的立法权和司法审查制度，主要实行的是三权分立的制度安排，行政部门的权力相对较小。在这样的宪制中，行政部门提出或践行的非市场治理结构都可能会受到个人或公司通过司法系统的挑战，司法系统可以审理行政部门的政策是否违宪。[2] 在德、法为代表的大陆法系中，国家不仅保护私人权力，更注重考虑公共利益。法律至高无上，行政部门拥有立法权，司法部门没有立法权，其权力小于行政部门，且立法者的判断不受司法系统干预。由此一来，法律受到较强的行政约束，个人和企业的自由也因此受到较多约束。在这种模式下，国家通常把卡特尔作为一种非治理机制的有用工具，国家通过公法促进这种强制性结社的运转。

国家对经济的干预有时候是直接的，有时候要通过非市场治理的手段。这同样适用于国家对教育的干预，国家可以直接颁发教育政策，推动各类教育的改革，也可以通过间接的方式对其进行干预。国家发挥着什么样的作用，如何发挥它的作用，也是本书在探讨国家与职业院校关系等方面问题需要思考的。

---

[1] Alfred C. Stepan, *The State and Society: Peru in Comparative Perspective*, Princeton: Princeton University Press, 1978, p. xii.

[2] Bai Gao, "The State and the Associational Order of the Economy: The Institutionalization of Cartels and Trade Associations in 1931 – 1945. Sociological Forum", *Sociological Forum*, Vol. 16, No. 3, September 2001.

（三）非市场治理机制契合本书对非营利组织的分析

非市场治理机制有着深厚的欧洲大陆传统，在德国、法国为代表的大陆法系传统中，由于个人和企业的自由受到较多行政约束，体现个体利益的市场空间相对较小，因此常常被看作协调市场国家。它们所实行的协调市场经济更多地依赖不完全契约、以社会关系为基础的契约等非市场治理手段协调不同利益主体之间的关系，推动利益主体进行合作而非竞争。这在德国尤其明显，德国在经历了19世纪70年代的经济危机后，政府开始采纳非市场治理机制，积极支持卡特尔（Cartel）这种治理方式，并逐渐使其成为占统治地位的治理结构。纳粹上台后组建了强制性的产业团体，尽管第二次世界大战结束纳粹下台，这种非市场治理机制还是得以存活下来，逐渐演变成"社会规制的市场经济"[1]。所谓的社会规制的市场经济，依然是依靠一系列的非市场治理机制进行维持，例如工会和商业协会参与企业管理，市民社会获得认可，代表市民社会的利益团体出现，市民社会拥有了自我管理的能力。

日本的非市场治理机制发展也非常迅速，他们依托康采恩（konzern）的形式发展成强制性产业协会，以此建立起市场中的稳定的交换关系。但是并不是说在自由市场经济中就完全没有非市场治理机制，英、美等国虽然实行自由的市场经济，也借鉴了非市场机制的治理结构，商会、工会、各类协会也广泛存在。

本书的研究对象是服务于职业教育校企合作的各类中介组织，这些教育组织多是非营利性组织，非营利组织又是非市场治理机制中一个非常重要的形式。组织的制度理论对非市场机制的探讨为本书提供了新的视角，它将非市场机制的出现与发展放在了国家与经济长时间的互动关系中，因此在考虑非营利教育组织的发展时不能忽视国家与经济的关系。

（四）总结

我国理性社会建构的核心发生了几次重大的改变，不同的变革时期，国家发挥的作用不同，非市场治理机制的生存空间也不同。在20世纪70年代末，我国迎来了改革开放，理性社会建构的核心是打破以往计划经

---

[1] Kozo Yamamura and Wolfgang Streeck, *The End of Diversity?: Prospects for German and Japanese Capitalism*, New York: Cornell University Press. 2003, p. 12.

济体制的束缚，构建社会主义市场经济体制，解放生产力，极大地释放市场力量。在这个阶段，我国赶上了全球化的大浪潮，国际整体环境就是减少国家干预，激发市场活力，非市场治理机制发展空间有限。这也体现了教育中介组织的存在规律，我国在计划经济时代，教育中介组织的数量非常之少；随着市场经济时代的到来，教育中介组织开始逐渐发展。

到 21 世纪，国际环境发生变化，全球化开始转型，保护主义抬头并迅速发展，外部环境变得日益复杂。我国面临新的国际环境，社会建构也发生了变化，提出不再仅以 GDP 增长为衡量经济发展的唯一指标。人们开始注意经济与社会的关系，在转向社会保护时，经济效率不再是首要目标，社会公平被建构成首要目标。当下，世界正处于动荡变革期，为了应对复杂的国际环境，我国提出构建"以国内大循环为主体，国内国际双循环相互促进"的新格局，经济与社会也成为"一个动态循环系统"，各环节环环相扣。① 面对全球化的逆转阶段，国家和非市场治理机制经常被看作控制市场力量负面影响的有效手段。② 政府通常把非市场治理机制当作实施公共政策的工具，以此协调利益主体之间的关系。

有学者指出，非市场治理机制是中国必须要大力研究的一个领域。③ 早在 19 世纪 70 年代，就有西方国家开始运用非市场治理机制应对经济问题、社会问题，这为我国发展社会主义市场经济提供了一些经验启示。

总而言之，对职业教育中介组织的研究不能就组织谈组织，不能仅仅因为国外这类组织具备优秀职能而尝试引进我国。它们是教育领域非市场治理机制中一个非常重要的组织类型，对其成长和发展的探讨也无法脱离对国家政治、经济、社会、文化整个大的环境背景的考量。如果它不符合我国理性的社会建构背景，即使有所引进，也无法成功，正如

---

① 习近平：《高举中国特色社会主义伟大旗帜 为全面建设社会主义现代化国家而团结奋斗——在中国共产党第二十次全国代表大会上的报告》（2022 年 10 月 26 日），《人民日报》2022 年 10 月 26 日第 1 版。
② 高柏：《中国经济发展模式转型与经济社会学制度学派》，《社会学研究》2008 年第 4 期。
③ 高柏：《中国经济发展模式转型与经济社会学制度学派》，《社会学研究》2008 年第 4 期。

我国在计划经济时代，非营利社会组织的生存是非常困难的。组织制度学派对理性的社会建构、国家作用、非市场治理机制的探讨为本研究的探讨提供了一个宏观的视角，可以发现，非市场治理机制的活动空间是理性社会建构和国家相互作用的结果，不同时代背景下其话语空间的大小不同。基于我国现阶段理性社会的建构，非市场治理机制将在我国引起更多重视，对教育中介组织的研究为教育领域非市场治理机制的应用开拓了新的发展空间。

二　新制度主义理论在我国组织分析中的应用

一直以来，对组织问题的分析与研究是学者们经常关注的问题，随着制度理论的发展，从新制度主义理论视角开展的组织分析研究愈来愈多。总体而言，这些研究可以划分为以下三类：对组织制度变迁的研究、对组织环境的分析、对组织运行机制的研究。对这三个部分的综述可以梳理我国学者在本领域的研究进展，同时新制度主义理论在组织分析中的应用可以为本研究提供更详细的分析框架参考。

（一）新制度主义视角下组织制度变迁的回顾

1. 制度的历史变迁

王亚军以新制度主义为理论基础，回顾了台湾地区大学招生制度改革的历史脉络，从旧制度的危机、新制度的创新、新制度的演化三个角度再现了大学"推荐甄选"这一制度的历史脉络。[①] 刘娟从新制度主义视角出发研究了国务院机构的变迁历史，将其划分为国务院筹建与中央行政体制的变化、国务院制度变迁与行政体制的初步调整、国务院组建与制度功能的再调整、国务院成立与中央行政体制的演进，并对1954—1966年国务院机构的发展进行了新制度主义分析。[②] 李艳基于新制度主义分析视角从产权制度、意识形态、政府行为三个方面分析了中国体制转型这一大规模的制度变迁，涉及制度变迁下政治、经济、文化、社会等

[①] 王亚军：《台湾地区大学"推荐甄选"招生制度变革研究——基于新制度主义的分析视角》，博士学位论文，四川师范大学，2018年，第1页。

[②] 刘娟：《国务院机构变迁的新制度主义视角研究（1954—1966）——兼论周恩来的政治作用》，博士学位论文，南开大学，2013年，第1页。

各个领域的变化,指出体制转型的制度环境包括宪法秩序、中央放权改革、意识形态、市场化进程等。① 朱艳从制度的视角分析了我国高等教育结构的历史变迁,从外部制度环境影响结构变迁、外部制度重构影响结构变迁、制度环境完善影响结构变迁三个方面进行论述,并分析了结构变迁中的主体力量与基本特征。② 张学良探讨了我国高校国学专业教育制度变迁,从去制度化——制度构建与延续——制度变迁机制三个方面进行了详细的阐述。③ 郑丽娜基于组织分析的新制度主义分析了大学边界的变迁历史,详细阐述了大学边界萌芽—形成—拓展的不同阶段及其边界的合法性特征,同时从知识合法性、政治合法性、经济合法性、文化—认知合法性四个方面分析了大学边界变迁的影响因素。④

2. 制度变迁的路径与方式分析

孟欢欢等人研究了民间传统体育组织的发展路径,从强制机制、模仿机制、社会规范机制三个方面分析了组织发展趋同的内在机制,并指出组织目标、活动、策略、结构、社会关系等方面的趋同,提出通过内涵式"求异"创新组织发展。⑤ 孙勇等人分析了对口援藏组织结构和工作机构的演化路径,可以发现对口援藏组织在开展工作的前期过程中,合法性机制主导了援藏工作,包括稳定的制度基础和既有的规则约束等,效率机制的作用空间相对较小,但是在未来的发展中,对口援藏组织应该更加关注效率机制。⑥

田恒在分析政府与非营利组织关系时,在制度变迁的分析框架中进行了分析,这个框架包括制度变迁的时间、要素、主体、动力、方式等,

---

① 李艳:《适应性调整:新制度主义视角下的中国体制转型研究》,博士学位论文,南开大学,2013年,第1页。

② 朱艳:《制度视角下中国高等教育结构研究》,博士学位论文,大连理工大学,2012年,第1页。

③ 张学良:《中国高校国学专业教育的制度变迁研究——基于新制度主义视角》,硕士学位论文,浙江大学,2019年,第1页。

④ 郑丽娜:《大学边界变迁的新制度主义分析》,硕士学位论文,山东大学,2017年,第1页。

⑤ 孟欢欢、杨小凤、李健:《"趋同"到"求异":民间传统体育组织创新发展的路径选择》,《沈阳体育学院学报》2020年第3期。

⑥ 孙勇、杨杰、马伟著:《对口支援西藏工作实践及组织结构与机制演化分析——基于组织社会学新制度主义的分析视角》,《西藏大学学报》(社会科学版)2019年第3期。

较为系统地呈现了制度变迁的各个方面（见表1-3），[1] 并基于此分析非营利组织的发展阶段、政府与非营利组织关系变革的不同阶段。

表1-3 制度变迁中政府与非营利组织关系的一个分析框架

分析维度	内容	可能的影响
制度变迁时间	时间域	特殊性与延续性
制度变迁要素	规制性要素、规范性要素、认知—文化性要素	合法性、互动机制
制度变迁主体	初级行动团体（政府） 刺激行动团体（非营利组织）	权力关系
制度变迁动力	潜在的收益、潜在的成本、危机、领导人认识	制度维持 制度创新
制度变迁方式	整体性制度变迁——局部制度变迁 诱致性制度变迁——强制性制度变迁 渐进式制度变迁——激进式制度变迁	制度、体制、机制

王秀凤研究了开放大学组织转型的动因及路径，认为其制度变迁是强制性和诱致性制度变迁结合的过程，其驱动因素是制度合法性机制。[2] 王庆如分析了民办高校发展过程中组织行为和组织结构趋同的现象，从新制度主义视角出发分析了民办高校制度变迁的深层动力，分别为强制性、模仿性、社会规范机制，并据此提出纾解趋同现象的建议。[3]

王亚军在研究台湾地区大学的推荐甄选制度时，从结构逻辑分析、历史逻辑分析、行动逻辑分析三个方面探讨了这一制度变革过程的机制，分别关注组织制度变革的结构性影响、历史性影响以及场域内不同行动

---

[1] 田恒：《新制度主义视角下政府与非营利组织的关系研究——以上海市为例》，硕士学位论文，华东师范大学，2011年，第34页。

[2] 王秀凤：《开放大学组织转型的动因与路径选择——基于新制度主义的探讨》，《教育学术月刊》2019年第4期。

[3] 王庆如：《民办高校趋同现象的驱力探析——基于新制度主义视角》，《现代教育管理》2013年第9期。

者之间的博弈与平衡,并最终总结该制度的实现机制。① 其中,结构逻辑分析主要关注教育法律规则、传统文化、价值观念等方面;历史逻辑分析主要关注历史路径、历史进程、历史意外事件等方面的影响,并总结其制度变革的历史逻辑;行动逻辑主要关注政府的功能和角色、高校的制度适应、社团的协助、精英的知识引导等方面;最后从制度运行机制、核心要素相互作用、具体实践等方面总结了制度的运行机制。

(二) 新制度主义视角下组织产生及生存的分析

1. 组织形成环境的分析

张瑞玲运用新制度主义理论分析了某个民间社会组织生存发展面临的社会环境特征,国家体制、组织管理体制、宪法、普通法律、行政法规、党的政策规定、非正式规则制度等构成了组织运行的制度环境,组织从事的专业性项目面临的环境,协会项目内不同流派构成的环境、协会项目与其他项目构成的环境构成了组织发展面临的技术环境。② 胡珏同样从制度合法性的三个维度,即规制要素、规范要素、文化—认知要素分析了高校教授委员会制度化形成的影响因素,其中规制要素包括组织章程设立、法律保障、设立意义、章程影响等,规范要素包括行政干预遴选、主任作用、成员代表性、成员沟通、与行政部门的沟通、下设机构的完善程度、运行机制、行政干预情况等,文化—认知要素包括成员党政职务影响、参与兴趣、与行政部门之间的信任、主任积极作用、决策科学性等。③ 周维莉和蔡文伯从新制度主义的视角出发,从规制性要素、规范性要素、文化—认知要素三个方面分析了我国地方本科院校在转向应用技术大学的过程中面临的发展环境,提出要构建地方高校转型发展的合法性。④

张秋硕研究了高校内部教学质量评估组织的产生机制,从制度理性

---

① 王亚军:《台湾地区大学"推荐甄选"招生制度变革研究——基于新制度主义的分析视角》,博士学位论文,四川师范大学,2018年,第1页。
② 张瑞玲:《新制度主义视角下的民间社团组织运作——以 H 市 SAMQ 为个案》,博士学位论文,上海大学,2010年,第1页。
③ 胡珏:《研究型大学教授委员会制度化研究——基于新制度主义的视角》,博士学位论文,浙江大学,2019年,第1页。
④ 周维莉、蔡文伯:《我国地方本科高校转型发展困境的新制度主义分析》,《黑龙江高教研究》2019年第12期。

确定的视角分析了评估组织产生的政策来源,包括教育部的正式评估方案、高校人才培养质量保障深化、高教系统的"管办评"分离改革等;组织技术活动场域的制度化,包括常态监测数据信息填报、本科教学质量保障的制度化;以及社会网络间的制度化趋同与模仿等。[1] 李军超分析了政府推进城乡义务教育均衡发展中面临的制度环境,包括中国式财政分权、城乡二元体制、管理体制的体制环境以及传统社会文化、家庭教育等非正式制度的嵌入,对政府推行这一制度的成因进行了详细研究。[2]

田恒在研究政府与非营利组织的关系时,运用新制度主义视角分析了两者关系的制度环境,将其分为正式制度环境,包括政治制度环境(例如,宪法制度、政党制度、国家行政制度、人民代表大会制度等)和经济制度环境;非正式制度环境,包括文化环境(例如公民文化、慈善文化)和意识形态环境。[3] 陈金圣基于组织新制度主义视角分析了大学学术权力建构的制度环境,包括社会规范层面、社会关系层面、文化—认知层面的制度环境,良好的制度环境有助于实现学术权力从观念形态向制度实践的升华。[4]

2. 组织发展困境的分析

艾强基于新制度主义视角研究了社区社会组织面临的合法性问题,从规制合法性、规范合法性、认知合法性三个维度分析这些组织在参与社区治理中面临的环境问题。[5] 其中,规制合法性主要强调组织面临的强制性政策规定,规范合法性主要强调组织面临的社会规范及内部规范,认知合法性主要强调组织的主观建构,并以表格的形式列举出不同维度的主要要素,见表1-4。

---

[1] 张秋硕:《高校内部教学质量评估组织的发展机制研究——以制度主义组织理论为分析视角》,博士学位论文,华中师范大学,2016年,第1页。

[2] 李军超:《政府推进城乡义务教育均衡发展的制度逻辑——基于新制度主义视角的理论与实证研究》,博士学位论文,华中师范大学,2012年,第1页。

[3] 田恒:《新制度主义视角下政府与非营利组织的关系研究——以上海市为例》,硕士学位论文,华东师范大学,2011年,第1页。

[4] 陈金圣:《从蔡元培北大改革看大学学术权力的制度构建——基于组织新制度主义的视角》,《复旦教育论坛》2012年第1期。

[5] 艾强:《新制度主义视角下社区社会组织合法性问题研究——以陕西省Z县C社区为例》,硕士学位论文,西北大学,2018年,第1页。

表1-4　　　　　　　　　　组织合法性要素

合法性维度	评判指标	主要内容
规制合法性	外部：政府部门的政策规定	登记注册、孵化培育、购买服务等政策规定
	内部：组织权利和监督机构	组织权力机构、人力资源机构、监督机构
规范合法性	外部：第三方的社会道德评判	第三方评估、组织从业者职业伦理守则
	内部：组织内部治理规范	组织目标、组织权威、资源依赖、服务提供逻辑和方式
认知合法性	外部：社会大众对组织的评判	是否回应公众利益诉求、对服务领域的治理创新作用、服务对象的能力提升情况、服务的领域文化风气变化等
	内部：组织成员的认同	组织文化认同、自我身份认同

李延超在分析我国草根体育组织面临的制度困境时，也是从管制性制度、规范性制度、文化—认知制度环境三个方面来进行分析的，并基于此提出组织发展的路径。[①] 瞿皎姣和赵曙明在分析中国工会提升代表性面临的制度困境时，同样借鉴了组织社会学新制度主义的合法性机制分析框架，从规制、规范、文化—认知合法性三个方面进行解析，并进一步提出提升策略。[②] 营立成在分析社区社会组织面临的合法性危机时同样采用了新制度主义的三个维度，规制性维度主要基于政府支持、规范性维度主要基于组织专业性和资质性说明、认知性维度主要基于社区文化观念，从而分析社区社会组织发展面临的困境与挑战。[③]

（三）新制度主义视角下组织运行机制的分析

1. 追求合法性机制

张瑞玲在分析我国某民间组织的行动策略时，总结了其在制度环境

[①] 李延超：《新制度主义视野下我国草根体育组织发展的制度困境与路径选择》，《武汉体育学院学报》2018年第9期。

[②] 瞿皎姣、赵曙明：《中国工会代表性的提升策略研究——组织社会学新制度主义的分析视角》，《南京大学学报》（哲学·人文科学·社会科学）2017年第2期。

[③] 营立成：《社区社会组织合法性危机的生成机制——基于新制度主义视角的分析》，《城市问题》2016年第12期。

和技术环境中的运行方式。① 在制度环境中，组织话语会主动贴合国家政策；争取组织内、外部合法性，其中外部合法性包括法律合法性（遵从国家相关规定）、政治合法性（社团宗旨、活动意义、政治取向）、社会合法性（地方传统、当地共同利益、共识性的规则）、行政合法性（包括通过机构文书、机构符号、仪式、领导人认可等形式符合官僚体制的程序和惯例），内部合法性包括组织认同、基本认同，组织主要通过外部合法性巩固内部合法性，开展会员活动、会员管理等方式获得内部合法性；活动资金获取；积极嵌入社会等方式。在技术环境中，组织会主动关注并充分理解所面临的复杂的技术环境变化，选择合适的发展项目，通过与政府的互动创造更好的技术环境，积极寻求制度保障促进技术发展。

蒋馨岚研究了我国专业学位研究生教育的认证制度，提出从社会规范、社会关系、文化认知三个层面进行制度建构，从而获得合法性机制，符合制度建构的合理性。② 楼园等人考察了俄罗斯石油企业的组织结构和制度环境，通过实证研究发现尽管俄石油企业面对强技术、强制度的双重压力，但是组织反应优先考虑合法性需求，注重追求合法性机制。③ 王传毅和查强分析了加拿大产学合作教育项目的认证制度，从新制度主义的视角分析发现，这一认证制度主要通过强迫机制、规范机制、模仿机制有效引导产学合作项目的建立和运行。④ 卢志成等人同样赞同从这三个机制出发获取体育院校综合化发展的合法性机制。⑤

张秋硕分析了高校内部教学质量评估组织的发展机制，指出组织的变迁是制度环境塑造的结果，其中组织结构及成员的变化是为了与制度环境同形、组织工作的转变是对外部合法性的遵守、组织内外关系的稳

---

① 张瑞玲：《新制度主义视角下的民间社团组织运作——以 H 市 SAMQ 为个案》，博士学位论文，上海大学，2010 年，第 1 页。
② 蒋馨岚：《我国专业学位研究生教育认证制度的建构——基于新制度主义视角的分析》，《研究生教育研究》2014 年第 1 期。
③ 楼园、李晓辉、萨碧娃：《俄罗斯石油企业组织结构与制度环境——基于新制度主义的视角》，《管理现代化》2011 年第 1 期。
④ 王传毅、查强：《加拿大产学合作教育项目认证的制度分析——基于新制度主义的视角》，《高等工程教育研究》2015 年第 6 期。
⑤ 卢志成、李斌琴、杜光宁：《我国体育院校综合化发展现状与动因研究——组织社会学新制度主义理论的视角》，《西安体育学院学报》2015 年第 6 期。

定化是对制度环境的逐步规范;同时组织在制度环境的影响下,组织技术、组织关系网络会发生变化。①

2. 不同利益主体

李军超基于新制度主义视角分析了地方政府在介入城乡义务教育均衡发展事项中的"行动策略",主要从不同利益主体的角度进行探讨,包括政府在财政、管理体制、政绩考核、学校建设、教师制度、教育观等方面的行为,以及委托代理运行的机制等。② 朱艳同样从不同主体的视角分析了高等教育结构制度构建的逻辑,包括政府的规制性规则构建、市场的规范性规则构建、大学主体性规则的构建。③ 姚荣在分析中国高校转型时指出,转型制度化的根本在于通过规范性、规制性、文化—认知制度要素的整体重构。④

3. 合法性机制与效率机制矛盾的缓和

张侃基于组织分析的新制度主义视角分析了高校行政化的制度,行政化制度的产生与宏观制度环境密不可分,但是高校过于注重追求合法性机制,导致行政化问题日益严重。因此,他提出应保持合法性机制与效率机制的平衡,采取一系列措施推动高校"去行政化"⑤。刘献君和张晓冬分析了精英学院的运行机制,精英学院有着较高的专业技术要求,它们实行了"少年班""珠峰计划"等一系列创新人才培养计划,但是这一特殊的社会组织在实际运行中,有着明显的制度合法性诉求,并且更加注重追求制度合法性。⑥

---

① 张秋硕:《高校内部教学质量评估组织的发展机制研究——以制度主义组织理论为分析视角》,博士学位论文,华中师范大学,2016年,第1页。
② 李军超:《政府推进城乡义务教育均衡发展的制度逻辑——基于新制度主义视角的理论与实证研究》,博士学位论文,华中师范大学,2012年,第1页。
③ 朱艳:《制度视角下中国高等教育结构研究》,博士学位论文,大连理工大学,2012年,第1页。
④ 姚荣:《中国本科高校转型如何走向制度化——基于组织分析的新制度主义视角》,《教育发展研究》2015年第3期。
⑤ 张侃:《高校行政化的制度根源与"去行政化"——基于组织社会学新制度主义的视角》,《中州学刊》2014年第5期。
⑥ 刘献君、张晓冬:《"少年班"与"精英学院":绩效诉求抑或制度合法化——基于组织理论的新制度主义分析》,《现代大学教育》2011年第5期。

（四）对新制度主义视角下组织分析的综合评述

从已有文献来看，我国学者基于新制度主义视角开展组织分析与研究已经取得了不少成果，他们从不同角度和思路对组织分析的思考也为本研究的开展提供了诸多启发和思考。总体来看，新制度主义的视角和理论广泛应用于各类组织的研究，包括学校、企业、社区组织、体育组织等，这些研究应用了新制度主义的分析思路和分析框架，为本研究构建职业教育中介组织的分析框架提供了很好的参考。

首先，很多学者使用新制度主义理论解释组织的历史变迁，考虑了组织变迁过程中制度环境的影响，同时也会借助迪马吉奥和鲍威尔关于制度性同形的理论分析组织变迁过程中出现的制度趋同现象。其次，对于组织出现、生存、发展的环境分析，很多研究借鉴了迈耶的"组织生存模型"，不仅思考了组织面临的技术环境，更关注了组织所面临的制度环境。这符合组织制度学派的理论主张，并充分考虑了理性的社会建构和国家的作用。多数学者依托合法性的三个维度，即规制合法性、规范合法性、文化—认知合法性分析组织的内部和外部环境，并进一步细化了不同维度相关的影响因素。最后，对于组织运行机制的分析，制度学派主张组织要获得合法性机制，但是也要平衡合法性机制与效率机制之间的矛盾。不少学者对于组织应对环境应该采取的行动逻辑给予了解释，可以发现，学者们更强调组织对环境的适应。不过从环境影响组织的七种行动逻辑来看，除了组织对环境的主动适应，还有环境对组织行动的直接或间接影响，其中的一些组织行动也非常值得借鉴和探索。

三 本研究基于新制度主义理论的分析框架的建立

从新制度主义理论及其经验研究来看，组织分析遵循着"生存与发展—行为—影响"的逻辑，分析组织产生的环境、组织发展变迁的方式、组织开展的活动以及组织行为带来的影响。根据这一组织分析逻辑，本研究得出了一套可行的理论框架（见图1-6）。

首先，职业教育校企合作中介组织为什么会成功地参与进来。这里有两个主要的因素，分别为制度神话的确立和制度环境的塑造。一方面，制度神话的确立为组织的诞生和扩张贴上了合法性的标签，从而对组织

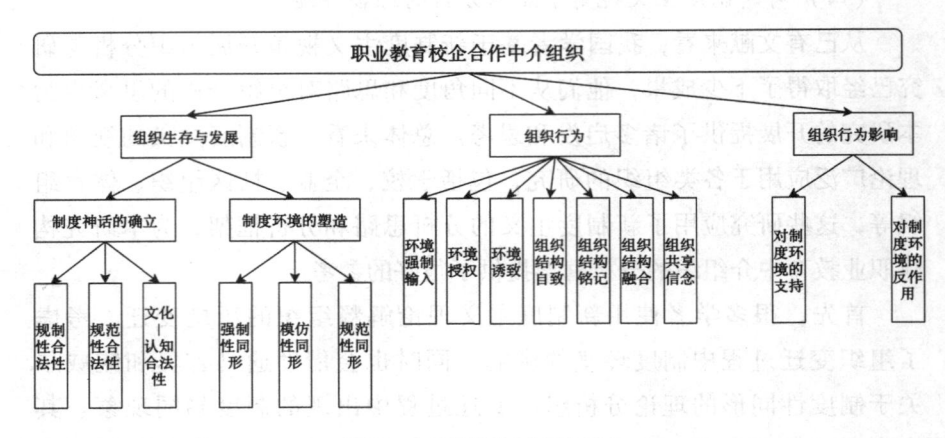

图 1-6 研究与分析框架

产生极大的影响，组织如果不遵从理性化的制度要求，很容易失去持续发展的支持和动力。这里的合法性主要有三个方面，分别为规制性合法性、规范性合法性以及文化—认知合法性。国家和社会是否提供了这些合法性，决定了中介组织能否参与到职业教育校企合作中来，因此，有必要深入挖掘美国以何种方式提供了哪些组织参与的合法性。另一方面，"组织结构的制度性同形，促进了组织的成功和生存"[①]。这体现了制度环境对组织的塑造，如果组织不能整合制度化的要素，或者独创一套结构要素，在合法性方面要承担相当大的成本。这里促进组织成功的三个内部因素分别为强制性同形、模仿性同形和规范性同形，尽管与其他组织在功能或产品上有着很大的差异，但是一旦这个场域实际存在，就会出现一种使这些组织"彼此日益相似的强大力量"[②]。减少组织动荡，保证中介组织长期、稳定地参与到职业教育校企合作中来，是美国模式存续的重要因素。因此，有必要从组织内部来探索组织可以成功参与进来的因素，它们是如何调整自身结构使之适应制度规范并开展有价值服务活动的。

---

① ［美］沃尔特·W. 鲍威尔、保罗·J. 迪马吉奥：《组织分析的新制度主义》，姚伟译，上海人民出版社2008年版，第54页。

② ［美］沃尔特·W. 鲍威尔、保罗·J. 迪马吉奥：《组织分析的新制度主义》，姚伟译，上海人民出版社2008年版，第70页。

其次，职业教育校企合作中介组织是如何参与进来的。这里的组织行为主要以斯科特总结的组织的七种行动逻辑为框架进行分析，包括环境强制输入、环境授权、环境诱致、组织结构自致、组织结构铭记、组织结构融合、组织共享信念。对于组织来说，可能会采用某一种方式开展活动，也可能采用多种方式开展活动，这取决于环境中主要的因素是什么，可能同样的组织面临不同的环境影响，其行动策略也会有所不同。同时，从大的范围来说，有些行动策略可能并不会展现出来，有些研究还尚未成熟。对于本研究而言，尤为重要的是探索清楚职业教育中介组织的主要行动策略，并进行经验总结。

最后，中介组织参与职业教育校企合作的效果如何。这里主要从两个方面来看，一方面是中介组织的参与对制度环境的支持，另一方面是中介组织参与对制度环境的一个反向作用。从已有研究来看，影响相关的研究是比较薄弱的，它可能更适合进行资料翔实的质性或量化研究。本研究虽然以文本资料的分析为主，但是受限于时间和地点很难追踪到美国一手的实地考察资料。因此，本研究更多是根据已有资料从宏观层面进行探讨。至于具体某个组织的哪些活动带来了哪些积极的或者消极的影响，可能很难展开讨论。

第三节　本章小结

本章内容分为两个部分，分别为制度理论的分析和本研究框架的建立。第一部分详细地梳理了新制度主义发展的历史进程、思想主张、早期的经验研究、应用范围等。可以发现，随着制度理论的发展，新制度主义在原有老制度主义的基础上发展得更加完善，应用范围不断扩大，解释力也不断提高。新制度主义为组织分析贡献了诸多分析框架，为本研究使用新制度主义理论及思想研究美国职业教育中介组织提供了清晰、明确的思路。第二部分探讨了新制度主义理论在本研究中的适切性，并结合当下的经验研究，提出并确立了本研究的整体研究框架。可以发现，该研究框架从组织与环境的关系上看待组织问题、分析组织现象，在当下的组织研究中依然应用广泛，相较于效率机制，可以更好地解释职业教育校企合作中介组织为什么参与、怎样参与以及参与效果如何等这些主要的问题。总体来看，该理论框架可为后续研究提供坚实的理论基础，维度清晰且逻辑严密，有助于透过表面揭示中介组织参与的本质，对于深入分析问题有着很好的指导作用。

第 二 章

美国中介组织参与职业教育校企合作的动因分析

如果将制度功能的分析与它的成因理论混为一谈是非常危险的。[1] 从功能主义的视角思考一个机构、政策或社会组织突出了组织技术效率的作用，这或许是推导因果假设的一个好方法。但是，人们无法假定组织的现有功能与它起初被设立的动机之间存在必然关系，因为组织的出现可能是出于某些特别的目的，这种目的可能是偶然的，可能在它的存续中早就丧失了原始优势。因此，有必要回到组织生存所依赖的制度环境，回到历史中寻找组织存在的依据。[2]

美国中介组织之所以能够参与职业教育校企合作，并非仅仅是出于构建社会伙伴关系的技术和管理层面的需求，而是整个社会制度环境在这类组织的参与中发生了非常重要的影响。正式组织产生的"神话"具有两个关键特征，一是"理性的、非人格的规定"[3]，它规定着人们理性追求技术目标的适当方式，如有违背，技术目标就会中断或产生不良影响；二是高度制度化，在一定程度上防止组织参与者随意决策，程序、技术等组织要素被制度化并成为与组织联系在一起的神话。[4] 基于"神

---

[1] Robert H. Bates, "Contra Contractarianism: Some Reflections on the New Institutionalism", *Politics & Society*, Vol. 16, Issue 2–3, June 1988.

[2] Paul Pierson, "Increasing Returns, Path Dependence, and the Study of Politics", *American Political Science Review*, Vol. 94, Issue 2, June 2000.

[3] Jacques Ellul, *The Technological Society*, New York: Vintage Books, 1964, pp. 229–318.

[4] [美] 沃尔特·W. 鲍威尔、保罗·J. 迪马吉奥：《组织分析的新制度主义》，姚伟译，上海人民出版社2008年版，第48页。

话"的两大特征，本章在考察美国中介组织参与职业教育校企合作的依据时，将从组织形成的制度来源以及制度环境的塑造两个方面进行分析。

第一节 美国职业教育校企合作中介组织的概况

美国学者考利（Cowley）指出，美国政府并不是唯一一个向大学和学院提出要求并威胁扣留资金直到它们遵守的机构，其他还有慈善基金会和专业协会，它们利用经济施压或者借助职业价值宣传，塑造或限制学校的制度决策。[1] 对美国职业院校产生重要影响的组织同样也包括各种协会、研究会、委员会、基金会等。

一 美国职业教育校企合作中介组织的类型

除了广泛的校友团体以及与学生事务相关的团体，美国还有成千上万的学术协会和慈善基金会围绕着各类学院和大学，这些组织虽然类型多样，但大都是非营利组织。它们通过各种方式对各类院校采取行动，要想完整地列出这些志愿团体并对其进行权威分类是非常困难的。考利（Cowley）和威廉姆斯（Williams）将教育协会组织划分为15个类型，包括区域和专业的认证机构、某一学科的协会、某一学术领域的理事会、同类机构组成的协会、行政人员协会、筹款机构、为学院和大学提供各种服务的机构、宗教性联合组织、致力于推进各种教育事业的团体、与全国或区域一般高等教育事务相关的理事会和协会、国际性教育组织、致力于提高和维护教师特权的团体、荣誉兄弟会、荣誉学会、学院和大学理事会组织。[2] 而根据组织经费来源，可以将这些组织划分为官方组织，即由政府机构出资建立并通过财政拨款维持组织运转，如劳动力发展研究所是由纽约州立法机构、劳工部、儿童和家庭服务办公室共同支

---

[1] John S. Whitehead, "Who Governs and Who Should Govern the University", *History of Education Quarterly*, Vol. 24, Issue 2, January 1984.

[2] William Harold Cowley and Donald T. Williams, *Presidents, Professors, and Trustees: the Evolution of American Academic Government*, San Francisco: Jossey-Bass, 1980, pp. 145–146.

持的全州性的非营利组织；半官方组织，指介于官方和民间之间的组织，除了接受政府资助，还有基金会、企业等捐赠，与政府机构只存在合作关系，不存在隶属关系，如由南方各州长组建的南部地区教育委员会，由政府机构、基金会和其他组织共同出资成立的哥伦比亚大学社区学院研究中心（Community College Research Center，CCRC）；民间组织，指依靠基金会、会员、企业及其他个体捐赠的组织，根据会员和顾客需求开展职业教育校企合作相关的各类公益性研究。

本节内容主要聚焦于职业教育校企合作活动相关的组织，并将其划分为以下几种类型。

（一）各类协会

1. 美国社区学院协会（American Association of Community Colleges，AACC）

AACC 成立于 1920 年，最初为初级学院学会，被称为"美国社区学院之声"，1972 年更名为美国社区与初级学院协会，1992 年更名为美国社区学院协会。它是美国社区学院的主要倡导组织，代表近 1200 所两年制、副学士学位授予机构的利益。

它的使命不仅是代表社区大学在全国发声，促进 AACC 和利益相关者之间的合作也是其中一个重大使命。AACC 设有企业计划，以此架起企业界和社区学院之间的桥梁。它与企业合作为社区学院提供问题解决方案，为企业和社区学院的领导搭建会议平台，增进相互之间的了解，探索合作需求。企业通过三种方式加入协会组织：①成为 AACC 的白金级、黄金级或白银级的合作伙伴，代表与社区学院分别进行深度、中等程度或较少的接触，自动成为 AACC 的理事会成员，可以享受一揽子互补优惠，如会议注册、广告和参展商折扣等；②成为 AACC 年度会议活动赞助商；③成为会展参展商，AACC 每年会展展厅吸引超过 200 家企业、非营利组织和教育机构，企业可以通过参展的方式参与进来。[1]

除了一些日常活动和特别发起的计划，AACC 成立了专门的劳动力发展研究所。研究所重点关注社区学院与行业企业的联系，如与美国劳动

---

[1] AACC. Corporate Program FAQs [EB/OL]［2021 - 08 - 03］. https：//www.aacc.nche.edu/about-us/corporate-program/corporate-program-faqs/.

部合作开展为期三年的学徒培训计划，以增加社区学院学徒培养的数量；与高影响力合作伙伴合作，以打通区域劳动力伙伴关系向关键部门提供技术工人的渠道。其中，在制造业和社区学院之间建立联系是一项重要工作。该倡议旨在帮助学院的制造类专业弥补技能差距，应对快速发展的先进制造业，体现社区学院对其行业合作伙伴的支持，扩大其潜在的行业合作伙伴网络。[1]

2. 德克萨斯社区学院协会（Texas Association of Community Colleges）

德克萨斯社区学院协会以前被称为德克萨斯公共社区协会，早在1924年由社区学院校长成立，1947年正式成立，旨在改善德克萨斯社区学院的教育机会。现在，它发展成一个综合性的协会，旨在促进社区学院与其他参与机构之间的交流沟通，游说有利的立法，并提供德克萨斯州社区学院和初级学院相关现状的重要信息。

协会对当地劳动力发展提供了重要支持。其中包括劳动力需求调研，了解当下高需求职业、紧缺职业、工资水平等基本信息；推出职业与技术教育双学分计划，允许学生以劳动证书从高中毕业；设立技能发展基金，每年为社区学院提供2400万美元的资金，用于课程开发、培训材料开发、教员证书以及培训设备的增加或升级，从而提高德克萨斯企业员工的技能水平；建立小企业发展中心，通过提供免费咨询和价格适中的培训研讨会，帮助新企业的发展。

3. 纽约培训与就业专业人员协会（New York Association of Training & Employment Professionals，NYATEP）

NYATEP成立于20世纪70年代末，是由纽约培训和就业相关的专业人员组成的501(c)(3)会员组织，为纽约州各地的劳动力发展社区提供服务。其工作重点是确保纽约州的每一位纽约人和雇主都能获得他们所需的技能，从而支持全州经济的强劲发展。其会员包括国家33个地方劳动力委员会、青年发展机构、学院和大学、非营利组织、经济发展机构和职业中心等，影响着纽约州100多万人的生活和数千家企业的运营。

---

[1] AACC. Creating Connections in Manufacturing Communities with Community Colleges [EB/OL]. [2021-08-03]. https://www.aacc.nche.edu/programs/workforce-economic-development/creating-connections-in-manufacturing-communities-with-community-colleges/.

NYATEP 发布了一系列相关报告，包括年度劳动力状况简报、劳动力发展战略、纽约食品加工业的劳动力需求调研等。

（二）研究机构

1. 阿斯彭研究所（The Aspen Institute）

阿斯彭研究所创建于 1949 年，它最早是一个文学论坛，现在是一个教育和政策研究组织，旨在为处理关键问题提供一个无党派的场所。它因聚集不同党派的思想领袖、创意者、学者和公众来解决一些世界上最复杂的问题而声名鹊起，产生了很大的影响力。教育是它关注的一个模块，其他还有商业与社会、健康与体育、能源与环境等。

研究所成立阿斯彭学院卓越计划，旨在推动社区学院的发展，涉及奖学金设立、社区学院转学、领导力转型、社区学院双重注册等多个方面的研究。其中，劳动力教育旨在探索社区学院如何应对不断变化的劳动力市场。基于对社区学院领导人、教职工、雇主、社区合作伙伴和学生的数百次访谈，研究所出版了一系列劳动力调查成果，如"有效社区学院伙伴关系构建的雇主指南"，为寻求与社区学院建立牢固伙伴关系的雇主提供指导；"劳动力行动手册：社区学院提供高质量职业教育指南"，重点介绍了学院如何构建更有效的劳动力计划等。此外，劳动力市场课程资源建设推出了八大举措，社区学院可以通过数据与雇主进行对话，使社区学院的劳动力计划与劳动力市场需求保持一致；与雇主合作设计课程，确保课程符合他们所需的工作技能；通过学徒、实习和合作教育为学生提供工作场所学习的机会；帮助学生根据市场需求选择明智的职业路径；定期开展雇主对项目质量的反馈调查；确保雇主对学校设备设施、奖学金和其他资源的投资；帮助学生获得高薪工作；毕业生就业情况追踪和反馈。[①]

2. 社区学院研究中心（Community College Research Cehter，CCRC）

CCRC 成立于 1996 年，是社区学院研究和改革的领导者。它的研究侧重于挖掘社区学院的多重使命，尤其是社区学院在劳动力教育和经济发展中的作用。近年来 CCRC 参与了社区学院指导路径建设、课程建设、

---

① The Aspen Institute. IMPROVING LABOR MARKET OUTCOMES. [EB/OL] [2021-08-03] https://collegeexcellencecurriculum.aspeninstitute.org/module/improving-labor-market-outcomes/.

学生评估等各个方面的研究，每两年发布一次调查报告，侧重于采用跨学科的方法，并结合定量和定性分析为社区学院及其学生提供可靠的研究数据，例如社区学院劳动力培训计划有效性的研究，社区学院与雇主之间关系的研究，行业对社区学院的看法等。

CCRC 一系列论文、研究报告、从业者数据包等资源丰富了社区学院劳动力研究。"加强社区学院劳动力培训"为社区学院所作贡献提供了支撑数据，并就联邦经费的使用提出了相关建议。"社区学院劳动力发展使命的演变"讨论了社区学院在满足国家劳动力发展需求中的作用，以及这一角色是如何继续满足学生、雇主和地方社区需求的。"雇主对当地劳动力市场副学士学位的看法：底特律和西雅图信息技术人员就业案例研究"通过对雇主的深入访谈来了解当地劳动力市场和雇主的期望，从而帮助社区学院改善课程。"社区学院教育在华盛顿州信息技术工作者就业中的作用"考察了四个群体的学生就业结果，结果发现拥有副学士学位和 IT 证书的学生就业结果最为显著，从而揭示了社区学院努力与当地雇主合作的重要性。

3. 劳动力开发研究所（Workforce Development Institute，WDI）

WDI 是面向纽约州的非营利组织，由纽约州立法机构、纽约州劳工部以及儿童和家庭服务办公室提供经费。该研究所主要探索纽约州劳动力发展趋势、面临的机会和挑战，建立区域伙伴关系，以及就劳动力问题制定解决方案，其最终目标是促进优质工作岗位的增长。

WDI 开展的项目包括，制造业的基础技能评估、为加州社区学院系统开设软技能评估和培训试点、学徒计划、证书和评估匹配工具开发（帮助雇主和求职者搜索、比较和联系与其工作相关的证书和评估）。其中，制造业是 WDI 的重点领域之一，WDI 推出了诸多项目，如 WDI 帮助苏哈莱姆（SoHarlem）非营利组织推出服装业学徒准备计划（Garment Industry Pre-Apprenticeship Program），资助奥斯威戈县技术路径（Pathways in Technology，P-TECH）项目培训熟练掌握六西格玛（Six Sigma）和精益制造工艺（Lean Manufacturing）的讲师。

（三）各类委员会/理事会

1. 南部地区教育委员会（Southern Regional Education Board，SREB）

SREB 是美国第一个区域性州际非营利性、无党派组织，由南方州长和立法者（包括亚拉巴马州、阿肯色州、特拉华州、佛罗里达州、乔治亚州、肯塔基州、路易斯安那州、马里兰州、密西西比州、北卡罗来纳州、俄克拉何马州、南卡罗来纳州、田纳西州、德克萨斯州、弗吉尼亚州和西弗吉尼亚州的州长及其任命的议员、教育工作者和其他领导人）于 1948 年创建。几十年来，SREB 通过开展研究、制定政策建议、提供改进各级各类学校的项目，改善从学前教育到博士学位的各个层次的公共教育，其中许多教育进步措施处于全国领先地位。早在 1958 年，为了解决雇主对高中毕业生没有做好就业准备的担忧，SREB 制定了第一个将学术课程与职业课程相整合的大规模计划。

SREB 设有生涯与技术教育（Career and Technical Education，CTE）委员会和社区学院委员会。其报告《人人享有证书：SREB 各州的当务之急》（Credentials for All：An Imperative for SREB States）向各州提供了八项行动，将打造劳动力市场需求驱动的职业道路作为架起从高中到中学后教育和工作场所的桥梁。同时，为了支持工作场所学习，SREB 就如何鼓励雇主参与提供了诸多建议。此外，它下设的国家生涯与技术教育研究中心（National Research Center for Career and Technical Education）被视为职业教育研究的主要机构。

2. 华盛顿公立学校分类雇员学徒委员会（Washington Public School Classified Employees Apprenticeship Committee，JATC）

JATC 是一个联合学徒培训委员会，由雇主和雇员代表组成，是一个私人的非营利组织。它通过创建和更新学徒标准来监督学徒计划，支持学区建立、运行、维护学徒计划，开发新的职业计划课程。JATC 与华盛顿州学徒培训委员会、华盛顿州劳工和工业部、州社区和技术学院委员会、专业教育者标准委员会合作，以确保公共教育系统中的学徒获得良好的专业指导。委员会将学徒制定义为一种结构化的付费培训计划，学徒可以参加社区学院的课程获得副学士学位，同时又可以带薪学习工作技能。[1] 教育学徒需要一次性支付 50 美元的注册费，他们要受雇于当地学区，成为该计划的"分类雇员"，获得资格的学徒在社区学院可以享受

---

[1] JATC. About [EB/OL] [2021-12-09]. https://www.educationapprenticeship.com/about.

50%的学费减免。学徒可以在网站上直接申请注册,而雇主想要启动学徒计划,也可以在网站申请。

3. 航空航天联合学徒委员会(Aerospace Joint Apprenticeship Committee,AJAC)

AJAC是一个全州范围的非营利性501(c)(3)组织,华盛顿州为了更好地服务于州内1300多家航空航天相关公司,在2008年提出航空航天和先进制造业的注册学徒计划。AJAC及其咨询委员会都由雇主和雇员组成,它们根据雇主和行业的需求确定高增长、高需求的学徒职业,如精密金属制造,需要4000小时,2年学徒期;工具和模具制造,需要10000小时,5年学徒期。它每年为近300家公司的大约400名学徒提供服务,学徒跟从企业导师学习的同时赚取工资,且每周在当地社区学院或技术学院参与课程学习,以获得副学士学位。AJAC的办公室位于西雅图和斯波坎,但是其学徒计划遍布华盛顿州,可以在任何地区创建新的学徒计划。

4. 华盛顿建筑行业培训委员会(Construction Industry Training Council of Washington,CITC)

CITC成立于1985年,最初是一个不起眼的木工培训班,只有41名学生,现在获得了国家认可并且向数十个州提供建筑学徒和工艺培训计划,目前其培训项目为1200多名学徒提供服务,有150多名学徒参加了技能评估测验。[1] 参与企业需获得CITC或其他机构的批准,按照华盛顿州学徒培训委员会的标准培训学徒,他们也被称为培训代理。学徒采用在职培训和课堂学习相结合的方式进行培养,签订学徒协议后即可接受有监督的、机构化的在职培训和补充学习。学徒表现优良,每接受1000小时的在职培训就会增长工资,达到学徒期最后1000小时,工资范围大概在正常水平的85%—90%之间。学徒期满,劳工和工业部学徒制科将为学徒颁发结业证书,这是全国范围认可的行业证书。

(四)其他各类社会团体

1. 未来工作(Jobs for the Future,JFF)

JFF由耶鲁大学研究生于1983年创办,最初是为了帮助因自动化失

---

[1] CITC. About [EB/OL]. [2021-12-09]. https://citcwa.org/about-us/.

去工作的工人，解决美国经济快速增长带来的问题。它的工作内容主要包括促进教育公平、满足雇主需求、为未来工作做准备，问题领域主要聚焦成人教育、生涯与技术教育、指导路径、学徒计划、自动化/人工智能、劳动力市场信息、脱贫、教育政策等。有人表示，想不出一个更好的组织能像JFF那样，能同时理解劳动力开发相关的私营部门和公共部门。[1]

JFF是专注于职业教育校企合作的组织，涉及的行业部门很多，如制造业、零售业、信息通信技术、建筑与贸易、酒店及餐饮、能源/公用事业、保险/财务等，接触频繁的利益相关者包括雇主、行业协会、劳工组织、政府、其他非营利组织等。它同样遵循循证制度，发布了一系列研究报告，如"后COVID经济的关键：为全面资助和转型的劳动力发展系统提供建议""重新设计COVID-19时代及以后的培训计划"等；以及举办各类网络研讨会，如打造以学徒制为核心的公平&面向未来的制造业劳动力队伍；开创JFF实验室，与富有远见的企业家、财富500强公司和投资者合作，为教育和劳动力系统带来积极变革。

2. 实现梦想（Achieving the Dream，ATD）

ATD成立于2004年，是支持循证制度改进的全国性非营利组织领袖。它旨在提升机构研究和数据分析在社区学院决策中的地位和作用，提高社区学院学业完成率，帮助400多万社区学院学生更好地获得就业机会，实现自身梦想。社区学院的领导人普遍反映，与ATD的合作有助于找到学校问题的盲点和根源，更好地开展认证、问责，加强校园文化建设等。[2]

目前，建立伙伴关系是ATD工作的一大重点。ATD参与了社区学院指导路径项目，积极推动行业企业与社区学院建立联系，如与沃尔玛（Wal-Mart）合作，在四所社区学院建立明确统一的零售职业道路，发布了"社区学院响应零售工人的需求：从实现梦想建立强大零售业指导路径中吸取教训"的报告。早在2016年，ATD就开启了"梦想社区学院高

---

[1] JFF. Who We Are [EB/OL]. [2021-08-04]. https://www.jff.org/about/.

[2] ATD. Accelerate Student Success at Your College [EB/OL]. [2021-08-03]. https://www.achievingthedream.org/join-us.

级制造职业路径计划"，通过与雇主、当地劳动力委员会、社区组织和行业协会等利益相关者合作，改善行业与社区学院之间的协作，从而加强制造业劳动力供给。该计划出版了与工商界建立可持续和战略伙伴关系的"社区学院分步指南"报告，重点介绍了建立战略伙伴关系的过程和方法，其他出版物主题还有"高级制造业的职业道路""资源利用指南""先进制造业劳动力市场分析"等。

3. 俄亥俄州卓越（Ohio Excels）

该组织成立于2018年，是一个无党派的商业领袖联盟，于2019年正式启动。联盟最初召集了来自全州各地的商业领袖，成立了多元化的委员会，后来吸引了越来越多的俄亥俄州商界人士并迅速成为州议会大厦的领军人物。它借鉴商业领袖的独特见解和经验，帮助和改造俄亥俄州的教育体系，使其更好地满足经济发展需求。

该组织领导下的完全竞争俄亥俄联盟（Complete to Compete Ohio Coalition），是一个由来自俄亥俄州教育和劳动力系统的40多个成员组织构成的公私联盟，包括雇主、教育工作者以及来自全州各地的协会、工会、慈善和社区组织的领导人。该联盟调查俄亥俄州的劳动力缺口，并基于本州的教育程度，提出一系列计划，包括雇主让教育机构了解他们所需要的技能，教育机构教授雇主所需要的技能，加强并拓展现有的伙伴关系，满足当地劳动力和教育需求等。

4. 国家技术联盟（National Skill Coalition，NSC）

NSC是一个非营利、无党派的501（c）(3)全国性组织，致力于进行包容性、高质量的技能培训。它借助数据分析、技术援助、组织、宣传和沟通，不断改进州和联邦技能政策，解决技能不匹配的问题，让当地企业获得持续增长。

NSC搭建了广泛的社会伙伴网络，包括技能国家政策倡导联盟网络（Skill State Policy Advocacy Network，SkillSPAN，20个州的联盟）、劳动力伙伴关系商业领袖联盟（Business Leader United，数千名中小企业主和7个州联盟）和技能之声（Voices for Skills，数以万计的工人和草根技能倡导者）。NSC调查了美国各州技能不匹配的情况，并形成公开数据；让多个行业内的雇主与社区学院、高中学校、劳工部门、劳动力机构、社区组织和其他社区利益相关者合作，积极促成企业参与；在同一区域行业内组织多个小型和大型公司开发共同的技能标准,供地方学校、培训师和学院使用。

5. 新美国(New America)

新美国成立于1999年,是一个非营利组织,它依托研究人员、技术人员、改革家形成一种新型智库,致力于探索新的、更有效的公共问题解决方法。它关注的领域涉及数字治理、教育政策、国际安全、政治改革、公益技术、资源安全等。

其中,教育与劳工中心是一个重要领域,它旨在重建教育和经济之间的关系,尤其注重加强关键社会机构之间的联系。该领域重点推动的是促进青年学徒的伙伴关系项目,旨在将学生的学习需求与工业市场的人才需求联系起来。其伙伴关系召集并调动了国家、州和区域合作伙伴的专门知识、经验和集体网络,为参与的雇主、学生和社区提供更优质的服务。

6. 推进生涯技术教育(Advance CTE)

Advance CTE是美国成立时间最悠久的与职业教育相关的非营利组织,最初成立于1920年,国家领导人希望借此将职业学习与工作联系起来。它关注生涯与技术教育的政策和立法,支持CTE高质量发展,提出了推进中学后CTE数据质量计划、构建了CTE领导者管道、促进了珀金斯法案实施、建立了新技能就绪网络等一系列举措,分享最佳做法和技术援助,并在全国各地进行推广。

推动雇主参与是Advance CTE关注的一个重要问题。行业合作伙伴可以帮助Advance CTE开发职业路径并定期审查。同时,Advance CTE是促进青年学徒伙伴关系这一项目的重要参与者,在雇主参与、劳动力市场信息、基于工作学习等方面也发布了多项研究报告。

7. 熟练劳动力社团(Corporation for a Skilled Workforce, CSW)

CSW是一个全国性的非营利组织,它与政府、企业、教育和社区领袖合作,将工人与教育和好工作联系起来。CSW当前的主要举措侧重于改进认证政策和实践,提高市场相关证书的实现程度,推动全国范围内大规模采用基于能力的共享认证议程,帮助地方、州或国家合作伙伴测试并应用基于能力的有效认证方法。CSW开展了一系列校企合作项目,如与密歇根州商业领袖(Business Leaders for Michigan)开展劳动力市场能力需求调研，推动认证作为增加劳动力市场流动性的工具，与科罗拉多州丹佛市杰斐逊县劳动力中心合作建立政校企伙伴关系等。同时，CSW 积累了丰富的校企合作研究成果，包括《底特律未开发人才：合作伙伴关系和成功之路》、《通过区域劳动力资助者协作实现金融稳定》、《西弗吉尼亚州建筑业报告》等。

（五）各类基金会

1. 卢米纳基金会（Lumina Foundation）

卢米纳基金会是一个位于印第安纳波利斯的私营独立基金会，它通过资助研究、创新、沟通和评价等方式，致力于扩大中学后教育机会，提高教育成功率。基金会关注的领域十分广泛，包括国家政策、社会投资、种族正义与公平、优质学习、人才发展、学生资助等。

在人才发展领域，卢米纳基金会积极动员雇主与非营利组织和其他企业合作开展职业教育和培训。它资助了很多职业教育相关的社会组织，如 ATD。除此之外，它利用播客等媒介宣传劳动力相关的观点，如美国劳动力是否准备好迎接技术工作海啸，政府在税收激励上与其花费 500 亿美元吸引企业进社区不如将其投资就业培训等。它与社区、其他基金会合作建立人才中心，将社区中提供成人教育项目的技术学院、两年制学院和四年制大学统统吸纳进来，从而共同解决美国劳动力人才短缺问题。同时，基金会也资助了一系列研究成果，如加州公共政策研究所提供的《改善职业教育进入加州劳动力队伍的道路》，未来工作提供的《短期认证计划》，布鲁金斯学会提供的《学徒常见问题》，贝恩公司提供的《劳工 2030 年：人口、自动化和不平等的碰撞》。

2. 比尔 & 梅林达·盖茨基金会（Bill & Melinda Gates Foundation）

比尔 & 梅林达·盖茨基金会赠款发放的领域十分广泛，包括性别平等、全球发展计划、全球增长与机遇计划、全球卫生计划、全球政策与宣传、美国计划等。对中学后教育的资助是美国计划的一个重要组成部分，基金会与捐赠者、学院和大学、决策者、州和地方领导人合作，针对教育中的棘手问题，提出循证支持的政策和实践变革。

比尔 & 梅林达·盖茨基金会是为职业教育大量投资的基金会之一。它每年为俄亥俄州社区学院协会、加州社区学院基金会和联盟、德克萨斯大学奥斯汀分校—社区大学生参与中心、北卡罗来纳州社区学院系统等机构投资几百甚至上千万美元。它关注职业如何向上流动，如何鼓励雇主在招聘、培训和留住经济上没有保障的工人方面进行长期投资，什么培训模式适合没有大学学位的工人等关键问题。在盖茨基金会的支持下，职业教育发布了一系列研究报告，大大推动了校企合作的发展。

3. 加州社区学院基金会（The Foundation for California Community Colleges）

加州社区学院基金会成立于1998年，是支持理事会、校长办公室和整个加州社区学院系统（美国最大的高等教育体系）的官方辅助机构，包括116所学院和73个地区，为210万学生提供服务，主要关注学生成功、劳动力发展、教育公平、社区影响、系统支持和服务等。基金会为当地社区学院提供了数亿美元的拨款，发起了诸多项目、计划、试验等。在过去四年中，基金会安排1.6万名学生参与了工作场所学习，协助安置37.5万名护士参与临床工作场所学习，为社区学院、学生、教师及员工筹集了1.3亿美元的新资金，推动150多名雇主、公司合作伙伴以及州和联邦机构合作支持加州社区学院系统。[1]

自成立以来，劳动力发展一直是基金会的重点，它在成立之初就推出了职业催化实习便利化服务，自此推出25个项目，吸引了1200多名利益相关方的大量投入，积极缩小加州的技能差距。当前，劳动力发展计划包括加州学徒计划；职业催化为实习生、工作者、学徒和其他大规模工作场所学习活动提供便利；起飞路径计划（Launch Path），通过将工作场所学习机会与学生进行匹配，获得对雇主和学生都有利的学习体验。在具体实践中，基金会一年内向参加工作场所学习的学生发放了830万美元的工资补助，并向43个合作伙伴提供了雇主情况记录服务；启动未来工作和学习计划项目，以提高职业教育应对市场变化的能力；作为学徒和基于工作学习的技术援助提供者，向财政大臣劳动力和经济发展部办

---

[1] The Foundation for California Community Colleges. Who We Are Brochure. ［EB/OL］［2021－08－05］https：//foundationccc.org/Portals/0/Documents/NewsRoom/FactSheets/foundation-for-california-community-colleges.pdf.

公室建言献策等。①

4. 得州社区基金会（Communities Foundation of Texas）

得州社区基金会旨在帮助捐助者实现其慈善目标并满足社区需要，它与私人基金会相比，行政负担和成本更小，更具灵活性。得州社区基金会成立于1953年，是美国最大的社区基金会之一，涉及领域十分广泛，包括健康、财富、生活、学习、救灾、教育等板块。

教育德克萨斯是教育板块的重要计划，它与公共和私营实体合作，旨在 K–12、高等教育和劳动力之间建立联系，实现大规模变革，以改变德克萨斯州的公共和高等教育系统。其中，德克萨斯州的劳动力和教育社区学院学徒网络（WE CAN TX）是一个全州范围的学习网络，架起了社区学院和劳动力组织沟通的桥梁，在学生实习、青年学徒、教师培训等方面发挥了重要作用。

二 美国职业教育校企合作中介组织的功能

《美国法典》（United States Code）界定了合格中介（Qualified intermediary）的功能，这些非营利实体有可能是行业或部门伙伴关系的一部分，能够与雇主、学校、社区组织、中学后教育机构、社会服务组织、经济发展组织、印第安部落或部落组织等实体建立、连接、维持伙伴关系，提供经纪服务和资源支持，推动青年发展。② 美国职业教育中介组织是校企合作各利益相关主体之间的桥梁和纽带，它们发挥的作用日益多样。具体来看，主要发挥以下几大作用。

（一）决策研究与咨询

中介组织具有相对独立的特征，其对政府、学校政策展开研究并提供咨询，不易受过多利益的牵扯，因而能够较为公允地提出相关政策建议。同时，中介组织作为政府、职业院校、企业之间的中间媒介，能够在决策中更好地考虑三者的需求，从而将其有机地结合起来。这类组织

---

① The Foundation for California Community Colleges. Who We Are Brochure. [EB/OL] [2021 – 08 – 05] https：//foundationccc. org/Portals/0/Documents/NewsRoom/FactSheets/foundation-for-california-community-colleges. pdf.

② Office of the Law Revision Counsel. United States Code [EB/OL] [2021 – 09 – 19]. https：//uscode. house. gov/view. xhtml? path =/prelim@ title20/chapter44&edition = prelim.

对美国政府关注的职业教育校企合作问题进行现状调查与分析,并以研究报告的形式,提出具体的建议和措施,供有关部门决策参考。它们可能自发开展,也可能受到委托,可能是专门的咨询机构,也可能只是兼有这类功能的中介机构。

例如,1. AACC 主要依赖协会会员的经费支持,其政府关系办公室(The Government Relations Office)代表全国社区学院及其学生的需求向联邦决策者建言献策。它联合社区学院委托人协会(Association of Community College Trustees)向美国参议院写信提出劳动力发展政策的建议,包括授权社区学院领导职业培训计划、增加联邦财政援助、设立教育和培训相关的基金会、加强学徒政策、将产学合作放在首位等;[①] 还就法案修订、拨款等问题向国会领导人、众议院领导人、教育局局长、总统等人致建议信。2. CCRC 作为一个独立的研究机构,经常为政府决策者提供政策研究简报和调查报告,目前主要围绕政府比较关心的劳动力问题、社区学院如何发展等问题。如"加强社区学院劳动力培训"简报描述了社区学院应对雇主新技能需求的举措,为联邦资金支持社区学院劳动力培训提供了政策建议;CCRC 发布了联邦勤工俭学计划(Federal Work-Study Program,FWS)的实施现状,发现 FWS 的拨款倾向于优秀的私立大学,社区学院低收入家庭的学生只有 5% 的机会,而私立大学贫困生有 50% 的机会获得 FWS 补助,并据此提出联邦政府重新分配 FWS 资金的建议。[②] 3. 相关研究报告和调查也是同步向各职业院校开放,像阿斯彭研究所的卓越计划发布了一系列有关劳动力的调查研究,如雇主指南、劳动力行动手册、了解劳动力市场、用劳动力市场数据提高学生成功率等,就是为各职业院校提供政策支持。

(二)宏观协调和管理

通常,人们更看重校企合作的结果,如学生的就业和实习情况、合作关系的建立情况等,但是校企合作是一种动态的过程管理,而要实现

[①] AACC. Letter Regarding Workforce Development Proposals for HELP [EB/OL] (2021-04-29) [2021-09-04]. https://www.aacc.nche.edu/wp-content/uploads/2021/05/AACC_ACCT_Workforce_Dev_Proposals_for_HELP_Final.pdf.

[②] CCRC. Participation in Federal Work-Study [EB/OL] (2021-07) [2021-09-04]. https://ccrc.tc.columbia.edu/media/k2/attachments/participation-federal-work-study.pdf.

这种过程的自治，就需要参与方之间的相互协调。中介组织在处理这些关系上能够考虑合作方的现实需求和条件，在充当代言人的过程中，介入校企合作的运作过程，可以很好地发挥宏观层面的协调和管理职能。

1. 校企合作整体规划和设计

中介组织参与合作路线的整体规划和设计，使合作更具有可操作性。例如，ATD 在奥科尼（Arconic）基金会的支持下，同三家社区学院开展了先进制造业职业路径的开发和设计，旨在密切校企合作。ATD 对项目的整体规划总结在三份报告中。"先进制造职业道路倡议"首先指出合作的三个关键点，分别为学生支持（职业意识、职业规划、学生实习等）、资格认证（证书开发、课程开发）、战略合作伙伴关系构建；其次，"社区学院与工商业建立可持续战略伙伴关系的分步指南"将校企合作分解为五个步骤，分别为如何捕获企业需求、学校内部如何克服支离破碎和相互竞争的外联工作、会议如何保障企业人员的话语权并始终围绕优先事项、如何落实优先事项，以及如何保持动力；[1] 最后，配套发布"先进制造职业道路资助指南"，指导学校如何获得联邦、雇主（包括带薪实习、学徒制、学费报销等项目）以及其他资金（奖学金等）的资助。

2. 校企合作过程的管理

校企合作要落实到人才培养的层面，离不开对运作过程的管理。大大小小的中介组织介入到职业院校校企合作课程开发、教学设计、教材开发、教师培训等各个环节，从而保障校企合作的实施质量。

（1）分配校企合作资源

除了联邦政府、企业等提供的拨款之外，许多基金会组织为职业教育校企合作提供了或者争取到诸多资金的支持。这种资源分配的功能有助于缓解政府的财政压力，也增加了校企合作的灵活性和多样性。例如，Advance CTE 与 JFF 等多个中介组织联合发起的促进青年学徒计划的伙伴关系（Partnership to Advance Youth Apprenticeship，PAYA）计划获得了安

---

[1] ATD. Building Sustainable and Strategic Partnerships with Business and Industry: A Step-by-Step Guide for Community Colleges [EB/OL] (2018 - 01 - 16) [2021 - 09 - 07]. https://www.achievingthedream.org/resource/17251/building-sustainable-and-strategic-partnerships-with-business-and-industry-a-step-by-step-guide-for-community-colleges.

妮·E. 凯西基金会、鲍尔默集团、彭博慈善组织、乔伊斯基金会、摩根大通公司和西门子基金会的支持。为了支持海湾沿岸地区青年重新走上大学和职业道路，教育德克萨斯和JFF共同为"架起学院与职业成功的桥梁"（Bridge to College and Career Success）项目提供规划补助金以及额外的赠款资助，从而促使社区学院、社区组织和当地雇主之间形成跨部门伙伴关系。

（2）制订校企合作培训计划

中介组织帮助有意向的合作双方制订培训计划，可以大大提高校企合作的效率。例如重点发展伙伴关系（Keystone Development Partnership，KDP）组织，为宾夕法尼亚州建立了学徒系统，对学徒计划感兴趣的雇主、学校、其他各类组织都可以与它们联系，并获得包括合作伙伴确定、学徒注册、课程定制、项目管理、员工能力建设等一系列支持服务。他们根据工业制造技术员的10个主要工作任务和87条职业能力，开设了工业制造、职业工业数学、学徒沟通、培训师过渡这几门课程，并规定了培训时间和对应的证书要求。同时，KDP针对所有的学徒培训计划，提供针对师傅的培训，帮助企业员工成为合格的学徒导师。

（3）提供课程、教学与教师培训的支持

为了让校企合作更深入地开展，不少中介组织联合职业院校、企业等共同开发课程，并提供教学方面的指导。SREB与高级教师、雇主和州领导人合作开发研究型课程设计，包括高级职业课程、准备课程、中级STEM课程，对采用这些课程的学校提供定制的专业发展和辅导服务。同时，SREB为CTE教师提供基于项目的学习方法指导，并建立专门的师资培训机构。为了帮助职业教育机构应对不断变化的市场需求，ATD的定制模式开发出来一套有针对性的辅导服务，包括专门的教学评估，定制的教研活动，特定主题职业路径的课程与知识开发等。

（4）管理学生实习

将雇主和职业院校学生联系起来，为学生提供大量高质量的工作本位学习机会，为雇主招聘到合适员工并降低招聘成本，是中介组织的一个重要功能。例如，加州社区学院基金会自1998年以来一直向学生提供职业催化服务，该服务主动寻找提供带薪实习的企业，支持短期实习、兼职和暑期实习。为了简化烦琐的人事管理，基金会主动履行所有必要的人力资源职能，如工资单处理、记录保存等管理任务。同时，基金会主动提供实习所需要的工具、材料和专业知识，支持雇主并确保实习生了解工作场所需要的技能。

（5）推广与宣传校企合作经验

很多中介组织通过发布研究报告，借助社交媒体发表新闻观点等多种方式对校企合作的经验与教训进行推广和宣传，从而推动校企合作的发展。例如 AACC 不仅提供公开的研究报告，还会在新闻和媒体中定期发布相关文章，它拥有《社区学院日报》（Community College Daily）、《社区学院学报》（Community College Journal），设有社区学院语音播客、21世纪中心播客（提供交流论坛），每月以邮件的方式给会员发送最新消息，并与出版社合作发布电子图书，免费为会员学校提供协会网页主页的展示机会。

3. 校企合作效果的追踪

中介组织对校企合作后续结果的追踪多种多样，包括满意度调查、成本收益分析、学习情况评估等。例如 AACC 虚拟学徒网络用定量和定性数据对注册学徒的评估，计算雇主或行业参与注册学徒制的投资回报；CCRC 对社区大学毕业生的劳动力市场轨迹进行了长达 11 年的追踪；JFF 对成人学习者参与职业指导路径的短期评估等。

（三）信息服务

几乎所有的中介组织都在不同程度上发挥着信息服务的职能，因为这一职能总是伴随着其他职能的运作而实现。决策研究本身就是一个信息收集、加工、输出的过程，宏观协调与管理同样也是依赖信息的顺畅流通与反馈才得以实现。从其形式来看，有些中介组织成立专门的研究机构或者依托自身会员优势开发数据库，如劳动力发展研究所、起飞路径这类实习工具；搭建交流沟通的平台，比如各种年度会议、峰会、论坛、网络研讨会等，定期邀请雇主、职业教育机构、国家领导人、其他中介组织等参加；与其他组织或会员共享信息；借助各类媒介发布研究报告和观点等。

第二节　组织参与：制度神话的确立

仅从技术环境来看，康威（Conway）和基洛斯（Giloth）总结了校企合作中介组织存在的六个关键因素。其一，公共和私人远离技能培训催生出非营利性的教育中介组织；其二，信息不对称增加了对第三方中介的依赖；其三，技能差距的负面影响开始引起人们重视；其四，弱势群体失业率高、教育程度低、薪资低等问题涉及经济公平，而这与非营利教育组织"推动社会公平"的目标相契合；其五，证明职业培训有用的证据依然十分缺乏，这对技能培训非常不利，这需要更多的组织收集证据；其六，多方面的支持给予中介生存萌芽的机会。[①] 然而，组织分析的新制度学派不满足于组织起源的效益观和效率论，他们指出，正式结构的职位、规划、政策、程序等诸多要素根植于并反映了组织对自身所处社会规范、文化、观念、法律等事实的共同理解，这些高度制度化的结构要素作为一种神话，对组织的发展和运行有着强有力的制约作用。[②] 需求是多样的，组织成立的初衷随着时间的改变也会改变，让组织长期存在的根本还要从其合法性根源谈起。

一　规制性维度下美国中介组织参与职业教育校企合作的合法性依据

规制性要素的核心成分是"强制性暴力、奖惩和权益性策略反应"[③]，其突出特征尤其强调规则的建立与遵守，并在必要的情况下通过奖惩措施施加影响。很多经济学家认为制度依赖于规则系统的实施，如诺斯就指出，制度与团队竞技运动的游戏规则非常相似，包括正式的书面规则和典型的不成文的行为准则，如果违反规则就会被惩罚，而制度运作的

---

① Maureen Conway and Robert P. Giloth, *Connecting People to Work: Workforce Intermediaries and Sector Strategies*, New York: American Assembly at Columbia University, 2014, p. 8.

② ［美］沃尔特·W. 鲍威尔、保罗·J. 迪马吉奥：《组织分析的新制度主义》，姚伟译，上海人民出版社2008年版，第48页。

③ ［美］W. 理查德·斯科特：《制度与组织：思想观念与物质利益》，姚伟、王黎芳译，中国人民大学出版社2010年版，第54页。

实质内容之一就是查明违反规则的行为并让其接受惩罚、付出代价。① 规制性合法性对组织的行为具有强制、规范、约束的作用，但同时也为组织行为赋能，使它们能够或者被许可去获得一些特殊的权益。美国各类政策、法律、规章等为中介组织参与职业教育校企合作提供了合法性依据。

（一）社会法治环境为职业教育校企合作中介组织提供了法律保障

1. 《美国法典》

《美国法典》由美国众议院法律修订顾问办公室于1926年首次出版，自1934年以来每6年出版一次。它按照主题编撰美国一般法和永久法，不包括行政部门发布的法规、联邦法院的裁决和条约，州或地方颁布的法律。

（1）教育法

美国教育相关的法律规定在资金支持、项目支持等不同方面拓展了中介组织的生长空间。a. 在职业教育计划研究、开发、传播、评估的过程中，合格中介可以与教育工作者、政府人员、专家学者等共同成为咨询小组独立顾问团的成员。b. 它们有机会与高等教育机构等获得联邦的资助，与联邦签订合同或协议，从而执行以证据为基础的研究、分析与评估。c. 通过与州和地方教育机构、高等教育机构的竞争，私人非营利组织可以与教育部签订合同并获得资助，开展讲习班、研讨会等，它们提供的关于美国职业发展的劳动力信息也会同公共信息一样被教育部酌情采纳。② d. 生涯与技术教育办公室教育部部长有权利将任何财政年度可用资金总额的25%奖励给从事职业教育活动的实体，其中包括与职业院校建立伙伴关系的服务机构或非营利组织。e. 对于地方职业院校而言，如果所获得的拨款不足以支撑其活动开展，法典鼓励它们与当地的教育服务机构组成财团或签订合作协议，提供符合要求的课程。

（2）国内免税组织税收法

免税法对非营利组织的大量涌现起着非常关键的作用。免税组织的

---

① Douglass C. North, *Institutions, Institutional Change, and Economic Performance*, Cambridge：Cambridge University Press, 1990, p. 4.

② Office of the Law Revision Counsel. United States Code ［EB/OL］［2021 – 09 – 20］. https：//uscode. house. gov/view. xhtml? path = /prelim@ title20/chapter45&edition = prelim.

概念最初起源于《1894 年税费法》(Tariff Act of 1894)，《1964 年税收改革法》(Tax Reform Act of 1969) 出现了有关私立基金会的规定，《1917 年税收法》(Revenue Act of 1917) 首次出现纳税人慈善性捐赠抵扣税款的规定，进一步完善了美国的免税法律框架，有效激发了民间公益的大力发展。根据美国国家慈善统计中心 2019 年简报，2006—2016 年，在国税局注册的非营利组织从 148 万个增加到 154 万个，其中还不包括总收入低于 5000 美元的宗教团体和组织，占美国国内生产总值（GDP）的 5.6%；2018 年，个人、基金会和企业的私人捐赠总额为 4277.1 亿美元。[①] 它们以非营利为目的，具有获得免税资格的巨大优势，这也激发了大量非营利性教育组织的出现。

根据 501 条款，美国的免税机构包括：专门以宗教、慈善、科学、公共安全测试、文学或教育为目的运营的组织和任何基金会；以非营利为目的而专门为促进社会福利而运作的，且其净收益专门用于慈善、教育或娱乐目的的公民联盟或组织；某些净收益均不符合任何私人股东或个人利益的实体，如非营利的商业联盟、商会、行业委员会；为娱乐、消遣和其他非营利目的而组织的俱乐部；兄弟会、教团或协会等。[②] 在所得税计算中，会扣除个人和公司在纳税年度内向大部分免税组织支付的慈善捐款。此外，美国非营利组织的成立与其他公司有着类似的注册流程，由于没有全国性的公司法，很多组织在各州进行登记注册，注册流程并不复杂。税法对组织资金要求、成员要求等没有强制要求，非营利组织成立 60 天以内可以申请免税资格，提供的信息包括机构名称、地址、纳税人识别号；组织成立的日期和所在州的法律；对组织宗旨的说明等。

2. 国会法案（Congressional Bills）

国会法案是美国国会众议院和参议院的立法提案，有不少议员针对

---

① National Center for Charitable Statistics. The Nonprofit Sector in Brief 2019 [EB/OL] (2020 – 06) [2021 – 9 – 25]. https：//nccs. urban. org/publication/nonprofit-sector-brief – 2019#the-nonprofit-sector-in-brief – 2019.

② Office of the Law Revision Counsel. United States Code [EB/OL] [2021 – 9 – 23]. https：//uscode. house. gov/view. xhtml? path =/prelim @ title26/subtitleA/chapter1/subchapterF/part1&edition = prelim.

教育中介组织提出了诸多法案,例如 2015 年《教育中的社区伙伴关系法》(Community Partnerships in Education Act) 提出,将社区合作伙伴和中介机构纳入教育相关规划;与以往强调社区组织不同,这次提案更强调中介组织以及社区合作伙伴;同时,明确了中介组织在不同教育计划中的功能与作用,如对 2006 年技术教育法的修订,提出一个或多个中介组织将协助合格实体培训员工,进行持续改进,开展结果问责制,并确保计划资金快速有效地流向服务提供者和教育活动。①

近年来这类提案有增无减。(1) 2021 年《全民学徒未来法案》(Apprenticeship Futures for All Act) 要求劳工部内的学徒办公室向符合条件的实体(即合格的中介机构)授予赠款、合同或合作协议,用以支持围绕中介组织建立和扩大合作伙伴关系的项目。② (2)《2021 年全美学徒中心法案》(Apprenticeship Hubs Across America Act of 2021) 同样要求劳工部向劳动力中介机构(某些促进建立注册学徒计划的国家、地区、州或地方实体)提供补助金,使它们能够吸引利益相关者来支持并实施注册学徒计划。③ (3) 其他提案还有:《技术机会法案》(CHANCE in TECH Act 2021 – 2022) 要求教育与劳工委员会与中介机构签订合作协议,以促进技术部门学徒制的发展;《全面服务社区学校扩张法案》(Full-Service Community School Expansion Act of 2021) 要求教育部向符合条件的实体提供赠款以规划、实施、扩展和支持社区学院全面发展,其中很重要的一类实体就是社区组织和非营利组织;《21 世纪劳动力伙伴关系法案》(21st Century Workforce Partnerships Act) 要求教育部为某些教育实体和雇主之间的合作伙伴关系提供补助金,同样强调了非营利性的中

---

① Govinfo. Community Partnerships in Education Act [EB/OL] (2012 – 02 – 26) [2021 – 09 – 26]. https://www.govinfo.gov/content/pkg/BILLS – 114hr1118ih/html/BILLS – 114hr1118ih.htm.

② Congress.Gov. H.R. 703 – Apprenticeship Futures for All Act [EB/OL] (2021 – 02 – 02) [2021 – 09 – 26]. https://www.congress.gov/bill/117th-congress/house-bill/703? q = %7B%22search%22%3A%5B%22%27intermediary + organization%27%22%2C%22%27intermediary%22%2C%22organization%27%22%5D%7D&s = 1&r = 2.

③ Congress.Gov. H.R. 578 — 117th Congress (2021 – 2022) [EB/OL] (2021 – 01 – 28) [2021 – 09 – 26]. https://www.congress.gov/bill/117th-congress/house-bill/578? q = %7B%22search%22%3A%5B%22%27intermediary + organization%27%22%2C%22%27intermediary%22%2C%22organization%27%22%5D%7D&s = 1&r = 3.

介组织。

3. 地方法律

美国实行的是双轨制的法律体系，除了联邦法律，也有州层面的法律。根据美国宪法的规定，各州拥有自主制定法律的权利，州宪法和法律与联邦宪法和法律冲突时，必须服从联邦政府。所以，各州中介组织能否参与职业教育校企合作也取决于州法律的要求。

大部分州的法律对非营利组织进行免税，这类组织认可《国内税收法》第501(c)条的规定，并对非营利组织的免税审批加入了本州的具体要求。一般来说，除了新罕布什尔州、华盛顿州、内华达州、怀俄明州之外，非营利组织都可以在当地税务局申请免税资格。部分州免税地位的获得以联邦免税资格获批为前提，因此有些非营利组织需要提前获得联邦免税地位。但是无论怎样，各州对非营利组织的免税申请较为宽松，从而有助于激发各类非营利组织的发展活力。

同时，各州的教育法律法规也为中介组织的参与提供了一定空间。(1) 加利福尼亚州宪法明确了社区学院的合作伙伴包括私营企业、非营利组织或基金会，其2013年86号议会法案创建了加州职业道路信托基金，通过向幼儿园、K-12学校、企业、社区学院提供赠款将它们联系起来，接受赠款的学校需要与附近学院、大学、当地劳动力发展委员会和其他中介机构合作，共同规划、实施和运营。[1] (2) 爱荷华州为支持工作场所学习，256.40号法律提出建立全州性的中介网络基金，用于连接企业和教育系统；256.39号法律规定教育部制定职业路径补助计划，该计划规定，与教育机构、商业和劳工组织代表、社区学院等机构建立合作关系的学区才有资格获得补助。[2] (3) 马萨诸塞州一般法律制定了职业教育从学校到工作过渡的计划标准，规定教育部可以向社区组织（包括慈善和教育组织）提供资金补助，用于支付双方合同的支出，以协助教育

---

[1] California Department of Education. California Career Pathways Trust [EB/OL] (2018-10) [2021-10-08]. https: //files. eric. ed. gov/fulltext/ED594015. pdf#：~：text = The% 20California% 20Career% 20Pathways% 20Trust% 20% 28CCPT% 29% 2C% 20established% 20in，credential% 20or% 20certification% 20aligned% 20with% 20regional% 20workforce% 20needs.

[2] The IOWA Legislature. Education and Cultural Affairs [EB/OL] (2020-01-01) [2021-12-03]. https: //codes. findlaw. com/ia/title-vii-education-and-cultural-affairs-chs-256-305b/.

服务的开展。①

(二) 美国教育政策划分出中介组织参与职业教育校企合作的活动空间

1.《联邦法规》(Code of Federal Regulations)

《联邦法规》是对美国联邦政府部门发布的一般性和永久性法规的汇编，每年更新一次，具有普遍适用性和法律效力。1936年，联盟政府开始发布《联邦公报》(Federal Register)，对外公开总统公告或行政命令、规则、条例、命令、通知、决定等。但是随着内容逐渐庞杂，查询变得十分困难，于是参照《美国法典》的形式按照规范涉及的领域进行编纂，形成《联邦法规》，其主题划分主要以政府机构管理内容为分类标准。

教育是第34个主题，中学后教育相关条例在第六章。这部分内容涵盖了联邦教育部针对职业教育的各类教育计划，如学生支持服务、联邦勤工俭学计划、联邦珀金斯贷款计划等。在这些计划中，随处可见职业教育校企合作中介组织的身影。例如 (1) "加强机构计划" (Strengthening Institutions Program) 条例主要是向符合条件的高等教育机构提供赠款，符合资格的机构除了州合法授权的职业院校以外，也包括在教育或培训方面具有可靠权威的机构或协会；② (2) "捐赠挑战补助金计划" (Endowment Challenge Grant Program) 是联邦政府以2∶1的比例向职业院校匹配捐赠补助金，学校需自行筹集2.5万美元的匹配资金，才有资格获得至少5万美元的补助金，符合条件的机构可以指定基金会作为匹配资金提供者；③ (3) "利用教育援助伙伴关系" (Leveraging Educational Assistance Partnership) 旨在向参与社区服务工作的学生提供助学金和勤工俭学援助，这里的社区服务就是由教育机构与当地非营利组织、政府和社区组织通过正式或非正式协商确定，其中慈善组织或私人组织还有

---

① Commonwealth of Massachusetts. General Laws [EB/OL] [2021 – 12 – 03]. https：//malegislature.gov/Laws/GeneralLaws/PartI/TitleXII/Chapter69/Section1F.

② Code of Federal Regulations. PART 607 – STRENGTHENING INSTITUTIONS PROGRAM [EB/OL] (1987 – 08 – 14) [2021 – 09 – 26]. https：//www.ecfr.gov/current/title – 34/subtitle-B/chapter-VI/part – 607.

③ Code of Federal Regulations. PART 628 – ENDOWMENT CHALLENGE GRANT PROGRAM [EB/OL] [2021 – 09 – 26]. https：//www.ecfr.gov/current/title – 34/subtitle-B/chapter-VI/part – 628.

资格参与相关的补助金计划；① （4）公共或私人机构，包括为弱势青年提供就业服务的社区组织，也有资格申请教育机会中心计划（Educational Opportunity Centers program）、人才搜寻计划（the Talent Search program）、进修奖励计划（Upward Bound Program）等。

在一些《联邦公报》中，可以看到劳工部就业和培训管理局对中介组织的投资。例如，（1）2002年向那些能够让国家劳动力联系起来的非营利中介组织提供500万美元的竞赛奖金；（2）2003年宣布向符合条件的中介机构提供350万美元的资助，用于支持中介组织进行技能培训、搭建职业中心系统等活动；（3）2013年为了吸引劳动力组织、教育与培训组织面向少年犯以及高犯罪率社区提供服务，向这类组织提供2000万美元的激励，每个组织500万美元，以降低社区犯罪率；（4）2015年授予四个中介组织补助金，每笔补助金为500万美元，帮助青年参与者获得行业认可的证书、参与职业探索活动、进行在职培训和工作场所学习，以及开展职业规划和管理等活动。

2. 州和地方层面的教育政策

美国教育部特别提到，联邦政府在教育方面的作用是有限的，根据教育修正案第10条，大多数教育政策是在州和地方层面决定的。各州同样为职业教育校企合作中介组织提供了诸多政策支持。例如，（1）加州教育部面向高中生和成人职业准备提出的区域职业中心计划，在近40年来一直是加州教育系统的重要组成部分，其课程开发与教学设计不仅与公共部门合作，还有技能美国（Skills USA）等非营利组织。（2）华盛顿特区的四年劳动力发展战略制定了包括青年路径等在内的诸多计划，其中就有劳动力中介计划，即启动战略行业合作伙伴资助计划，向四个高需求行业提供培训。② （3）佛罗里达州教育部在《加强21世纪生涯与技术教育法案》实施指南（2020—2021年）中指出，支持中学后教育院校与本地劳工投资委员会、工商业及中介组织之间的伙伴关系，通过与合

---

① Code of Federal Regulations. PART 692 – LEVERAGING EDUCATIONAL ASSISTANCE PARTNERSHIP PROGRAM［EB/OL］（1987 – 11 – 27）［2021 – 09 – 26］. https：//www.ecfr.gov/current/title – 34/subtitle-B/chapter-VI/part – 692.

② DC Works：Workforce Investment Council. Workforce Intermediary Program［EB/OL］［2021 – 10 – 08］. https：//dcworks.dc.gov/service/workforce-intermediary-program.

格的中介机构合作以改进培训、发展公私伙伴关系。①

二 规范性维度下美国中介组织参与职业教育校企合作的合法性依据

规范性要素包括价值观和规范,是一种用以说明和评价且有义务遵守的制度。②那些被组织行为者偏好的观念,或者为他们需要且有价值的观念,以及各种评价和比较标准,构成了价值观。至于如何完成事情,采用什么样的合法方式达成目标,则属于规范。总而言之,规范系统依托价值观确定目标,同时依托规范指定目标完成的方式。如果说规制性要素施加的是一种强制,那规范性要素则对组织施加的是一种限制。那些遵从社会共同价值观和规范的模范,会有一种荣誉感;那些违反规范的人,则会产生懊悔、自责的情绪。正如斯廷奇科姆(Stinchcombe)重申的,制度有其道德根源,其本质是某处的某个人真的很关心让组织达到各种标准,并且经常为此获得回报,如果某人不遵守制度的承诺,无政府状态就会在组织中蔓延开来。③

规范性合法性机制中共享的规范和价值观会产生强大的社会期待的观念力量,对组织的社会行为有着明确的约束作用。④新制度主义学派非常重视组织的声誉,而组织声誉又是建立在社会承认的基础上。在一定环境中,组织要想获得社会的承认和认可,其行为就要是人们看起来合乎情理且可以接受,甚至值得称颂。在美国,那些社会共享的规范和价值观,尤其是志愿者精神和新财富观,⑤给予了美国中介组织参与职业教

---

① Florida Department of Education. Strengthening Career and Technical Education for the 21st Century Act of 2018 (Perkins V) Implementation Guide (2020 – 2021 Edition) [EB/OL] (2017 – 07 – 01) [2021 – 10 – 08]. https://www.fldoe.org/core/fileparse.php/18815/urlt/PerkinsV2021 – ImplementationGuide.pdf.

② [美] W. 理查德·斯科特:《制度与组织:思想观念与物质利益》,姚伟、王黎芳译,中国人民大学出版社 2010 年版,第 55 页。

③ Arthur L. Stinchcombe, "On the Virtues of the Old Institutionalism", *Annual review of sociology*, Vol. 23, August 1997.

④ 周雪光:《组织社会学十讲》,社会科学文献出版社 2003 年版,第 263 页。

⑤ 徐彤武等:《美国公民社会的治理——美国非营利组织现状》,中国社会科学出版社 2016 年版,第 69—70 页。

育校企合作的规范性合法性。

（一）悠久的志愿者精神赋予职业教育校企合作中介组织生存价值

非营利组织也被称为志愿组织，从历史上看，它主要是由新兴的上层阶级组建，用来控制"不规范的城市环境并划定社会界限"[1]。随着时间的推移，非营利组织的功能和目标逐渐转向更大的社会目标。其志愿服务的组织属性决定了它要为公共利益作贡献，为社会福利进行有益补充，要体现人道关怀，而这恰恰能够弥补政府和市场分配"公共物品"的不足之处，彰显出校企合作中介组织的生存价值。

1. 美国志愿者精神与志愿组织

美国的志愿者精神深受基督教的影响，并在美国建国初期开始生根发芽。从 17 世纪 30 年代大移民开始，一群信仰基督教的清教徒为躲避天主教迫害从欧洲移居北美大陆。他们经历了宗教改革，将进一步推行道德标准的加尔文主义带到"新大陆"，并且尤其重视道德建设。他们认为，"如果个人不具有高贵的品德和虔诚的信仰，那么整个社会将缺乏爱心，失去生机"[2]。由于清教徒是基督新教中较为激进的一派，他们的教规更为苛刻，很多人认为清教徒为 1776 年独立的美国奠定了宗教和道德基础。[3] 美国清教徒科顿·马瑟（Cotton Mather）在《行善论》（Essays To Do Good）中指出，"我们决心并学习尽我们所能在世上做更多的好事……若有人不赞成在世上永久行善的建议，就不要以基督徒的名义冒充……行善被认为是光荣的……如果有人问为什么每个人要行善？我的回答是，这个问题就不像是好人提的"[4]。科顿的思想对美国人有着深远的影响，慈善家本杰明·富兰克林（Benjamin Franklin）就将"促进人类幸福"[5] 作为公益口号，推动了一批非营利组织的建立。

非营利组织秉持美国的志愿者精神，它的一个重要特征就是"服务

---

[1] Paul J. DiMaggio and Helmut K. Anheier, "The Sociology of Nonprofit Organizations and Sectors" Annual Review of Sociology, Vol. 16, Issue 1, August 1990.

[2] Josef Fuchs, *Christian Ethics in a Secular Arena*, Washington: Georgetown University Press, 1984, p. 142.

[3] 邬德平：《基督新教与美国早期社会稳定》，《湖南科技学院学报》2010 年第 3 期。

[4] Cotton Mather, *Essays to do Good*, Chalmers and Collins, 1825, pp. 50 – 51.

[5] Robert H. Bremner, *American Philanthropy*, Illinois: University of Chicago Press, 1988, p. 17.

于某种公共利益"①。自美国建国以来,这些组织就通过提供教育、培训、住宿、咨询、经济支持等帮助有需要的人,继而唤起团体精神、志愿者精神,树立公民可靠和邻里互助的形象,这在美国公众意识中留下了深刻的印象。它们不以营利为目的,本着一种利他主义开展活动,受到人们的欢迎。同时,由于组织是自愿组成,它们比任何正式的组织实体都更加灵活。这里有无偿提供服务的义工,提供赠款的董事会成员、筹款的律师等也提供一种志愿劳动,传播着正义、友谊、幸福、美德,在公民福祉中承担着更多的责任,深受人们信任。

2. 志愿组织在政府与职业院校之间的生存价值

在政府管理职业教育校企合作中,中介组织弥补政府职能缺失与失灵的功能价值获得肯定。政府失灵主要指的是管理型政府的失灵,这是西方国家为适应工业社会的要求而采取的政府类型。工业社会强调高效生产,所以管理型政府以效率著称,行政学首要研究的是政府能干什么的问题,其次就是如何高效率完成任务的问题。② 工业社会的低复杂度和不确定性也决定了政府是社会治理的主体,发挥主导作用,并且以官僚制为组织形式,这也是韦伯认为的效率最高的组织形式。然而,随着复杂度高且不确定度高的后工业社会的来临,管理型政府出现了失灵的问题,在提供集体物品中出现了局限,如对效率的重视忽视了社会的公平正义,官僚组织臃肿庞大变得效率低下等。从20世纪70年代末80年代初开始,西方国家开启了政府改革运动,涌现出一种"新公共管理"(New Public Management)范式,其中两个重要特征是"回应性服务的提供"和"机构分散化的结构性变革"③。回应性服务是为了满足公民(顾客)的不同需求,政府不再仅仅致力于满足社会大多数人的要求,而是看到人们对公共物品需求的多样性。而公共服务机构的分散化则使得参与公共事务的组织变得多样化,非政府机构同样可以参与公共服务。

---

① David C. Hammack, "Nonprofit Organizations in American History: Research Opportunities and Sources", *American Behavioral Scientist*, Vol. 45, Issue 11, July 2002.
② 丁煌:《西方公共行政管理理论精要》,中国人民大学出版社2005年版,第10—15页。
③ 陈振明:《评西方的"新公共管理"范式》,《中国社会科学》2000年第6期。

政府在治理中引入市场机制是有目共睹的，但是却很容易忽视美国政府对非营利组织的依赖。早在19世纪中期，州和地方政府广泛求助于私人、志愿组织，以帮助缓解因快速城市化和工业化而带来的社会问题。随着社区需求多样化的出现，非营利组织服务的范围不断扩大，逐渐被视为替代政府服务的机构。[1] 这些组织与私营企业相比，有着与政府类似的目标，它们一直被认为是"公共部门"的一部分，因为它们在本质上服务于"公共"目的，补贴和提高现有非营利组织的费用往往比建立全新的政府机构要低很多。它们的灵活性、分散性、专业性，更有机会向客户提供量身定制的服务。在美国，联邦政府对职业教育的管理是十分有限的，更多是在宏观上出台指导政策并提供资金支持，而校企合作涉及很多微观层面的教育活动，复杂性高，大大增加了其实施难度。那么，在政府的有限支持下，非营利组织作为政府的替代机构，其功能和作用显而易见。

3. 志愿组织在市场与职业院校之间的生存价值

在高度自由的市场化的影响下，中介组织弥补市场失灵推动职业教育校企合作的功能价值同样获得肯定。美国对教育问题的重新关注始于新自由主义时代，新自由主义的提出是为了应对20世纪70年代福利国家制度带来的严重的政治和社会矛盾，呼吁减少政府干预，让市场自由支配。在接下来的30年里，新自由主义在全球盛行开来，教育政策也根植于新自由主义社会的想象之中。美国的教育政策一直在为劳动力市场准备和培养民主公民之间摇摆不定，但是新自由主义的转变标志着"人力资本开发"成为教育的首要目标。[2] 在这种框架下，教育成为一种个人利益，是家长对孩子的投资，是个人获得市场竞争优势的"增值"活动，不再指向推动个人和整个社会的有益发展。在教育市场化和私有化的影响下，教育成为一门生意，学生是消费者，而学校成为一种商品，机构与个人的经济和社会效益决定了教育的价值。经营较差的学校投资减少，

---

[1] Lester M. Salamon, "of Market Failure, Voluntary Failure, and Third-party Government: Toward a Theory of Government-nonprofit Relations in the Modern Welfare State", *Journal of Voluntary Action Research*, Vol. 16, Issue 1-2, January 1987.

[2] Pauline Lipman, *The New Political Economy of Urban Education: Neoliberalism, Race, and the Right to the City*, New York: Routledge, 2013, p. 14.

或者关闭或者被国家接管,与此同时涌现出一批私人运营但公共资助的特许学校,学校为达到生产目标(考试分数)的要求推出一套管理技术,教学和学习以分数等绩效指标为驱动,课程范围也被缩小。[1]

职业院校与企业的合作对职业教育至关重要,但是它具有集体性和公共性的特征,是一个复杂且短期收益甚至长期收益都不明显的活动,很难吸引到大量资本投资。如果将校企合作这种"公共物品"完全推向市场,市场最擅长的是生产排他性的"物品",必然导致"物品短缺",其中"搭便车""使用廉价劳动力"等行为更容易激化社会矛盾。而教育中介组织"是群众组织,其建立是为了夺取权力并将权力交给人民,实现民主梦想,使人们获得平等、正义、和平,以及充分的教育机会和就业机会,并创造环境,使人有机会按照赋予生命意义的方式进行生活"[2]。教育中介组织的出发点是服务于公共事业,相比于市场的唯利是图更能让人们接受。它为校企双方进行沟通联络,并利用自身的专业优势积极参与到校企合作人才需求调研、课程开发、教学设计的全过程,这更能提高自身的可信度。

(二)社会对财富的思想观念拓展了中介组织参与职业教育校企合作的经济来源

正如萨拉蒙所言,各国非营利组织的经费来源主要是会费和公共部门支持,私人慈善虽然很重要但是支持力度有限。[3] 美国的不同之处在于,它的非营利部门虽然是会费主导类型,但是来自个人、基金会和企业的私人捐赠为全球慈善捐款之首。根据施惠基金会(Giving USA Foundation)2021年的统计,美国经济虽然在2020年受新冠疫情影响呈下降趋势,但是私人慈善捐款依然呈上涨趋势,2020年达到4714.4亿美元,比2019年增长5.1%,其中个人捐赠占69%,基金会捐款占19%,遗产

---

[1] Pauline Lipman, *The New Political Economy of Urban Education: Neoliberalism, Race, and the Right to the City*, New York: Routledge, 2013, p. 15.

[2] Saul D. Alinsky, *Rules for Radicals: A Pragmatic Primer for Realistic Radicals*, New York: Random House, 1971, p. 3.

[3] [美]莱斯特·M. 萨拉蒙等:《全球公民社会:非营利部门视界》,贾西津等译,社会科学文献出版社2007年版,第22—23页。

捐赠为9%，企业捐赠为4%。① 长期以来，个人捐赠一直都是私人捐赠中最大的经费来源，尽管捐赠条目五花八门，除宗教外，各类项目大都不约而同集中在教育上。如此普及的慈善意识以及对教育的关注，拓展了校企合作中介组织的经济来源。

1. 美国社会基本的财富观念

在美国，财富观念与宗教密切相关，为了得到上帝的认可，教徒以积累财富作为生活目标，为了宣扬上帝的荣耀，就要合理支配财富，而不是肆意挥霍，成为最基本的财富观念。"你可以为神劳动而致富，但当然不是为了肉欲与罪恶"② 是美国人对财富的一个基本看法，追求财富是神的旨意，但是财富使用要能够荣耀上帝。这种观念的形成与世俗禁欲主义密切相关，禁欲行为是宗教的产物，它指引教徒的行为朝着自我否定的方向发展，而加尔文教派要求教徒在财富使用方面同样遵循禁欲主义理论，这大大影响了资本主义对待生活的态度。它要求人们合理地追逐和创造财富，"如果神指示你一条道路，按此道路你可以以合于律法的方式比其他道路赚取更多的利益，而无害于你或他人的灵魂，但你却拒不接受而选取另一条获利较少的道路，那么你就是违逆了你的召命中的一个目的，拒绝做神的管事""若作为职业义务的履行，则财富的追求不仅是道德上允许的，而且正是神的命令""希望贫穷，如同希望生病，是一种令人憎恶的善功夸耀想法，而且有损神的荣光"③。但同时，它也要求教徒理性地支配财富，"人只不过是因神的恩宠而被托付以财货的管事，他必须像圣经譬喻的仆人，对所受托的每一分钱都得有所交代，若不是为了神的荣耀而是为了自己享乐，至少是有嫌疑的"④。

---

① Giving USA Foundation. Giving USA 2021: The Annual Report on Philanthropy for the year 2020 [EB/OL]．[2021-10-08]. https://givingusa.org/wp-content/uploads/2021/06/GUSA2021_Infographic_Digital.pdf.

② ［德］马克斯·韦伯：《韦伯作品集 XII 新教伦理与资本主义精神》，康乐、简惠美译，广西师范大学出版社2007年版，第159页。

③ ［德］马克斯·韦伯：《韦伯作品集 XII 新教伦理与资本主义精神》，康乐、简惠美译，广西师范大学出版社2007年版，第159页。

④ ［德］马克斯·韦伯：《韦伯作品集 XII 新教伦理与资本主义精神》，康乐、简惠美译，广西师范大学出版社2007年版，第171页。

2. 个人慈善捐赠的财富观念

慈善捐赠是荣耀上帝自我救赎的一个重要方式。美国慈善捐助公益事业的传统可以追溯到英国，其扶弱济贫的思想主要源自《圣经》。早期基督教就关注如何通过个人慈善捐款来纠正当代社会弊病，使信徒免于腐败的问题，《路加福音》和《马太福音》特别通过好撒玛利亚人的比喻、穷人拉撒路和富人的故事，以及耶稣秘密施舍的故事强调基督教的慈善，甚至还有让信徒放弃一切物质财富进行施舍的戒律。早期基督徒的努力使个人履行慈善义务变得普遍化，人们认为，对集体善举进行物质支持的捐赠人将获得更大的个人能力和道德力量，而这一义务在以前仅限于希腊罗马社会的精英成员。[①] 18世纪30年代，一场基督教"大觉醒"（Great Awakening）运动重新阐释并发扬了基督教的许多教义，同时也为慈善公益事业带来显著改变，即慈善捐赠不再主要是上层社会的行为，而是全社会的群众性互助行为。[②] 到19世纪30年代，随着公益社团的兴起，个人慈善事业开始被团体公益事业取代，而个人对慈善的贡献却有增无减。人们憎恶浪费、炫耀和享乐，坚持财富要造福社会，用于公共用途帮助穷人，而"最好的娱乐就是做好事，就是给予"[③]。

3. 基金会慈善捐赠的财富观念

如果说荣耀上帝进行慈善捐赠是每个教徒的使命，那么"拥巨富而死者以耻辱终"则体现了"大户人家应该提供款待和救济穷人"[④] 的传统，也开启了现代基金会的建立。19世纪末20世纪初垄断资本主义的出现，加剧了资本和生产向大企业的集中，经济的快速增长创造了巨大的财富，但是这些财富大多集中在美国的富人阶层。与此同时，社会中贫富差距悬殊，阶层矛盾激化，罢工频发，政府和社会舆论将矛头指向大企业和富豪，美国一批富豪为躲避巨额征税开始思考私人财富分配的问

[①] Richard Steinberg and Walter W. Powell, *The Nonprofit Sector: A Research Handbook*, Second Edition, New Haven and London: Yale University Press, 2006, p. 19.

[②] 资中筠:《财富的归宿:美国现代公益基金会述评》，上海人民出版社2006年版，第14页。

[③] Robert H. Bremner, *American philanthropy*, Illinois: University of Chicago Press, 1988, p. 11.

[④] Christopher Hill, *Society and Puritanism in Pre-Revolutionary England*, London: Secker & Warburg, 1964, p. 168.

题。政府对遗产课以重税的行为使得他们转向公益慈善，但是与传统慈善不同，他们充分发挥了自己建立企业时所用的那种处理事务的天赋，坚持具有创新精神的博爱主义，将自己的善行与改革事业联系起来。

1907年，金融家罗素·塞奇的遗孀捐赠1000万美元成立罗素·塞奇基金会（Russell Sage Foundation），由此创立了第一个真正现代意义上的赠款基金会。1911年，"钢铁大王"卡耐基成立卡内基基金会（Carnegie Foundation）。1913年，"石油大王"洛克菲勒捐赠1.83亿美元成立洛克菲勒基金会（The Rockefeller Foundation）。这些最富有的人在20世纪初成立了近20家基金会，他们成为"贫穷的兄弟们的受托人和代理人，用他超群的智慧、经验和能力为他们提供服务，完成他们自己不愿或不能做的事"[1]，很多基金会借用商业化的运行模式在历经百年之后仍然发挥着积极作用，而卡内基那句"拥巨富而死者以耻辱终"的财富福音也不断激励着包括比尔·盖茨在内的下一代富豪投身于慈善事业。

4. 企业慈善捐赠的财富理念

企业慈善捐赠的慈善性质经常受到质疑，因为企业是追逐利益的，但是慈善捐款是捐赠者的自愿行为，并不能指望会有经济回报，这种财富的分配方式显然与利润最大化背道而驰。确实，研究者发现，除了有免税条件的激励外，企业捐赠是由增加金钱回报的预期驱动的，它实质上等同于一种普通的商业支出，[2]例如慈善所产生的社会善意可能会提高员工士气和客户忠诚度；发掘潜在客户，从而有力地改变企业产品的需求曲线。也有研究表明，公司设计他们的捐赠计划，就像广告一样，以最大限度提高股东价值为目标，[3]例如增加公司商誉，使企业从监管机构或政府官员那里争取到优待和好处；提高经理或董事在社交圈中的声誉，并为他们带来名人访问这类的其他福利；扩大董事会的规模等。企业在向非营利组织捐赠时，会考虑到大多数非营利组织都有令人羡慕的声誉

---

[1] Andrew Carnegie, *The Gospel of Wealth And Other Timely Essays*, New York: The Century Co. 1901, p. 15.

[2] R. A. Schwartz, "Corporate Philanthropic Contributions", *The Journal of Finance*, Vol. 23, Issue 3, June 1968.

[3] William O. Brown, Eric Helland and Janet Kiholm Smith, "Corporate Philanthropic Practices", *Journal of Corporate Finance*, Vol. 12, Issue 5, December 2006.

资本，与它们合作可能成为企业的一种竞争优势，可以增加广告宣传、曝光率和潜在的商业机会。①

虽然利润激励确实是激励企业捐赠的重要力量，但是企业捐赠在企业社会责任（corporate social responsibility）观念的影响下，也有出于更像是慈善的倾向。正如"企业社会责任之父"鲍恩（Bowen）在《商人的社会责任》（Social Responsibilities of the Businessman）所指出的那样，我们无法解释商人的动机完全是为了利润最大化，商人作为人生活在社会中，与众人共享价值观以及这个社会的态度，他想要被喜欢，想要达到公众对他的期望。② 社会责任感的形成并不是一蹴而就的，西方国家在18世纪中后期开始出现现代意义上的企业，但是企业社会责任感在工业革命时期还无从谈起。那时，企业的唯一目标就是利润最大化，而决定资本用途的唯一动机就是私人利润，是个人利益促使人们去寻找最有利的用途。③ 在19世纪市场经济自由发展的时代，商人的道德义务包括遵守财产规则、履行合同、避免欺骗、提高效率、保护工人的生命健康、积极竞争并在竞争失败后克制行事、尊重工人人权，以及尊重消费者、工人和所有者的自由等，旨在最大限度地减少社会控制和对个人的自我约束。到20世纪，随着社会环境和企业实践的变化，越来越多的人意识到企业要具有社会责任的担当。英国学者奥利弗·谢尔登（Oliver Sheldon）于1924年首次提出了企业管理的社会责任，他指出，"工业的存在是为了服务社会，企业服务不可能是完全为了经济利益，它的动机要合乎道德"④，从而赋予商品道德价值。企业社会责任感虽然很难确定，但是它主要表现为要对社会负责，要对社会福利作出贡献，要以合乎道德的方式进行经营，要管理其与社会的关系等，这也影响了企业对慈善事业的捐赠。

---

① G. G. Rumsey, Candace White, "Strategic Corporate Philanthropic Relationships: Nonprofits' Perceptions of Benefits and Corporate Motives", *Public Relations Review*, Vol. 35, Issue 3, September 2009.

② Howard R. Bowen, *Social Responsibilities of the Businessman*, Iowa: University of Iowa Press, 2013, p. 116.

③ ［英］亚当·斯密：《国富论》，陈虹译，中国文联出版社2016年版，第71页。

④ Oliver Sheldon, *The Philosophy of Management*, London: Routledge, 2003, p. 68.

三 文化—认知维度下美国中介组织参与职业教育校企合作的合法性依据

文化—认知性要素将文化观念引入制度合法性，是组织分析新制度主义最大的特点。这里的"文化—认知"带有连字符，其用意在于强调"内在的"理解过程被"外在的"文化框架所塑造。[①] 认知是"外部世界刺激与个人机体反应的中介"[②]，是一系列的符号表象，组织者自身的认知决定了其对组织行动的反应，而符号是文化的最佳体现，词语、姿势、信号等符号塑造了人们赋予组织或组织活动的意义。这是一种嵌入性的文化表现形式，凝结在形式中，相比于我们通常认为的更柔软或更"鲜活"的文化领域，更不需要维护、仪式强化和象征性的阐述。[③] 无论是个体还是组织，在很大程度上都需要接纳并受制于社会共同的信念体系和文化框架，这些惯例也被理所当然地视为做事情的恰当方式。美国的文化对中介组织参与校企合作必然有着非常重要的影响，可以说，只有那些获得文化—认知合法性的组织才能得以生存。

（一）社会自治传统为校企合作中介组织的结社奠定文化自信

归根结底，校企合作中介组织的建立是人们自愿结社的结果，由此决定了组织具有自治性的特征，即它们从根本上控制自己的事务。[④] 美国有着悠久的社会自治传统，这不仅赋予组织者以自信使其知道如何组建并运营一个社会组织，也给予大众以信心使他们能够信任该组织能够为会员争取利益和福利。如果校企合作中介组织无法自治，就会沦为政府或市场的附属机构，难以争取到人们对组织的信任，组织便很难长久地发展下去。因此，教育中介组织获得文化层面的合法性是至关重要的。

[①] ［美］W. 理查德·斯科特：《制度与组织：思想观念与物质利益》，姚伟、王黎芳译，中国人民大学出版社2010年版，第58页。

[②] ［美］W. 理查德·斯科特：《制度与组织：思想观念与物质利益》，姚伟、王黎芳译，中国人民大学出版社2010年版，第57页。

[③] Ronald L. Jepperson and Ann Swidler, "What Properties of Culture Should We Measure?", *Poetics*, Vol. 22, Issue 4, June 1994.

[④] Lester M. Salamon, S. Wojciech Sokolowski and Regina List, *Global Civil Society*, Bloomfield, CT: Kumarian, 2004, p. 3.

1. 美国自治传统的渊源

自治可以说是美国社会发展的起点,[①] 其历史可以追溯到殖民地时期。英国在中古时代就有乡村自治的传统,区、教区、村镇不受外来干涉,有自行处理事务的权利,形成了一种类似"常识的信念"[②]。作为英属殖民地,英国形成并发展的社区自治和寻求共识的习惯深深地影响了美国殖民地的建立。英国人民争取自治的历史始于与王权力量的斗争,社会进步力量在1215年争取到"大宪章"(The Great Charter)的签署,开始限制王权。随着16、17世纪外敌入侵和宗教变革,英国公众参与政府的兴趣大大提高,并催生了类似于政党的事物,形成并发展了社区组织和自我意识的基本模式,以及自治运行的权力结构。议会改革《国民参政法》、《权利法案》等法律的制定,进一步限制了国王的权利。17世纪,英格兰移民跨越大西洋将这一文化带到北美殖民地,但是英国统治者对殖民地的管理较为宽松,各殖民地获得了更为充分的自治空间。

在自治文化的影响下,移民们在政治、经济、社会等方面开始自治的实践。起初,这种自治只是母国的简单翻版,由于与母国在距离和沟通上的困难,对母国文化来说更多是一种拿来主义,并在可能的情况下进行最低限度的调整。后来,殖民地与宗主国关系恶化,两者展开了公共管理自治权力的斗争,普通民众拥有了更多参与政治的权利和机会,地方政府也逐渐摆脱殖民地政府的干预。到18世纪,北美殖民地的宗教"大觉醒"运动进一步解放人们的思想,提倡信仰自由,这种宽松的社会环境削弱了民众对宗主国的依附并促进了民主自治思想的广泛传播。到1776年,这13个自行其是的殖民地在民主独立的思想下,从异地自治自立逐渐走向联合。但是过度自治的危机导致13个殖民地更像13个独立国家,直到1789年它们才形成一个主权联邦国家。在随后的发展中,传统的自治精神继续得以发扬光大,并作为一种传统流传给后人,在潜移默化中影响着美国人的选择。自美国建国至今,自治精神已经深深扎根于美国人的灵魂深处,成为社会价值观的思想基础,成为一

[①] 张骏:《美国社会自治传统探源》,《学术交流》2015年第6期。
[②] 盛莹:《论美国公共管理中的自治传统与规制问题》,硕士学位论文,南京师范大学,2006年,第19页。

种自治民主文化,一种文化标志,而且参与自治的兴趣成为美国人民自我认同的核心。①

2. 公民自治与校企合作中介组织

1620年,随着"五月花"号在北美大陆的登陆,一批来自英国的清教徒开启了在美洲大陆开疆拓土的生活。为了抵御殖民地创建的风险,他们签订了《"五月花号"公约》(Mayflower Compact),"为了上帝的荣耀,为了促进基督教信仰的发展,为了我们国王和国家的荣誉,我们开启了在弗吉尼亚北部建立第一个殖民地的航行。我们在上帝面前,彼此庄严地签下约定,自愿结成民众自治团体。为了使上述目的顺利实施和发展,也为了将来能随时依此而制定对殖民地有益的公正和平等的法律、条例、法案、宪法和公职,我们保证人人均应对此予以应有的遵守和服从"②。在民众自愿组成的自治社会中,政府是公民选举的结果,法律是全体成员一致同意的结果,是公民自我约束管理的有效依托,遵守法律是对自己承诺的履行,每个人都有权利就公共事务提出自己的意见。《"五月花号"公约》被称为美国的"出生证明",是一份典型的民间自治契约,开创了欧洲各国都未曾建立的公民自治政府。③

公民自治的本质在于公共精神,即"每个人都通过自己的活动积极参加社会管理","像关心自己的事业那样关心本乡、本县和本州的事业"④。社会参与是公共精神的基本体现,⑤ 从本质上而言,公共精神推动个人积极参与公共事务并增进社会公益,从而使社会不断进步。从美国最初拥有乡镇组织开始,人民就成了乡镇一切权利的源泉,他们自行选举担任行政职务的官员,代理他们精心管理乡镇的日常生活,并监督他们采取的一系列管理措施。公民可以平等地行使自己的政治权利,他们以此为己任,认为乡镇生活与自己息息相关,并在力所能及的范围内

---

① Roy F. Nichols, "History in a Self-Governing Culture", *The American Historical Review*, Vol. 72, Issue 2, January 1967.
② History. com editors. Mayflower Compact [EB/OL] (2009-10-29) [2021-09-20]. https://www.history.com/topics/colonial-america/mayflower-compact.
③ 董爱国:《清教主义与美国民主》,《世界历史》2000年第1期。
④ [法]托克维尔:《论美国的民主》,董果良译,商务印书馆2019年版,第288页。
⑤ 杨敏:《公民参与,群众参与与社区参与》,《社会》2005年第5期。

参与集体社会活动。由此一来，人们建立起活跃的公民参与网络，促进了相互之间的信任与合作。正如布尔斯廷对弗吉尼亚"绅士政府"的描述，在那里形成了人们一贯的看法，即"参与治理是一种义务"①。

　　公民自治最具现实意义的传递方式是组织结社。② 美国是"世界上最便于组党结社和把这一强大行动手段用于多种多样目的的国家"③，在美国，"不论年龄多大，不论处于什么地位，不论志趣是什么，无不时时在组织社团"④。美国的政治结社最初由彼此见解相同的人组成一个社团，把多数人的力量集结起来，继而在国内重要地点设置活动中心扩大影响力，甚至可以组成选举团，选取代表到中央机构。除此之外，还有人人都可以组建的商业结社，以及成千上万的社会团体，类型不同，规模不一，可以说是五花八门。但凡要创办新的事业，美国人都要组织一个团体，哪怕是干一点小事，如图书销售，美国人也要成立一个社团，他们"似乎把结社视为采取行动的唯一行动"⑤。美国将结社权看作人的基本权利，包括在第一条宪法修正案所保障的言论、出版、宗教自由，和平集会及向政府请愿的权力中。⑥ 自从《"五月花号"公约》在一种紧急情况下起草和签署以来，志愿协会一直是针对美国制度失灵、人的不可靠性和未来不确定性所特有的补救办法，是使美国拥有信心面对未来的传统手段。⑦

　　美国人结社的习惯渗透在他们的日常生活中，自愿组成社团可以巧妙地动员大多数人的力量共同完成一个目标。他们"从小就知道必须依靠自己去克服生活的苦难，对社会的主管当局投以不信任和怀疑的眼光，

---

　　① ［美］丹尼尔·布尔斯廷：《美国人开拓历程》，中古对外翻译出版公司译，生活·读书·新知三联书店1993年版，第124页。
　　② 张骏：《论美国自治传统的形成与发展——从殖民时期到进步时代》，博士学位论文，南京师范大学，2014年，第103页。
　　③ ［法］托克维尔：《论美国的民主》，董果良译，商务印书馆2019年版，第229页。
　　④ ［法］托克维尔：《论美国的民主》，董果良译，商务印书馆2019年版，第668页。
　　⑤ ［法］托克维尔：《论美国的民主》，董果良译，商务印书馆2019年版，第669页。
　　⑥ 张骏：《论美国自治传统的形成与发展——从殖民时期到进步时代》，博士学位论文，南京师范大学，2014年，第103页。
　　⑦ Hannah Arendt, *Crises of the Republic*: *Lying in Politics*; *Civil Disobedience*; *On Violence*; *Thoughts on Politics and Revolution*, Florida: Mariner Books Classics, 1972, p. 102.

只有迫不得已的时候才向它求援"①，人们的愿望"一定会通过私人组织的强大集体的自由活动得到满足"②。由此可见，人们对非营利性质的社会团体组织有着天然的信任，人们相信这些私人组织能够动员大多数的力量解决职业教育校企合作的诸多问题。人们依靠自己而非政府力量去尝试解决校企合作问题的时候，就已经赋予了这些教育中介组织极大的信任，这种信任好像一种魔力，让这类组织长盛不衰。

3. 职业院校自治与校企合作中介组织

美国生涯与技术教育，通常称为职业教育，起源于20世纪早期，但是其职业教育运动发起时间可以追溯到19世纪甚至殖民时期的学徒制。19世纪后半叶，一些私立贸易学校开始提供职业培训，继而大量商业学校开始为商界提供职业准备，此外还有一些提供农业教育的学校。20世纪初，公立学校开设了手工培训，但是在20世纪上半叶，大多数公立职业教育都只提供中等教育水平，中学后教育是在第二次世界大战以后的几年开始发展并扩招的。到60年代，两年制社区学院将目标从升格为四年制大学转向职业教育工程的效果开始显现。政府为支持公共职业教育的发展，在1862年通过了第一部立法——《莫里尔法案》(Morrill Act)，赠予院校土地以支持农业和机械的发展。此外，1917年《史密斯-休斯法案》(Smith-Hughes Act) 首次提出，向职业教育提供联邦资金。

尽管有联邦政府的资金支持，但是美国的教育管理是典型的分权治理模式，公共教育中的各类职业院校依然保持自治的传统。联邦宪法没有提及教育，《美国法典》明确了联邦政府禁止控制教育的条文，任何适用计划的规定均不得解释为授权美国的任何部门、机构、官员或雇员指导、监督或控制任何教育机构的课程、教学计划、行政管理或人员，③ 严格遵守禁止联邦干预州和地方教育控制的法规。《法典》在生涯与技术教育主题中基于这样一个前提，即虽然有效的职业教育计划对国家未来的发展至关重要，但是在联邦干预最少的情况下，该计划的实行最好由当

---

① [法] 托克维尔：《论美国的民主》，董果良译，商务印书馆2019年版，第229页。
② [法] 托克维尔：《论美国的民主》，董果良译，商务印书馆2019年版，第230页。
③ Office of the Law Revision Counsel. US Code Title 20 Chapter 31 General Provisions Concerning Education [EB/OL] [2021-09-20]. https://uscode.house.gov/view.xhtml?path=/prelim@title20/chapter31&edition=prelim.

地社区和社区学院教育委员会管理，而为了推动职业教育发展，应鼓励公立学校将寻求私营部门的支持作为非政府替代方案。① 国会设立的教育部也只是保护州和地方政府以及公立和私立教育机构在教育政策和计划管理领域的权利，并不会增加自己的教育管辖权或者减少各州、地方学校系统和州其他机构的教育权利。②

所有州宪法都将教育责任赋予州，其主要责任是提供资源并建立立法框架指导资源的使用，如俄亥俄州宪法指出，"（条款2）大会应以税收或其他方式，对学校信托基金产生的收入做出规定，以确保在全州建立一个全面有效的公立学校制度""（条款3）法律应规定由公共资金支持的国家公立学校系统的组织、管理和控制，但任何城市内全部或部分包含的每个学区应有权通过公民投票自行决定学区教育委员会的成员人数和组织机构，并应通过法律规定该学区行使该权力"③。条款3将州一级的管理责任进一步委托给地方教育委员会，除夏威夷州外，其他州的宪法都有类似的表述。在大多数州，地方委员会拥有独立于其他政府单位的征税权，这种权力下放的演变就是为了确保教育符合地方价值观和优先事项，并在一定程度上脱离一般政府的政治影响。④

这种分权治理模式给予职业院校高度自治的空间，职业院校按照州立法享有不受政府控制的自由，拥有自治的权利。这意味着，职业院校在一些课程开发、教学设计等更为微观的人才培养活动中很难得到政府支持。它们面对市场化的激烈竞争，只能转向与私人的合作。如此一来，半官方的、民间的团体组织开始承担这些责任，如评估机构、教育协会、专业协会等，校企合作中介组织更多承担了学校和企业合作之间的事务。

---

① Office of the Law Revision Counsel. US Code Title 20 Chapter 44 Career and Technical Education [EB/OL] [2021 - 09 - 19]. https：//uscode. house. gov/view. xhtml? path =/prelim@ title20/chapter44&edition = prelim.

② Office of the Law Revision Counsel. US Code Title 20 Chapter 48 Department of Education [EB/OL] [2021 - 09 - 20]. https：//uscode. house. gov/view. xhtml? path =/prelim @ title20/chapter48&edition = prelim.

③ Husted J. Constitution of the State of Ohio [EB/OL] (2012 - 05) [2021 - 10 - 17]. https：//www. cityofoberlin. com/wp-content/uploads/2014/08/constitution - 1. pdf.

④ James R. Stone Ⅲ, Morgan V. Lewis, "Governance of Vocational Education and Training in the United States", *Research in comparative and International Education*, Vol. 5, No. 3, January 2010.

联邦政府同样意识到这个问题，并对这些组织给予认可，1950年公法81-740（Public Law 81-740），由联邦政府特许成立职业学生组织，从而确立职业学生组织与工业艺术教育的关系，它还正式将美国教育办公室与职业学生组织联系起来，允许美国教育办公室的员工受雇于学生组织。[1] 尽管当时该法只特许了一个学生组织，即未来美国农民（Future Farmer of America，FFA），它被称为国家FFA组织，但是在后续发展中依然涌现出诸多组织，如技能美国、美国未来商业领袖（Future Business Leaders of America）、全国青年农民教育协会（National Young Farmer Educational Association）、技术学生协会（Technology Student Association）等，涉及职业院校学生人才培养的各个方面，有助于提高职业教育教学质量。

（二）文化多元主义（American Pluralism）稳固校企合作中介组织生存的利益根基

美国是个移民的国家，其社会、经济和政治生活是多元化的，文化多元主义反映了美国民族生活差异性和多样性的特征，是美国一种"价值体系、生活态度和学术主张"[2]。来自不同国家的移民来到北美大陆，带来了不同的语言、风俗习惯和宗教信仰，但同时也带来了文化冲突。美国在不断反思民族关系的过程中诞生了文化多元主义，人们反对种族主义和排外主义，支持自由民主的观念。事实上，美国到19世纪中叶都对民主持积极态度，美国也被认为是一个民主共和国，多元主义到20世纪一直是美国政治科学中民主的主导意识形态。伴随着二战后移民潮的涌现，文化多元主义在美国迅速传播并成为有着重要影响力的社会思潮。

不同民族集团带来了利益的多样化，这在很长的历史时期以不同程度和不同形式存在着。利益集团在本质上是使个人通过成为集团的成员实现个人利益，并最终实现整个集团的集体利益，而利益集团确实对政

---

[1] Fiscus, L, Dixon-Hyslop, A. Career and Technical Student Organizations: A Reference Guide [EB/OL]（2008）[2021-10-08] https://www.skillsusa.org/wp-content/uploads/2014/12/CTSOs-a-Reference-Guide.pdf.

[2] 高鉴国：《试论美国民族多样性和文化多元主义》，《世界历史》1994年第4期。

策具有实质性的独立影响。① 美国学者霍金斯在研究高等教育领域全国协会（1887—1950年）的兴起中，就提到了文化多元主义对高等教育志愿团体的影响。在多元化的全盛时期，许多设在华盛顿特区办事处的全国性组织被认为展示了社会健康和有益的冲突……事实上，当团体向政府寻求帮助时，他们就失去了意识形态的纯洁，成为"特殊利益"团体，甚至"自私的特殊主义者"。② 志愿团体的联合具有持久的吸引力，这主要来自它的温和，因为它作为第三部门提供了来自国家以外的权力中心的中间道路。随着利益集团的急剧增加，美国特别设有"法院之友"（Amicus Curiae）制度，允许利益集团以第三方的身份介入诉讼案的司法审判，通过意见书提供案件相关的资料、适用法律和判决依据等，这为利益集团发声提供了正式的制度渠道。

1. 多数利益集团多元主义（Majoritarian Pluralism）

"多数派"利益集团多元主义可以追溯到詹姆斯·麦迪逊（James Madison）的《联邦党人文集10号文件》（Federalist Paper #10），从"派系"的角度分析政治这个模糊的概念，它涵盖了政党甚至大众的多数，以及大家今天考虑的有组织的利益集团、商业公司和工业部门。麦迪逊认为，在一个广泛的共和国中，各种派别之间的斗争将或多或少地影响政策，而派系的根源又是无法消除的。在共和政体中，政府通过选择公民群体的媒介扩大公众观点，因为公民群众的爱国主义和正义感最不可能为了局部或暂时的利益而牺牲公共利益。为了防止少数人背叛人民群众的利益，小共和国要将人民代表增加到一定数量，大共和国则要将代表数量控制在一定范围内。③ 在20世纪，大卫·杜鲁门（David Truman）的巨著《政府进程》（The Government Process）将团体置于政治分析的中心，详细描述了有组织的利益团体是如何发挥作用的。他认为，任何对社会和对社会实践方法有共同态度的群体，无论是有组织的还是无组织

---

① Martin Gilens and Benjamin I. Page, "Testing Theories of American Politics: Elites, Interest Groups, and Average Citizens", *Perspectives on politics*, Vol. 12, No. 3, September 2014.

② Hugh Hawkins, *Banding Together: The Rise of National Associations in American Higher Education*, 1887–1950, Maryland: Johns Hopkins University Press, 1992, pp. 29–30.

③ James Madison. The Federalist Number 10, [22 November] 1787 [EB/OL] (1787-11-22) [2021-10-08]. https://founders.archives.gov/documents/Madison/01-10-02-0178.

的，都应该归为利益集团，政府的运作过程就是与利益群体互动的过程。①

美国政治理论家罗伯特·达尔（Robert Dahl）从"多元主义"的角度分析了美国政治，与理想的多数利益集团多元主义接近。他认为，利益集团是政治体系的真正单位，个人在政治上相当无助，但一个群体团结起来可以将个人的资源转化为有效的力量，所以普通公民的愿望或需求往往会被利益集团斗争的结果合理地满足。② 一些当代利益集团政治分析家似乎也接受（至少是含蓄地接受）一种群体斗争的图景，这种图景或多或少会导致多数主义结果。如贝里（Berry）指出，"在所有民主国家中，美国人组织游说团体的程度是独一无二的……我们的政治制度结构更有利于利益集团而不是新政党的形成"③，"为了不得罪潜在的支持者，两党往往会淡化自己的政策立场，而利益集团则通过大胆、强硬的政策立场来迎合狭隘的受众"④。

2. "有偏见"的多元主义（Biased Pluralism）

"有偏见"的多元主义认为，民主的政治制度是为特定的利益集团组织服务，而不是为大多数的选民服务。⑤ 它们将利益强加给社会，以便制定符合他们利益而不是公共利益的政策，通常它们在高度发达的工业经济和民主国家中，以组织良好的强大的企业协会和专业协会为代表，利益集团冲突的主旨和由此产生的公共政策都倾向于公司、商业和专业协会的意愿。沙特施奈德（Schattschneider）认为，政策结果随"冲突范围"的不同而不同：例如，当冲突范围小且可见性较低时，以商业为导

---

① David B. Truman, *The Governmental Process: Political Interests and Public Opinion*, New York: Alfred A. Knopf., 1971, p. 251.

② Robert A. Dahl, *Who Governs? Democracy and Power in an American City*, New Haven and London: Yale University Press, 1961, p. 21.

③ Jeffrey M. Berry, *The New Liberalism: The Rising Power of Citizen Groups*, Washington, DC: Brookings, 2010, p. 16.

④ Jeffrey M. Berry, *The New Liberalism: The Rising Power of Citizen Groups*, Washington, DC: Brookings, 2010, p. 17.

⑤ Aleksandra Prascevic, "The Political Economy of Misusing Income Distribution in the Electoral Process: A Biased Pluralism Approach", *Economic Annals*, Vol. 62, No. 214, July-September 2017.

向的利益集团往往会压倒普通公民，虽然它们同样享有公民自由中的自由结社权、请愿权、言论自由权等，虽然它们可能是有益且必要的，但是它们没有明确的公共责任理念。① 托马斯·弗格森（Thomas Ferguson）提出了一种政治"投资理论"，其中包括"主要投资者"，特别是特定工业部门的代表，它们资助政党以获得符合其经济利益的政策，所以真正的政党市场由主要投资者定义，他们通常有充分和明确的投资理由来控制状态。②

无论是多数还是"有偏见"的多元主义，多元化理论将民间团体描绘成特殊利益的团体，他们认为，个人组建协会不是为了取代国家或市场的职能，而是为了迫使国家采取有利于成员利益的政策。③ 非营利组织或者民间团体也被称为利益集团，一个由具有共同利益或目标的人组成的组织，旨在影响公共政策。④ 正如马克思所说的，"人们为之奋斗的一切，都同他们的利益有关"⑤。美国这些团体同共和国本身一样古老，可以追溯到国家诞生之前，当时公民组织起来争取美国独立。在19世纪和20世纪，类似的组织运动围绕废除死刑、妇女选举权、工人权利和其他原因也曾轰轰烈烈地开展过。尤其是自1960年以来，利益集团的数量迅速增长，而在华盛顿全职游说的利益集团数量在过去十年中达到了新高。有学者指出，社会组织产生和发展的一个根本原因就在于"利益冲突"⑥。

在职业教育领域，人们的愿望和需求同样呈现出多样化的特征。人口多样性不会让任何一个团体占据多数，各色各样的社会组织在很大程

---

① E. Schattschneider, *Party Government: American Government in Action*, New York: Routledge, 2017, p. 202.

② Thomas Ferguson, *Golden Rule: The Investment Theory of Party Competition and the Logic of Money-driven Political Systems*, Chicago: University of Chicago Press, 1995, p. 22.

③ Pamela A. Popielarz and J. Miller McPherson, "On the Edge or in Between: Niche Position, Niche Overlap, and the Duration of Voluntary Association Memberships", *American Journal of Sociology*, Vol. 101, No. 3, November 1995.

④ James Q. Wilson, Jr. John J. DiIulio, et al., *American Government: Institutions and Policies*, Massachusetts: Cengage Learning, 2021, p. 134.

⑤ 马克思：《第六届莱茵省议会的辩论（第一篇论文）：关于新闻出版自由和公布省等级会议辩论情况的辩论》，(1842-05-05)[2021-10-18], https://www.marxists.org/chinese/marx-engels/01/012.htm。

⑥ 卢洁莹：《美国社区学院治理及其理论基础》，安徽教育出版社2011年版，第225页。

度上充当了利益冲突的调和机构。在美国,社会组织参与职业教育事业的管理有着悠久的历史并形成一种传统存在着。尤其在1862年《赠地法案》颁布后,逐渐形成了社会组织参与社区学院治理的制度。志趣相投的利益集团主动联合起来建立服务于职业教育校企合作的志愿组织,稳固了组织生存的利益基础。

第三节 组织变迁:制度环境的塑造

美国职业院校与政府机构、企业、教育组织等构成了一个场域,职业教育校企合作中介组织在场域环境中"必须考虑的一个主要因素就是其他组织的存在"[①]。组织之间除了相互争夺资源和顾客以外,还要为制度合法性、政治权利相互竞争,这塑造了组织的结构要素。组织接受环境塑造的模式主要有三种,包括受政治和合法性影响的强制性同形,出于不确定性参考公认模式产生的模仿性同形,受专业化的影响带来的规范性同形。[②] 制度化的产品、服务、技术、程序和政策就像强大的神话一样发挥作用,许多组织都在仪式上采用它们。组织受制度的影响,并不会仅仅局限于一种模式的同形变迁,在实际发展中可能会同时发生。

一 职业教育校企合作中介组织的强制性同形

强制性同形是指在外部压力的规制下,场域内不同组织以及新加入场域的组织都必须遵守政府和法律要求的正式与非正式规则。在这种情况下,组织变迁是对国家法令要求的直接反应,尽管在很大程度上这些变迁是一种象征性的或者仪式性的,但是在实际中却是至关重要的。除了政府以外,场域内的某些机构也会提供这样组织变迁的压力,它们为组织制定操作程序、结构要素、合法化规则的要求,因为"组织话语的

---

① Howard E. Aldrich, *Organizations and Environments*, California: Stanford University Press, 1979, p.265.
② [美]沃尔特·W. 鲍威尔、保罗·J. 迪马吉奥:《组织分析的新制度主义》,姚伟译,上海人民出版社2008年版,第72页。

进化"① 是组织制度性同形的一个最重要的方面。组织用来描述目标、程序、政策的话语和标签,通常与解释个人动机的术语类似,如动机使用所表现出来的可能是提供理由、目标和意图。② 人们不需要追问是谁做了什么,只需要描述清楚动机对话的某种语言、解释或文化的规则,这些是解释组织活动的神话。组织是否用合法性术语进行描述和界定,决定了它们能否实现"诉求集体界定、集体认可的目标"③。

(一)外部压力的规制

1.《法典》规则

不管是职业院校,还是符合条件的相关机构,包括行业协会、中介机构、企业等,在参与职业教育的过程中,都不能违背《法典》对职业教育的规定和要求。首先,所有组织都要符合职业教育的发展目标。《法典》中明确了美国职业教育的八个目标,包括(1)在各州和地方努力制定具有挑战性的学术和技术标准并帮助学生达到这些标准,为当前或新兴职业中的高技能、高工资或高需求职业做好准备;(2)将严格和具有挑战性的学术与职业指导相结合,推动中等教育和高等教育的合作,为参与生涯与技术教育的学生提供服务;(3)提高州和地方在发展、实施和改进职业教育服务和活动方面的灵活性;(4)开展和传播关于改善职业教育计划的最佳实践;(5)提供技术援助;(6)支持中学、高等教育机构、学士学位授予机构、地区生涯与技术教育学校、当地劳动力投资委员会、工商界和中介机构之间的伙伴关系;(7)为个人提供终身学习机会;(8)增加长期失业或未充分就业人群的就业机会。④

其次,所有机构都要致力于提高职业院校绩效。各州有自己的绩效

---

① [美]沃尔特·W. 鲍威尔、保罗·J. 迪马吉奥:《组织分析的新制度主义》,姚伟译,上海人民出版社2008年版,第54页。

② Alan F. Blum, Peter McHugh, "The Social Ascription of Motives", *American Sociological Review*, Vol. 36, No. 1, February 1971.

③ [美]沃尔特·W. 鲍威尔、保罗·J. 迪马吉奥:《组织分析的新制度主义》,姚伟译,上海人民出版社2008年版,第54页。

④ Office of Law Revision Counsel. US Code Title 20 Chapter 44 Career and Technical Education [EB/OL] (2015 – 10 – 26) [2021 – 10 – 18]. https://uscode.house.gov/view.xhtml? req = (title：20% 20chapter：44% 20edition：prelim)% 20OR% 20 (granuleid：USC-prelim-title20 – chapter44) &f = treesort&num = 0&edition = prelim.

衡量标准，中等职业教育的核心标准包括高中毕业率、学生是否达到州学术标准、升学率、就业率、参与职业教育计划的比例；中学后职业教育的核心指标包括获得认可的高等教育证书的比例、在计划完成后的第二个季度内，继续接受高等教育、接受高级培训、参与服兵役的比例等。每个获得拨款的合格机构都要提交相关质量标准的评估报告，并将报告通过互联网以电子方式向公众公开。

最后，任何机构想要获得国家和州的拨款，必须从事规定的活动。赠款活动要求资助资金被用以开展以下一项或多项活动：以证据为基础的研究和评估；研究和评估《加强21世纪生涯与技术教育法》（Strengthening Career and Technical Education Act for the 21st Century）所带来的变化；提供关于职业教育计划、学习计划和学生成绩的纵向信息的循证研究和分析；支持高质量职业教育计划、相关学习计划，以及提高学生成绩的创新方法的实施、评估或循证研究。具体的资金用途包括（1）与行业合作升级职业教育相关的设备、技术和相关课程，实施州批准的职业教育学习计划；（2）改善学生教育成果（创新工作学习方法、提高教育计划和学习计划的有效利用、创新中高职的整合模式、将STEM与职业教育相结合）；（3）改善学生就业和升学方式；（4）与行业合作设计和实施符合新兴领域劳动力市场需求的课程或学习计划；（5）创新高中学生职业体验的方式；（6）为职业院校管理人员、专业教学支持人员、职业指导和学术顾问等提供资源和培训，为学生提供工商界实习或实地考察的机会等；（7）改善非传统领域的职业教育就业成果；（8）为学生提供综合支持；（9）建立在线门户；（10）制定并实施付费计划。

2. 非营利组织信息披露规则

美国慈善活动的管理没有中央监管部门，《国内税收法》（Internal Revenue Code）在很大程度上限制和规范了非营利组织的行为。它列出了非营利组织的活动范围，限制了它们参与交易的私人利益以及各种投资活动，例如禁止"私人保险"行为，不能向内部人员输送利益，而私人基金会是监管最严格的慈善组织类型，例如它们不能与"不符合资格的人"进行交易，不能持有任何一种证券等，违背的组织会受到税收惩罚，甚至失去免税资格。美国国内税务局（Internal Revenue Services，IRS）规定慈善组织和私人基金会分别提交990表和990-PF表，这些年度报告包括组织的年度收支明细、筹资、法律费用、资助情况、薪酬排名前五的员工工资和福利待遇等。这些报告被存放在公共图书馆,任何人都可以查看。州法律和联邦法律并没有发挥实质性的把关作用,选择性拨款通常是它们行使监督权的一个小手段。此外,总统行政管理和预算局(Executive Office of the President Office of Management and Budget)发布的A-133号文件要求对年政府补助超过75万美元的非营利组织进行财务审计。①

第三方组织也会对非营利组织信息披露提出要求。例如美国律师协会非营利性公司委员会发布的《非营利法人示范法》(The Model Nonprofit Corporation Act),被三分之二的州所接受,它具体规定了非营利组织的组织结构、章程、目的和权利、组织名称、组织成员、成员会议和表决、投票、董事会、解散、报告等各个方面的要求。在报告条目中,《示范法》提出,除了宗教组织的条款或章程规定以外,组织应向成员提供最新的年度财务报表,包括截至该财政年度结束时的资产负债表和该年度的经营报表;组织成立的第一年即要向国务卿提供年度报告,包括公司名称、所依据的州或国家的法律要求、注册办事处地址、代理人姓名、董事会成员和主要高级职员的介绍、活动性质的简要说明等,如果内容不全面可以予以驳回。② BBB智捐联盟(BBB Wise Giving Alliance)是一家典型的第三方评估机构,它要求年度总收入超过100万美元的组织提供由外部审计师审计的财务报表。

(二)组织面对外部规则的强制性同形变迁

1. 组织语言的同形

就组织的目标、定位而言,美国职业教育校企合作中介组织基本与国家对职业教育的要求保持一致。例如,(1)美国社区学院协会(AACC)这样描述组织的功能定位,即为国家提供信息资源,为同伴网络、专业倡议、社区建设创造机会,促进AACC与利益相关者之间的合

---

① Executive Office of the President Office of Management and Budget. OMB CIRCULAR A-133 [EB/OL]. (2011-03) [2021-10-27]. https: //obamawhitehouse. archives. gov/sites/default/files/omb/assets/OMB/circulars/a133_compliance/2011/Compliance_Supplement_March-2011. pdf.

② West Group. REVISED MODEL NONPROFIT CORPORATION ACT (1987) [EB/OL] [2021-10-18]. http: //www. muridae. com/nporegulation/documents/model_npo_corp_act. html.

作，提供领导力和职业发展机会；其使命在于促进当今社会对社区学院的认可，为社区学院提供宣传、领导和服务，帮助国家从20世纪的工业时代过渡到21世纪的新知识社会；其核心价值奉行诚信、卓越、领导力、多样性、承诺与联合。①（2）美国生涯与技术教育协会（ACTE）将培养有竞争力的劳动力作为组织使命，致力于帮助教育工作者提供高质量的职业教育课程，确保所有职业院校学生都能为职业成功做好准备，同时也关注领导力发展、宣传、战略合作、创新的战略导向。② 这些语言系统地呈现在组织章程中，包括组织名称、目的、会员资格、合伙人、会费、董事会、主席任命和职责、选举、会议、财务、修订、解散等各个情况的具体说明。

2. 组织治理的同形

美国职业教育校企合作中介组织普遍建立了会员制度，通过发展会员获得活动经费提供服务开展活动。例如，AACC 唯一的也是最重要的资金来源就是会员支持，机构会员面向社区学院（需缴纳会费）、州系统中的公立大学、多校区学院的分部、区学院的办公室开放；教育伙伴面向对教育感兴趣的非营利组织或任何不符合机构会员资格的教育机构；个人伙伴面向非社区学院员工，即受托人、管理人员和其他对高等教育问题和趋势感兴趣的个人；企业会员面向与学院有校企合作的企业以及提供活动赞助的企业，这些会员名单不能随意提供或出售。AACC 为会员提供三项主要的服务，包括代表会员与国会、白宫、主要联邦机构、知名企业和新闻媒体建立有效联系，从而提高人们对社区学院教育价值的认识，争取重要资源和项目计划；培育强大的社区学院领导干部队伍；获取新闻、研究报告、政策简报等重要信息。③

美国职业教育校企合作中介组织普遍建立了董事会（理事会）负责制度，总体负责组织决策、目标规划、财政等重要事务。例如，AACC 由

---

① AACC. Mission Statement ［EB/OL］［2021 - 10 - 27］. https：//www.aacc.nche.edu/about-us/mission-statement/.

② ACTE. ACTE STRATEGIC DIRECTION AND VISION STATEMEN ［EB/OL］［2021 - 10 - 27］. Thttps：//www.acteonline.org/about/acte-mission-standards/.

③ AACC. Membership ［EB/OL］［2021 - 10 - 27］. https：//www.aacc.nche.edu/about-us/membership/.

32名成员组成的董事会管理，董事会代表机构成员制定和维护AACC的愿景，确定组织绩效标准并监督组织遵守，保证对会员负责。董事会成员通过选举产生，任期三年，可以连任两届。董事会下设9个执行委员会，分别为大学准备委员会、多元化包容性与公平委员会、经济与劳动力发展委员会、机构基础设施与转型委员会、公共关系宣传与促进委员会、社区学院问题研究委员会、小型学院和农村学院委员会、结构化职业路径委员会、学生成功委员会，主要完成向董事会和工作人员建言献策、促进校企合作、论坛发起、会议组织等工作。阿斯彭研究所的董事会同样是选举产生，负责向总裁提供咨询、对研究所日常业务事项和财产进行治理，下设10个常务委员会。

3. 组织财务的同形

美国职业教育校企合作中介组织在财务上同样遵循美国税法的相关要求。例如，AACC要求董事会在每年的年度会议上都要提交财务状况报表，汇报上一年度的财务运作和下一年度的财务计划。除非有年度预算授权，或者特别情况授权，否则任何管理者或委员会不得承担任何财务义务。实现梦想（ATD）则在官网上公布了每年的年度报告，公众可以随意下载并查阅。

二　职业教育校企合作中介组织的模仿性同形

组织面对一系列"不确定"的因素时，会自然而然地模仿所处环境中被广泛认可或者已经取得成功的组织，这使得组织领域中呈现出一种趋于相似的组织形态。美国在19世纪开始了组织革命，1887年成立了第一个高等教育机构协会——美国农业学院和实验站协会（Association of American Agricultural Colleges and Experiment Stations），即土地赠与协会。随后有诸多教育协会涌现出来，如1918年成立的最具包容性的美国教育委员会（American Council on Education）。这些教育机构的协会，一旦获得宪法批准，往往会很强烈地持续下去。它可能会剥离出新的协会，可能与其他协会合并，并且肯定会加入一个联盟。如果组织生存艰难，它可能会更改其名称，修改会员资格的基础，但是它不会解散。

美国学校职业教育的发展明显较晚，1826年美国学园运动（American lyceum movement）通常被认为是美国成人教育的早期形式。1868 年美国成立了第一所旨在提供体力劳动教育的学校，到 20 世纪初期，美国创立了第一所两年制的社区学院，里面有农学院、传统的人文学院、教会学院，大多数是独立的，部分附属于四年制的大学或公立的高级中学。随着初级学院的蓬勃发展，它们就面临着"缺乏制度保护"的问题，[1] 强烈的不安全感使它们不断寻求"庇护"。它们积极向四年制大学靠拢，加入教育协会，例如在大学广泛建立协会的同时，学院也在谋求联合，它们建立了美国学院协会（Association of American Colleges，AAC）。根据宪法，初级学院可以作为"准会员"加入协会，但是少数加入的成员很快就退出了，1926 年宪法也删除了 AAC "准会员"的条款。美国两年制学院在 1920 年成立了美国初级学院协会（Association of American Junior Colleges，AAJC），这是唯一一个专门代表两年制学院的全国性组织，也是美国社区学院协会的前身。

AAJC 在最开始组建时并没有一个非常清晰的定位，人们只是希望职业教育也能够有这样一个组织代表集体发声。它在组织语言、组织治理方面模仿了高等教育协会的组织结构，它的成功也为后续职业教育校企合作中介组织提供了组织"模板"。1950 年美国联邦法案《第 740 号公法》承认现有的和未来的服务于职业院校学生的社会组织是职业教育不可分割的一部分，它确立了职业教育学生组织与教学机构之间的整体关系，是美国联邦教育部首次与职业教育青年组织建立联系，[2] 也表明组织场域中其他组织对职业教育校企合作中介组织的认可。

三 职业教育校企合作中介组织的规范性同形

导致组织发生同形变迁的第三个原因就是规范，尤其是组织专业化进程带来的影响，主要体现为专业研究人员和专业管理者这两大方面。

---

[1] ［美］沃尔特·W. 鲍威尔、保罗·J. 迪马吉奥：《组织分析的新制度主义》，姚伟译，上海人民出版社 2008 年版，第 362 页。

[2] Howard R. D. Gordon and Deanna Schultz, *The History and Growth of Career and Technical Education in America*, Illinois: Waveland press, 2020, p. 273.

例如 ATD 董事会成员有 17 名成员，拥有博士学位的占比 64.7%，其他人员或者曾在某个大学管理层工作，担任校长、副校长、执行董事等职务，或者在其他教育组织或基金会有任职并取得较大成就，或者担任企业顾问等工作，或者有着自主创业的经历，具备一定的专业知识并且管理经验丰富；工作成员有 58 名，拥有博士学位的占比 24.1%，拥有硕士学位的占比 43.1%，大多数拥有本硕学位甚至三个学位，工作经验 10—25 年的占比 32.8%；指导"教练"有 52 人，其中拥有博士学位的占比 71.2%。

这些专业人员在同一个组织中各有所长，但是与其他组织相比，也会显示出"专业同行的相似性"[1]。这样一种专业化的结构发挥着一种示范作用，场域中的其他组织会对其进行复刻。组织争相引进人才，获得重要人物的认可，以此争取到各类奖项评选的仪式性奖励，达到顾问和专家设定的标准，赢得部门或人员在组织外部的声望等。无论是为了提高组织的绩效，还是为了实现外在仪式性的价值，这些专业人员都能帮助组织获得社会认可，使组织在面对公众、政府部门、员工时体现出合法性，提高组织的声誉，继而赢得捐赠、投资等。

第四节 本章小结

总体来看，美国职业教育校企合作中介组织数量庞大，种类繁多，功能多样。它们或者是民间私人自发成立的，或者是从半官方的组织发展起来的，或者接受基金会的资助，或者接受政府的资助，但都是非营利性质的机构，为了公共目的服务。[2] 从外部原因来看，中介组织的参与有着复杂的历史和现实原因。这些组织积极向教育法、税法、国会法案、地方法律靠拢，在联邦法规、公报、州和地方层面教育政策允许的范围内开展活动，争取到规制性合法性。在美国志愿者精神、财富观念的加持下，争取到社会中最为广泛的精神支持和经济支持。此外，它们深深

---

① ［美］沃尔特·W. 鲍威尔、保罗·J. 迪马吉奥：《组织分析的新制度主义》，姚伟译，上海人民出版社 2008 年版，第 76 页。

② ［美］莱斯特·M. 萨拉蒙等：《全球公民社会：非营利部门国际指数》，陈一梅等译，北京大学出版社 2007 年版，第 12—13 页。

扎根于美国的文化基础中，社会自治传统和文化多元主义使它们具备了文化自信，也稳固了利益根基。从内部原因来看，之所以中介组织能够成功参与得益于自身结构的稳定性。在外部强制压力下，组织将其目标、章程、董事会制度、会员制度、财务制度等向法律法规靠拢，奠定了自身合法性的基础。组织在模仿场域中成功组织的同时，大大提高了自身的生存概率。此外，组织受到专业化的压力，不断保持规范性同形，使得组织不断追求卓越。

第 三 章

美国中介组织参与职业教育校企合作的行动策略

　　第二章主要探讨了校企合作中介组织存在的"理性神话"及其对组织结构的影响,其中关于组织场域环境的讨论界定了组织环境的概念。那么,环境如何影响组织的行动机制?这是本章关心的问题,即中介组织是如何在环境的影响下以何种方式作用于职业教育校企合作的。学者们就环境对组织作用机制的影响有几种不同的看法,有学者从组织关注的环境要素进行解释,组织选择或者注意到不同的环境要素,它们采取的行动会有所不同;有学者根据不同的因果机制或影响机制区分出不同的解释;有学者则认为,受环境影响的组织结构层面不同,影响机制也会不同。[1] 斯科特从不同的因果性主张出发,解释了环境对组织行动机制的影响,并总结了组织几大行动策略,对本章内容有很好的指导作用。

第一节　组织结构的环境强制输入

　　一些机构部门或场域中存在某些环境因素,可以将结构形式或者行为做法强加给从属性的组织单位。例如,民族国家借助法律这一手段,可以改变现有的组织形式或者创建新的行政机构。迪马吉奥等人认为这

---

　　[1]　[美] 沃尔特·W. 鲍威尔、保罗·J. 迪马吉奥:《组织分析的新制度主义》,姚伟译,上海人民出版社2008年版,第189页。

种环境影响是一种"强制"① 的影响。斯科特进一步区分了权威（authority）和强制权力（coercive power）两种强制输入的方式，他们认为，权威方式比强制权力输入更易于接受。托尔伯特（Tolbert）和朱克尔（Zucker）对城市公务员制度改革的分析同样印证了这一观点，美国三个州政府最开始从政府内部需求出发启动公务员制度改革，改革使得组织结构迅速扩散，但是后续改革并不受限于城市特征，而是与市政管理的合法结构形式相关，从而使这一制度更具有稳定性。② 这表明，如果一项政策或计划通过法律或者其他形式逐步合法化，组织对该政策或计划的遵从更稳定，随着该措施制度化程度的提高，组织结构变革也更为深刻，从而与组织参与者的行动紧密地结合在一起。但是也有一种制度视角特别强调权威关系：组织，尤其是公共组织，依靠合法性强制的能力。③

一 美国 CTE 相关法案对校企合作中介组织的强制输入

（一）《加强面向 21 世纪的生涯与技术教育法案》（Strengthening Career and Technical Education for the 21st Century Act）

该法案重新授权了 2006 年的《卡尔·帕金斯职业与技术教育法》（Perkins IV），被称为帕金斯 V 号（Perkins V）法案，其目的在于增加就业不足人口的就业机会，更充分地发展职业教育。法案界定了合格中介机构，即非营利实体，与雇主、社区组织、职业院校、社会服务组织等实体建立、连接、维持合作伙伴关系且具有专业知识的组织，其功能包括将雇主和学校联系起来，协助设计并实施生涯与技术教育相关的学习计划，提供专业发展支持，将学生与实习和基于工作的学习机会联系起来，支持个性化的学生支持。根据法案规定，这些非营利组织通过与职

---

① Paul J. DiMaggio and Walter W. Powell, "The Iron Cage Revisited: Institutional Isomorphism and Collective Rationality in Organizational Fields", *American sociological review*, Vol. 48, No. 2, April 1983.

② Pamela S. Tolbert and Lynne G. Zucker, "Institutional Sources of Change in the Formal Structure of Organizations: The Diffusion of Civil Service Reform, 1880 – 1935", *Administrative science quarterly*, Vol. 28, No. 1, March 1983.

③ Wolfgang Streeck and Philippe C. Schmitter, "Community, Market, State-and Associations? The Prospective Contribution of Interest Governance to Social Order", *European sociological review*, Vol. 1, No. 2, September 1985.

业院校、雇主的合作开展生涯与技术教育的活动，有机会争取任何财政年度不少于总可用资金25%的补助金。①

帕金斯法案对获得补助金的合格实体、机构或接收人的资金使用做出了规定，这些资金主要用于开展以下活动。开发与新兴领域劳动力市场需求相匹配的课程或学习计划，与行业合作升级职业教育使用的设备、技术和相关课程，开发新设备和新技术相关的教学材料；创新工作场所学习的方式，包括工作场所模拟、指导、参观、学习情况跟踪、项目学习、带薪实习等，将STEM与职业教育相结合，促进技术的有效利用；开展行业合作，支持职业院校和雇主之间的有效且有意义的合作，为学生提供行业各方面的经验；为职业教育教师、学校领导、行政人员、职业指导人员、学术顾问、专业人员提供资源和培训，以及提供工商界合作进行实地考察等服务；为学生提供全方位综合的支持；提供关于行业公认证书的能力要求、就业信息和收入情况、市场价值等信息；通过网络等及时进行传播，通过技术援助开展培训活动等。

（二）《劳动力创新和机会法案》（Workforce Innovation and Opportunity Act，WIOA）的颁布

时隔16年，美国再次对公共劳动力系统进行立法改革。奥巴马政府在2014年签署了《劳动力创新和机会法案》，旨在帮助美国青年和有就业障碍的人（退伍军人、残疾人、辍学者、高危青年及其他群体）找到一份好工作，并帮助雇主雇用和留住技术工人。WIOA要求各州战略性地调整其核心劳动力发展计划，引入强大的共同系统绩效指标，提高问责和透明度。该计划每年投资100亿美元，每年大约为2000万美国人提供服务，积极推动商业领域、州和地方劳动力发展委员会、工会、社区学院、非营利组织、青年服务组织以及州和地方官员之间的密切合作。法案共有五个部分，分别为劳动力发展活动、成人教育和家庭扫盲、《瓦格纳-佩瑟法案修正案》、1973年康复法案修正案和一般规定。

---

① Senate and House of Representatives of the United States of America. CARL D. PERKINS CAREER AND TECHNICAL EDUCATION ACT OF 2006 AS AMENDED BY THE STRENGTHENING CAREER AND TECHNICAL EDUCATION FOR THE 21ST CENTURY ACT［EB/OL］（2019-07-01）[2022-01-24]. chrome-https：//cte.careertech.org/sites/default/files/PerkinsV_September2018.pdf.

WIOA法案针对劳动力教育和培训主要有以下几项措施。[①] 第一，在全国设立2500个就业中心，协调求职者和企业之间的关系，为两者提供综合服务。第二，开展劳动力市场需求和雇主需求调研，基于工作导向制定教育和培训计划，如开展在职培训和注册学制。第三，通过美国就业中心为青年人，特别是辍学和有风险的青年，提供教育和培训支持。第四，建立行业或部门合作伙伴关系。第五，重视失业保险、失业工人补助金等社会保障问题。第六，更新劳动力市场信息、计划评估等相关数据，推动新公共决策的制定。WIOA法案的颁布为劳动力系统与职业教育系统的合作提供了新机会，很多州制定了WIOA和珀金斯法案的"综合计划"或"统一计划"。例如在劳动力市场信息方面，WIOA要求州和地方成立劳动力发展委员会，提供劳动力技能和需求的市场信息，这为州珀金斯计划以及当地项目开发提供信息，并支持学生的职业咨询活动；WIOA要求当地劳动力委员会与中学及中学后CTE合作开发和实施职业路径，通过合作，地方委员会和CTE可以提供互补的服务；WIOA强调创建和使用以行业为主导的部门合作伙伴关系，以确保劳动力投资活动能满足企业需求，促进雇主有效利用当地劳动力发展系统，CTE领导人可以避免重复并使这项工作往系统化的方向发展；WIOA尤其针对青年人强调工作场所学习是一种有效的教育和培训策略，CTE早就认识到合作教育的工作学习价值。

（三）CTE相关法案指导下校企合作中介组织参与美国职业教育校企合作

除了珀金斯法案和WIOA法案，其他相关的法案也提出对职业院校校企合作活动的支持。例如，2015年通过的《每个学生都成功法案》（Every Student Succeeds Act，ESSA）更新了1965年联邦中小学教育法案，重点是增加州和地方自治权、严格标准和实施以州为中心的问责制，它遵循了珀金斯Ⅳ法案的许多规定和要求，着重体现了对基于工作的学习、教师专业发展的重视，其拨款计划支持职业院校与雇主及其他实体

[①] Employment and Training Administration. Workforce Innovation and Opportunity Act [EB/OL] (2016 - 08 - 19) [2021 - 11 - 20]. https：//www.govinfo.gov/content/pkg/FR - 2016 - 08 - 19/pdf/2016 - 15977.pdf.

建立伙伴关系，以及职业院校学生的职业咨询、指导和探索活动。职业教育中介组织围绕校企合作在求职协助、劳动力准备和职业发展服务方面，为求职者量身定制基于工作的学习策略，以及帮助企业找到需要的技术工人等方面发挥了重要作用。

1. 推进生涯与技术教育（Advance CTE）的资源库

Advance CTE 构建了一个资源中心，其材料包括职业准备战略的案例研究、基于证据的研究报告和信息、协助各州设计和实施职业准备系统的工具和指南，以及政策建议等四个方面。这套精心策划的材料将学生职业指导路径、学生实际工作经验掌握、学校到工作的过渡，以及缩小公平差距作为优先事项，与 WIOA 的要求做法保持高度契合。这些资源主题包括学生准入和公平、职业建议、信息交流、证书和评估、数据和问责制、双录取、学校衔接和转学，以及雇主参与、资金和财务、毕业和完成要求、教师和领导人素质要求、劳动力市场信息、项目质量、系统调整、基于工作的学习。

"雇主参与"主要涉及劳动力投资委员会、行业验证、人才管理和技能差距的问题。例如，《转变技能对话：雇主对生涯与技术教育的态度》指出，在300多人的调查中，雇主强烈支持 CTE 并看到了 CTE 的直接价值，77% 的雇主表示会因为员工接受了 CTE 而雇用他们，92% 的雇主赞成为 CTE 增加公共资金。[①]《促进全州行业合作和参与生涯与技术教育的机会》探讨了通过帕金斯 V 法案系统地让商业和行业领导者支持 CTE 的州战略。《达拉斯虚拟实习工具包》通过提供最佳实践指导，帮助雇主和学校工作人员更轻松地开发课程，从而提升高中生高质量的虚拟实习体验。《现代人才市场招聘》报告了美国当前的招聘形势并分析了最新趋势。

"劳动力市场信息"是与就业和劳动力数据相关的资源，包括就业地点、职业类型、劳动力供给和需求、收入、失业情况等统计数据。例如，《在 COVID-19 时代根据劳动力市场数据调整职业路径的实用指南》提

---

① Aavance CTE. Shifting the Skills Conversation：Employer Attitudes and Outcomes of Career Technical［EB/OL］（2021-10）［2021-11-20］. https：//careertech.org/resource/employer-attitudes-CTE.

供了支持、建立、转变、淘汰职业路径的证据，精简现有的劳动力市场数据，使决策者、当地合作伙伴、教师和学习者更容易使用和获取这些数据。①《从劳动力市场信息到路径设计：中介的基础信息》重点关注学生如何选择职业路径或证书课程，介绍了行业概况、职业晋升阶梯、行业中认可的具有市场价值的证书、反映行业能力需求的课程、有价值的课程学习指导以及基于工作的学习经验获得途径。②《将劳动力市场信息放在合适的人手中》旨在帮助各州传播劳动力市场信息。《培养职业能力：将 O*NET 的职业元素与更深入的学习能力联系起来》借鉴了美国劳工部职业信息网络（O*NET）的信息，以更好地了解深度学习能力在劳动力市场中的价值。

"工作本位学习"是关于职业体验、企业实习、学徒制等相关主题的资源。例如，《提高青年学徒数据质量：挑战与机遇》解决了如何获得高质量青年学徒数据的最紧迫的问题，并描述了州领导人、地方中介、教育和雇主合作伙伴在提高数据质量和使用数据方面可以发挥的作用。《爱荷华州高中学徒制：为有前途的职业开辟道路》是对爱荷华州利用高中学徒计划扩大全州青年学徒制的案例研究。《将课堂与职业联系起来：利用中介扩大工作本位学习》提供了各州如何支持中介机构扩大工作本位学习的指导和示例。《学徒制和社区学院：他们在一起有未来吗》探讨了社区大学如何在增加全国学徒人数方面发挥更积极的作用。《当今美国的青年学徒制：将高中生与学徒制联系起来》探讨了在美国培养高质量青年学徒制的机遇和挑战。

2. 新美国（New America）的学徒制数据共享

新美国设立了教育与劳工中心，致力于恢复教育与经济之间的联系，以应对技术变革带来的挑战，创建了促进青年学徒制的伙伴关系（Partnership to Advance Youth Apprenticeship，PAYA）。新美国联合未来工作、推进

---

① ACTE. Practical Guidance for Aligning Career Pathways to Labor Market Data in the Time of COVID-19 [EB/OL]. (2021-04) [2021-11-20]. https://cte.careertech.org/sites/default/files/files/resources/AdvanceCTE_NewSkills_Brief_LMI_COVID19.pdf.

② Advance CTE. From Labor Market Information to Pathways Design: Foundational Information for Intermediaries [EB/OL]. (2021-01) [2021-11-20]. https://careertech.org/resource/LMI-pathways-design.

生涯与技术教育、全国公平联盟、国家劳动力解决方案基金等八个中介组织在 2018 年共同创建 PAYA，获得安妮·E. 凯西基金会、鲍尔默集团、彭博慈善基金会、纽约卡内基公司等基金会和企业的大力支持，并在 2019 年搭建了 PAYA 全国网络，旨在提高公众对高质量青年学徒制的认识，扩展青年学徒合作伙伴关系，将学生的学习需求与行业人才需求联系起来。

PAYA 青年学徒数据框架是监控计划有效性并帮助计划持续改进的数据系统，所有参与者通过签署协议共享数据信息，数据主要包括合作伙伴、指导路径和参与者三类数据。① 合作伙伴数据主要收集中介组织、雇主、高中、中学后教育提供者以及其他社区伙伴和领导人的信息，包括青年学徒计划的开发、设计和实施，项目成果的满意程度，学徒人口统计数据与非学徒同龄人的比较。指导路径数据为每条职业路径收集入学要求，青年学徒完成该途径需要完成的课程、在职培训和完成的预计时间，学生完成后可以获得的课程学分和证书，雇主的名称、类别和规模，晋升机会等，从而让项目负责人清楚地了解项目结构、产出和结果的变化。参与者数据收集申请和注册学徒计划的学生信息，包括人口统计数据、随着时间推移的工资增长情况、特定职业和行业雇主的招聘模式，每个学徒计划不同部分的进展和完成情况，以及项目完成后就业和教育成果的长期跟踪（具体指标参见表 3-1）。

表 3-1　　　　　　　　　　青年学徒数据框架

一级指标	二级指标		
合作伙伴	组织名称和类型	免费或优惠午餐的 K-12 学生	学生入学总数（按中学后教育机构分类统计）
	参与路径课程和能力发展的团队成员	K-12 特殊人群学生入学情况	特殊人群学生的入学情况（按中学后教育机构分类统计）
	会议数据	四年内毕业的 K-12 合作学校学生的百分比	毕业率/证书合格率（按中学后教育机构分类统计）

---

① New America. Youth Apprenticeship Data Framework [EB/OL] (2021-09-22) [2021-11-21]. https://www.newamerica.org/education-policy/reports/the-partnership-to-advance-youth-apprenticeship-data-framework/.

第三章　美国中介组织参与职业教育校企合作的行动策略　/　161

续表

一级指标	二级指标		
合作伙伴	招生数量、类型和规模	K-12学校中至少完成一门CTE课程的学生人数	中学后教育机构学生/成人至少参加一门CTE课程的人数（按中学后教育机构分类统计）
	利益相关方参与的活动	K-12学校中至少完成两门CTE课程的学生人数	中学后教育机构学生/成人至少获得12学分的学生（按中学后教育机构分类统计）
	伙伴反馈	K-12学生在高中毕业时获得的中学后教育学分	学生在中学毕业时获得行业证书数量（按中学后教育机构分类统计）
	雇主满意度	K-12学生在高中毕业时获得的行业证书数量	学生在中学毕业时所取得的行业认可证书的类型/名称（按中学后教育机构分类统计）
	雇主投资回报计算	K-12学生在高中毕业时获得行业证书的类型/名称	毕业后继续接受中学后教育或培训的学生人数（按中学后教育机构分类统计）
	学徒满意度	参加中学后教育或培训的K-12学生人数	高中毕业后接受兼职或全职工作的学生人数（按中学后教育机构分类统计）
	K-12合作学校总注册人数	高中毕业后接受兼职或全职工作的K-12学生人数	
指导路径	路径名称	最低年级要求	教学方式/地点等信息
	路径持续时间	必要课程要求	教学相关：可转至的其他两年制或四年制院校
	路径对应的证书	最低绩点要求	教学相关：必修或选修课程
	项目是否注册	最低测试分数	企业规模
	进度测量方法	必要认证	雇主类型
	参与路径的雇主数量	CTE的参与程度	雇主：登记的青年人数
	参与路径的雇主姓名	其他必要条件	雇主：平均起薪

续表

一级指标	二级指标		
指导路径	学徒承担的平均经济成本	技术指导总时长	雇主：最高工资
	技术教学相关的经费来源	在职培训时长	雇主：面试数量
	该职业在当地的平均工资	相关说明：课程名称和课程介绍	雇主：录用人数
	最低年龄要求	相关说明：授予学分的机构	
学徒	身份编码	提供就业的雇主姓名	项目完成后在学徒相关领域获得的中学后教育学分
	年级	学生接受学徒职位（如果不符合学生情况，以下指标不用填写）	项目完成后获取的中学后学位证书
	年龄	路径名称	项目完成后获得的行业认可证书
	预计高中毕业时间	招聘雇主的姓名	项目结束后获得的国家或州一级的学徒证书
	学徒课程开始时间	起薪	高中毕业情况
	性别	目前工资	项目完成情况
	种族	学徒承担的经济费用	项目完成后获得的工作面试数量
	特殊人群	每年继续参与的学生数量	毕业后的起薪
	学徒期开始前参加CTE的水平	结束时的工资	项目完成后，在合作的中学后教育机构继续学习
	高中名称	参加学徒培训的课程	项目完成后，在其他中学后教育机构继续学习

续表

一级指标	二级指标		
学徒	在招聘和雇用阶段,获得雇主面试邀请的数量(如果没有,以下指标不用填写)	完成学徒培训的课程	项目完成后在相关领域接收到的就业机会数量
	提供面试机会的雇主姓名	至今已获得的中学后课时数	项目完成后就业的学生信息
	收到的就业机会数量	项目完成后获得中学后教育学分	

框架对每个指标的内涵进行了界定,如"雇主投资回报"这个指标,这些证据包括新员工招聘成本降低,工作留任率提高,实际工作生产率提高,员工敬业度或积极性提高,最初可能无法获得定量数据,但是应提前规划收集;"学徒承担的平均经济成本"包括学杂费、书本费、设备费、交通费、其他用品或活动的费用。同时,框架也列出了各指标需要对照的问责要求,如指标"学徒完成学徒项目后获得的中学后教育学分","项目完成后就业学徒的起薪",就要参照 WIOA 的问责要求。

3. 科罗拉多州生涯智慧（CareerWise Colorado，CWC）

CWC 是一家注册的 501(c)(3) 非营利组织,它借鉴瑞士学徒制模式,探索适合科罗拉多州从中学就开始的青年学徒制,旨在将学生与行业联系起来,满足制造业对技能的需求,同时提供就业、学分和大学支持的服务。其社区合作伙伴包括科罗拉多州先进制造业联盟（Colorado Advanced Manufacturing Alliance）、科罗拉多州教育部（Colorado Department of Education）、科罗拉多州劳动力发展委员会（Colorado Workforce Development Council）等；教育合作伙伴包括奥罗拉社区学院（Community College of Aurora）、科罗拉多社区学院系统（Colorado Community College System）、威斯敏斯特公共学校（Westminster Public Schools）等；资助伙伴包括比尔＆梅琳达·盖茨基金会、科罗拉多州劳动力发展委员会、加里社区投资（Gary Community Investments）等。CWC 青年学徒制主要涉及教育＆培训、业务操作、高级制造、医疗保健、金融服务、房地产管理、信息技术、酒店服务、维修、软件开发等内容。

CWC 的优势在于它能充当学徒制各利益相关方的中介，简化体验流程并保证体验质量。对学生而言，CWC 与学区合作，为符合学区标准的工作场所学习环境搭建框架、招收学生、确保优化学徒工作和学习的时间（参见表 3-2）。同时，CWC 为学生提供职业路径选择、简历制作、面试准备、学徒期指导等一系列完整过程的服务。学徒期满，有的学生在各自领域从事全职工作，有的学生将成为全日制大学生。

表 3-2　　　　　　学生参与青年学徒制的学习时间安排

课程安排	第一学年	第二学年	第三学年
高中 （学术课程）	3 天 每周	2 天 每周	无
企业 （培训）	12—16 小时 每周	20—24 小时 每周	32 小时及以上 每周
附加课程	学徒提升特定职业的技能，并获得行业相关认证		雇主和学徒认可的中学后教育课程

对于雇主而言，CWC 在招聘和人力资源支持、路径发展、培训中心建立、培训计划制定、与教育机构建立关系五个方面提供服务。[1] 招聘和人力资源支持为企业提供一站式学徒招聘服务，与 K-12 学区合作拓展准备、申请和进入学徒制的生源，提供包括入职、薪资、风险管理等在内的人力资源支持。路径发展旨在梳理企业内部职业发展路径并将其与能力和培训目标联系起来。建立培训中心为学生提供学徒制开始前的准备工作，提供特定路径的培训，并解决交通、运输、日程安排、计划结构等后勤问题。培训计划制定与行业协会或附属业务合作伙伴合作，为每条职业路径确定其所需的职业能力、制定评估和培训计划，为企业指导教师和主管提供培训建议并开发培训进度监控工具，使培训与相关行业认证保持一致，确保学徒获得国家认可的证书。与教育机构对接是帮

---

[1]　CWC. How Does Career Wise Support its Employer Partners? [EB/OL] [2021-11-29]. https：//www.careerwisecolorado.org/en/business/our-services/.

助企业与 K-12 学校保持联系，为学生提供足够的职业探索机会，同时与中学后教育机构签订协议，让学生在学徒期间或学徒结束后获得大学学分，从而有机会开始大学生涯。其整体运作机制参见图 3-1。

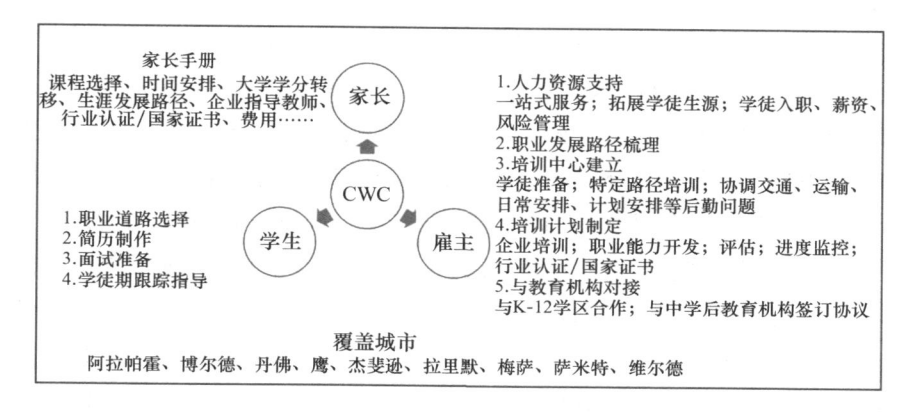

```
家长手册
课程选择、时间安排、大学学分转          1.人力资源支持
移、生涯发展路径、企业指导教师、        一站式服务；拓展学徒生源；学徒入职、薪资、
行业认证/国家证书、费用……            风险管理
                    家长              2.职业发展路径梳理
                                     3.培训中心建立
                    ↑                学徒准备；特定路径培训；协调交通、运输、
                   CWC               日常安排；计划安排等后勤问题
1.职业道路选择       ↙  ↘              4.培训计划制定
2.简历制作         学生   雇主         企业培训；职业能力开发；评估；进度监控；
3.面试准备                           行业认证/国家证书
4.学徒期跟踪指导                      5.与教育机构对接
                                     与K-12学区合作；与中学后教育机构签订协议
覆盖城市
阿拉帕霍、博尔德、丹佛、鹰、杰斐逊、拉里默、梅萨、萨米特、维尔德
```

图 3-1　CWC 在青年学徒制中的运作机制

4. 加州社区学院基金会的企业实习计划

加州社区学院系统是美国最大的高等教育系统，加州社区学院基金会是支持加州社区学院系统的全州性的非营利组织。基金会在教育公平（为传统上代表性不足的群体提供专门支持，包括移民、寄养青年和退伍军人）、劳动力发展（为学生提供带薪实习的机会）、学生成功（提高社区学院学生完成率，缩小成绩差距）、社区影响（为社区不同资源建立联系，为全州低收入和弱势社区提供服务）等方面开展了诸多项目，如"寄养青年支持服务""阅读障碍联系""加州学徒计划""指导路径""弱势社区外展服务""企业圆桌会议""加州社区学院奖学金"。尤其在劳动力发展中对学生实习的关注，取得了一定经验。

加州社区学院基金会和非营利教育组织"链接学习联盟"（Linked Learning Alliance）在摩根大通 120 万美元赠款的资助下，共同开发了起飞路径（LaunchPath, LP）实习工具。LP 是一种在线工具，基于综合数据系统将雇主与学生联系起来安排实习和工作，可以节省时间、降低风险、简化合作伙伴关系并加速人才招聘的过程。

首先，雇主在 LP 上创建档案，记录需要实习的岗位以及实习开展的

方式。基金会基于"职业催化剂"中的数据，为 LP 提供雇主后台服务，涵盖了雇主十多年来人力资源和行政任务的相关信息。其次，通过数字徽章记录学生的学习成绩和技能水平。数字徽章有四类，分别为 21 世纪技能徽章，由基金会和新工作世界（New World of Work）共同倡议的 21 世纪职业素养，包括适应性、分析思维、合作、交流沟通、创业、共情能力、自我意识、社会/多样性意识等；课程徽章，学校为每条指导路径设置了独特的路径徽章；校徽，显示学生就读的高中或社区学院；成就徽章，学生和雇主共同完成实习任务后可以获得。[①] 发行者将徽章的技能要求、标准、认证单位等作为元数据导入到摩斯拉开放徽章（Mozilla Open Badges）框架中（由麦克阿瑟基金会资助），学习者获得徽章可以汇总到徽章背包，并同步显示在自己的简历、网站、社交网络个人资料、工作网站上，雇主、学校教师可以通过数字徽章的可验证途径获得学生的学习证据（见图 3-2）。最后，利用"推荐系统"算法进行匹配，简化了将合适的学生与合适的雇主匹配的过程。教育管理者可以轻松管理学生与雇主之间的联系，学生可以高质量地参加实习、工作影子，进行工作场所参观，雇主也能根据企业需求灵活选择有意向的学生，提高留任率（见图 3-3）。

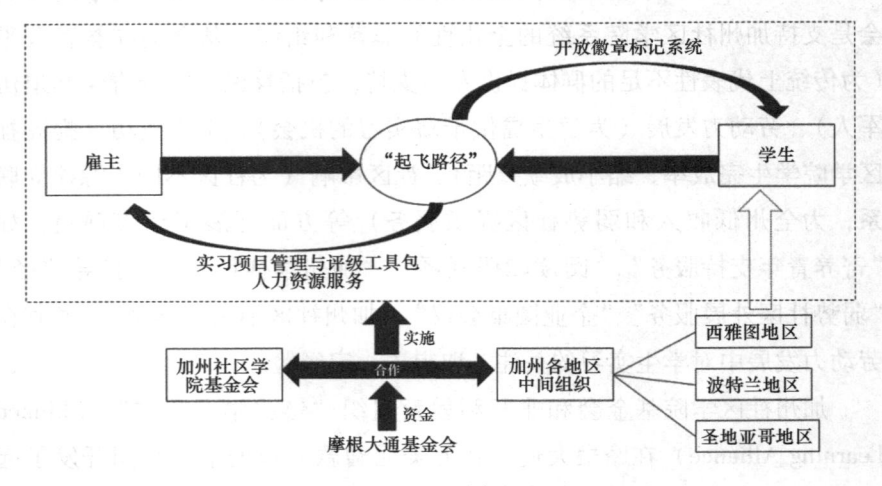

图 3-2　起飞路径的运作

---

① LaunchPath. WHY BADGES MATTER [EB/OL] [2021-11-22]. https://launchpath.com/Badging/tabid/353/Default.aspx.

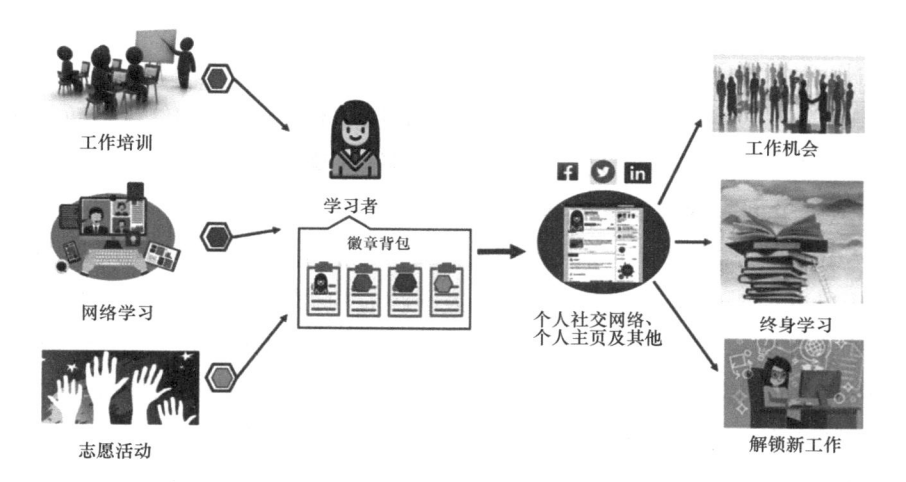

图3-3 开放徽章的运作

二 美国循证决策法案对校企合作中介组织的强制输入

(一) 循证决策出现的背景

对个人和组织绩效的衡量和系统管理可以追溯到19世纪初，到20世纪50年代，资本主义工业化世界的大多数大型私营企业都采用这种管理技术。与此同时，美国联邦政府推出多项举措，通过新的预算机制、员工激励和绩效措施改善公共规划和预算。克林顿总统签署了《1993年政府绩效和结果法案》(Government Performance and Result Act of 1993, GPRA 1993)，规定在联邦政府中实施战略规划和绩效衡量。[1] 布什政府期间更是努力加强以结果为导向的公共政策和预算。2003年，美国管理和预算办公室 (Office of Management and Budgets, OMB) 利用项目评估评级工具评估一千多个联邦项目实现其既定目标的程度。2011年，奥巴马政府则以《GPRA现代化法案》(GPRA Modernization Act) 取代了计划评估评级工具，更加强调通过实际绩效信息来确定资源使用的优先级。[2]

---

[1] Office of Management and Budgets. Government Performance Results Act of 1993 [EB/OL] [2021-11-14]. https://obamawhitehouse.archives.gov/omb/mgmt-gpra/gplaw2m.

[2] One Hundred Eleventh Congress of the United States of America. GPRA Modernization Act [EB/OL] [2021-11-14]. https://www.govinfo.gov/content/pkg/BILLS-111hr2142enr/pdf/BILLS-111hr2142enr.pdf.

OMB 发布的《更加注重项目评估》（2009）、《评估项目的效力和成本效益计划》（2010）、《在 2014 年的预算中使用证据和评估》（2012）、《证据和创新议程中的后续步骤》（2013）、《为统计目的提供和使用行政数据的指南》等一系列循证政策，构成了美国循证政策基本框架。

（二）循证决策法案的确定

2016 年，美国通过了《循证决策委员会法案》（Evidence-Based Policymaking Commission Act）。自此，美国政府的循证决策进入到"提高证据产出和使用能力"[1]的阶段。该法案规定成立循证决策委员会，共有 15 名成员，要求具备经济、统计、项目评估、数据安全、数据保密或数据库管理等方面的专业知识，负责将调查数据与行政管理相结合，使数据促进实施项目的研究、评估、分析和持续改进，同时保护隐私和机密；为数据基础设施、数据库安全和统计协议的修改提供建议；将合理且严格的评估标准纳入项目设计；考虑是否应为政府调查和行政数据创建联邦交流中心。[2]

2019 年，美国联邦政府签署了《2018 年循证决策基础法案》（Foundations for Evidence-Based Policymaking Act of 2018），主要包括三个方面的内容。第一，联邦证据建设活动。要求各统计机构指定一名高级雇员作为评估官员来协调证据构建活动，一名具有统计专业知识的人提供技术和程序支持，并且每年向 OMB 和国会提交系统计划，包括该机构计划收集、使用或获取的数据，支持决策分析的证据，以及应对决策挑战的证据等；第二，政府数据公开活动。要求各统计机构指定一名首席数据官，制定并定期维护全面的数据清单，OMB 设立首席数据官委员会，建立政府使用、保护、传播和生成数据的最佳实践，促进机构之间的数据共享；第三，机密信息保护和统计有效性的问题。要求各统计机构和单位遵循可信、准确、客观的原则统计数据，做好信息提供者的保密工作，并及

---

[1] 杨开峰、魏夏楠：《政府循证决策：美国联邦政府的实践及启示》，《经济社会体制比较》2021 年第 3 期。

[2] Congress. gov. H. R. 1831 – Evidence-Based Policymaking Commission Act of 2016 ［EB/OL］（2015 – 04 – 16）［2021 – 11 – 13］. https：//www.congress.gov/bill/114th-congress/house-bill/1831.

时发布相关统计信息。①

美国循证决策并不是一个短暂的计划，而是一个有法律效力的长久的实施计划，包括四个实施阶段（见图3-4）。② 第一阶段要求各机构与利益相关者协商确定证据建设的优先事项，指定首席数据官、评估干事和统计员的职位，设立机构数据治理委员会、首席数据官委员会、评价干事理事会、国际统计政策理事会，制定机构评估、年度评估、能力评估等活动规划。第二阶段要求数据是默认公开的，制定综合数据清册和联邦数据目录，并建立工具库和最佳案例库。第三阶段要求各组织、机构、单位等向统计单位提供机构数据资产，通过统计单位扩大用户对数据资产的安全访问，承认新的统计单位，标准化数据资产访问的应用程序，并制定统计单位职责。第四阶段要求获取项目评估标准的数据，整理最佳案例，提升项目评估技巧和能力。此外，需要持续开展的活动包括确定预算周期、制定信息资源管理计划、绩效计划、战略计划和联邦数据战略年度行动计划，编写两年期报告、统计方案年度报告，制定管制规划，以及信息收集审查。

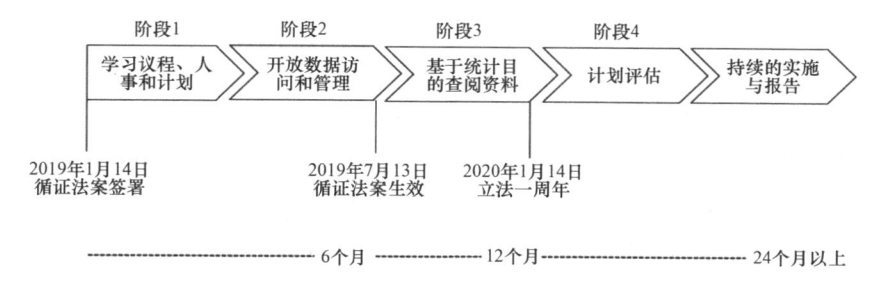

图3-4　《2018年循证决策基础法案》各实施阶段

---

① Congress. Gov. H. R. 4174 - Foundations for Evidence-Based Policymaking Act of 2018 [EB/OL] (2017-10-31) [2021-11-14]. https://www.congress.gov/bill/115th-congress/house-bill/4174.

② Federal CDO council. Phase 1 Implementation of the Foundations for Evidence-Based Policymaking Act of 2018 [EB/OL] (2019-07-10) [2021-11-14]. https://www.whitehouse.gov/wp-content/uploads/2019/07/M-19-23.pdf.

(三) 循证决策下校企合作中介组织基于证据的研究

在过去 20 年间，联邦政府对教育和其他社会项目中循证决策的兴趣与日俱增，教育政策领域也逐渐转向以证据为基础的研究。2015 年《每一个学生成功法案》要求各州根据研究证据开展学校改革活动，鼓励教育机构和学区在其实践的广泛领域开展基于证据的研究，这甚至被其他教育法当作范本。如 2018 年《加强 21 世纪的生涯与技术教育法》(Strengthening Career and Technical Education for the 21st Century Act) 中就提到，"教育部要向一个或多个高等教育机构、一个或多个私人非营利组织、一个或多个机构的财团提供竞争性赠款，赠款用于'以证据为基础的研究和评估……研究和评估该法案更改带来的影响，包括对某些信息的各州比较；循证研究和分析，提供有关 CTE 教育和学习计划以及学生学习成绩的纵向信息；支持高质量实施 CTE 计划、CTE 相关学习计划和学生成绩的创新方法的实施、评估和循证研究'"。[①] 尽管有学者反思了循证决策在教育领域推行的难度，并对研究结果的应用持怀疑态度，[②] 但是这并不能阻挡各校企合作中介组织追随这股循证的热度，拜登政府为中学后教育循证战略提供的 620 亿美元更是大大提高了循证改革的知名度。

1. 实现梦想基于证据的研究

实现梦想是支持循证制度改革的全国性组织，领导着高等教育历史上最全面的非政府改革运动。2013 年，为满足机构对数据的高需求，实现梦想开启了"数据大使"计划，旨在让社区学院的教职员工、管理人员等使用学生成果数据做出合理决策。2014 年，实现梦想数据服务总监介绍了组织培养证据和调查文化的培养方式，利用证据改进方案和服务是部门工作的五大原则之一。他提出，"证据文化"不仅仅是技术水平的提高，而且是一种通过数据分析做出决策的策略，是一种深思熟虑的结果，[③] 并提出一套

---

① Congress. Gov. H. R. 2353 – Strengthening Career and Technical Education for the 21st Century Act [EB/OL] (2017 – 05 – 04) [2021 – 11 – 14]. https：//www.congress.gov/bill/115th-congress/house-bill/2353.

② Eloise Pasachoff, "Two Cheers for Evidence：Law, Research, and Values in Education Policymaking and Beyond", *Columbia Law Review*, Vol. 117, No. 7, November 2017.

③ Achieving the Dream. Cultivating a Culture of Evidence & Inquiry [EB/OL] (2014 – 06 – 25) [2021 – 11 – 16]. https：//www.achievingthedream.org/news/13636/cultivating-a-culture-of-evidence-inquiry.

证据改进的评估问卷，包括信息技术的容量、学生成绩调查、制定和评估问题的方案。2015 年，该部门提出，基于证据的研究是构建以学生为中心的文化，所有问题的出发点都围绕"什么对学生的成功最有利"[1] 这个问题，提高数据的质量，发挥其在招聘决策、资源分配、计划制定和优先次序确定方面的影响，并进一步完善了数据和技术能力的提升方式，包括组织和建立数据教练、数据团队、国家学生交流中心、数据洞察网络研讨会等。

为了贯彻循证决策的价值观，实习梦想广泛参与社区学院的战略规划、项目审查、评估计划以及学生认证，旨在通过系统性的制度建设打造"证据文化"。其资源库包括专家指南、案例研究和各类报告等，如《内布拉斯加州印第安社区学院如何加入高等教育数据合作伙伴关系的研究》《先进制造业职业道路资助指南》等。同时，实现梦想是中学后教育数据伙伴关系（Postsecondary Data Partnership）——全国学生信息交换所的组织合作伙伴，可以访问每个新生的相关数据，如入学前教育经验、入学期限，在机构实习或获得证书的情况，跟踪学生的成绩数据，研究实践改革（如指导路径）对学生留校率和毕业率的影响，与其他机构共享数据减轻报告负担等。[2]

2. 未来工作基于证据的研究

在设计、测试和推广方面严格坚持基于证据的解决方案，是未来工作五大核心价值观之一。在具体实践中，组织发布了《在社区学院建立证据文化：来自示范机构的教训》《循证变革辅导》《成人工作教育的背景和支持证据》《关于综合职业道路的新证据》等一系列研究和报告。尤其在《数据和证据收集：战略和挑战》报告中，对中介组织的证据收集和评估进行了梳理，重点介绍了中介组织召集利益相关者、利用学生成绩、雇主和学校满意度，以及其他增值指标衡量其功能效果的方式。

---

① Achieving the Dream. Building a Culture of Evidence and Inquiry [EB/OL]（2014 - 06 - 24）[2021 - 11 - 16]. https：//www. achievingthedream. org/atd-search? search = Cultivating + a + Culture + of + Evidence.

② Achieving the Dream. Postsecondary Data Partnership [EB/OL] [2021 - 11 - 16]. https：//www. achievingthedream. org/resources/initiatives/postsecondary-data-partnership-pdp.

在过去的35年间，未来工作借助高影响力模型设计、技术援助等，在政策分析以及促进教育和经济发展项目中遥遥领先。① 例如，未来工作利用实时劳动力市场信息为计划和政策制定提供依据，提高教育和劳动力系统应对雇主需求变化的能力；与其他机构合作开发支持教育变革的逻辑模型，建立可衡量的目标和绩效指标，并针对个人、机构和系统变革开发数据收集系统；通过文献、政策文本分析，梳理和总结中等教育、中学后教育、成人教育和劳动力发展以及行业发展趋势相关的实践和政策。

3. 腾飞教育集团（Ascendium Education Group）基于证据的研究

腾飞教育集团是一家501(c)(3)非营利组织，是美国活跃的高等教育慈善机构之一，致力于克服中学后教育中的学术、财务和社会障碍。它的投资方式有三种，分别为探索型赠款，旨在创新投资渠道；经验推广型赠款，用于支持独立评估，从而建立证据体系，支持标准实践做法的推广；多渠道融资型赠款，用来支持采用成功的、基于证据的方法，从而实现有意义的教育系统转型。② 其循证战略举措包括：（1）与克雷斯吉基金会和比尔＆梅琳达·盖茨基金会共同资助"美国高等教育规模改革项目"；（2）与比尔＆梅琳达·盖茨基金会共同资助大学创新联盟开展"困难学生学业完成补助金计划"；（3）资助社区学院研究中心开展"指导路径实施计划"；（4）资助阿斯彭研究所开展"社区学院学生转学计划"；（5）资助俄亥俄州提高社区学院转学率、毕业率的"创新加速研究项目"；（6）资助社区学院研究中心等开展"多举措评估学生学习情况"的活动。

在校企合作的项目中，腾飞教育集团的资助也体现了基于证据的导向。例如2017—2019年，腾飞教育集团为阿斯彭研究所提供了36.8万美元的资助，用来支持阿斯彭研究创建一套工具，通过可复制的循证实践和策略来帮助社区大学改善学生的劳动力市场成果，以加强雇主合作。

---

① Job for the Future. Research, Evaluation, and Analytics [EB/OL] [2021-11-16]. https://www.jff.org/what-we-do/impact-stories/research-evaluation-analytics/.

② Ascendium. How we fund [EB/OL] [2021-11-14]. https://www.ascendiumphilanthropy.org/our-grantmaking/how-we-fund/.

2016—2019 年，集团为 MDRC 组织提供了约 41.4 万美元的资助，用来支持 MDRC 评估腾飞教育集团的职业准备实习计划。MDRC 结合对学生和雇主的调查来分析 33 个站点的数据，评估计划对学生学业坚持和实习体验、学院—雇主关系、项目实施—规模拓展—可持续性发展等方面的影响。2018—2022 年，为 CCRC 提供约 191 万美元，用于支持 CCRC 衡量俄亥俄州社区学院职业指导路径改革的效果，并扩大其规模。2021—2023 年，为兰德公司提供约 48.4 万美元，用来支持兰德公司评估可堆叠证书的有效性，以确定低收入背景学习者从中的受益情况。2021—2023 年，为城市研究所提供 99 万美元，评估中学后教育中与劳动力相关的方法，确定那些让低收入背景的学习者在劳动力市场中取得成功的关键因素。

4. MDRC 基于证据的研究

MDRC 的前身是人力示范研究公司（Manpower Demonstration Research Corporation），于 2003 年将 MDRC 作为组织标识，它是由福特基金会和一组联邦机构在 1974 年创立的非营利性组织，现在有 100 多个私人、家庭和企业基金会资助，工作遍及美国、加拿大、英国。组织建立的初衷就是为了建立并应用政策和实践变化的证据，从而帮助经济上处于不利地位的人群。其员工在最新的定性和定量研究方法、数据科学、行为科学、协作设计和项目流程改进方面拥有专业知识，通过与政策制定者、从业者、公共和私人资助者以及其他人合作，将最佳证据应用到他们的政策制定中。在过去二十几年中，MDRC 作为一个受人尊敬的、值得信赖的信息来源建立了良好的声誉，这些声誉在改善 P-12 教育、中学后教育、有风险的青年人教育与培训等方面发挥了有效的干预作用。[①]

组织对低收入人群的关注，使得组织尤其关注社区学院的教育，这为人们摆脱贫困、获得更好的工作提供了重要途径。MDRC 生涯与技术教育中心创建了基于证据的指南，并开发和评估了 CTE 项目在十多个校企合作项目中设计站点并收集数据的情况。这些项目包括科罗拉多州生

---

① MDRC. Issues We Focus On [EB/OL] [2021-12-25]. https://www.mdrc.org/issues-we-focus.

涯智慧（致力于青年学徒计划）、下一代加州合作学院（Next Generation California Partnership Academies，为学生提供基于工作的学习体验）、新奥尔良青年力量（YouthForce NOLA，将高中生与高工资、高需求行业的职业道路联系起来的计划）、新工作世界（New World of Work，与社区学院开展 21 世纪软技能试点，为学生提供基于工作的学习经验）、五大湖生涯预备实习计划（The Great Lakes Career Ready Internship program，为数千名低收入学生提供带薪实习机会）等。MDRC 与这些组织或者项目开展合作，提供项目的形成性反馈，评估研究的可行性及其带来的影响，长时间跟踪项目并衡量项目对教育程度、就业和收入的影响；评估 CTE 项目对改善学生教育成果的前景，探索哪些功能可以帮助学生留在学校，哪些行为可以帮助学校与当地雇主建立关系。[1]

第二节 组织结构的环境授权

如果说环境强制输入是下级单位必须对上级单位的服从，那么环境授权则是下级单位主动或者自愿寻求上级单位的授权、批准或合法化，这种"规范性"[2] 压力可能出现在专业部门和组织中。例如，美国自愿性医疗部门主动获得医院认证联合委员会的认证作为其运营的条件。这些自愿寻求的指标被视为"外部合法性"的象征，表明组织获得"强大的外部集体行为者的认可"[3]。有充分的证据表明，组织获得这样的支持与改善自身生存机会密切相关。通常，组织所处的领域中，存在多种可能的授权来源。组织必须以各种方式改变其组织结构或活动方式，从而获得并维持外部授权者的支持。授权过程在各个领域都会普遍存在，

---

[1] MDRC. MDRC Center for Effective Career and Technical Education [EB/OL] [2021 – 12 – 25]. https://www.mdrc.org/project/mdrc-center-effective-career-and-technical-education#design-site-data-sources.

[2] Paul J. DiMaggio and Walter W. Powell, "The Iron Cage Revisited: Institutional Isomorphism and Collective Rationality in Organizational Fields", *American Sociological Review*, Vol. 48, No. 2, April 1983.

[3] Jitendra V. Singh, David J. Tucker and Robert J. House, "Organizational Legitimacy and the Liability of Newness", *Administrative Science Quarterly*, Vol. 31, No. 2, June 1986.

对于各种类型的组织而言，建立外部联系的相关收益远远大于相关的成本。①

一 CTE 证书认证：国家职业能力测试协会的环境授权

国家职业能力测试协会（National Occupational Competency Testing Institute，NOCTI）是一家私人非营利性的专业协会组织，全美生涯与技术教育领域行业证书和协会认证的主要提供者，拥有 50 多年的发展历史，创建了定制化和标准化的认证解决方案。早在 1966 年，23 个州的代表开会讨论了职业教育领域非学历教师认证的问题，提出要协同国家第三方开发有效和可靠的职业能力考试，这一方案得到了美国教育专员研究局的赠款支持。1969 年，国家职业能力测试协会作为一家永久性组织成立，为各州联盟提供服务。1999 年，NOCTI 出资成立 NOTIC 商业解决方案（NOTIC Business Solutions，NBS）子公司，为行业客户提供专业的职前测试、工作技能评估、事前学习评估和认证，使企业更准确地评估现有雇员和潜在雇员的知识和技能。NOCTI 和 NBS 共同为企业提供证书及相关课程资源。

NOCTI 之所以能够成为证书的颁发机构，是因为它获得了国际证书认证委员会（International Certification Accreditation Council，ICAC）的全面认可。ICAC 根据国际标准为中小型认证项目提供认证服务，第三方组织的认证说明 NOCTI 发行的 CTE 证书遵循 ISO 17024 最佳国际行业实践和标准。② 它与国家大学学分推荐服务（NCCRS）合作获得了国家认可，由经验丰富的行业专家和教授评估 NOCTI 的证书，并将其转化为大学等值学分。它被各州公认为测试开发、定制系统编程、专业开发、证书和数字徽章颁发的专家。③ 目前，NOCTI 提供 128 份证书（含数字徽章），如高级会计、建筑绘图员、高级汽车技术员等；同时提供 3 个能力框架，

---

① W. Richard Scott, "The Adolescence of Institutional Theory", *Administrative science quarterly*, Vol. 32, No. 4, December 1987.

② ICAC. Why Accredit Your Program? [EB/OL] [2021 - 11 - 14]. https：//www.icacnet.org/reasons-for-accreditation/.

③ NOCTI. Certification Program Management [EB/OL] [2021 - 12 - 08]. https：//www.nocti.org/services/certification-program-management/.

健康援助（41 条职业能力）、健康信息学（41 条职业能力）、21 世纪职场成功技能（78 条职业能力）。

  NOCTI 的评估流程包括八个步骤。① （1）制定标准和能力。标准要清楚地概述学生完成课程能做什么事情。NOCTI 邀请行业专家，并基于现有的国家、行业和州标准，确定关键内容，如果这些内容都不存在，NOCTI 会通过工作和任务分析确定职业能力。（2）制定蓝图。蓝图是用来描绘开发过程的路线图，首先由行业专家对关键内容进行评级，确定各部分的重要程度以及测试项目在各条职业能力中的分布。（3）开发项目。中小企业基于蓝图与 NOCTI 协调人合作，选择或者创建用来评估的项目。一些动手操作能力需要绩效评估，就由中小企业负责制定关于学生、评估者和工作设置的说明，提供材料、各类用品和设备清单，以及评估学生工作的综合评分标准。（4）试点管理。为了测试评估的有效性，NOCTI 基于地理位置、种族、性别综合选择代表性人口按照行业指南进行测试，并收集每个测试元素的数据。（5）分析试点结果。NOCTI 要审查每一个试点数据，包括标准的难易程度、所受到的干扰因素、高分和低分之间的区别，用软件测量数据的平均分、最大值、最小值、方差以及可靠性，并将这些数据汇总在报告中用于进一步审查和反馈。（6）确定及格分数线。行业专家根据数据统计情况及工作经验划定评估的及格分数线，用来衡量学生进入这个岗位是否具备了最基本的能力。（7）标准筛选。基于试点管理经验、项目分析、得分要求等一系列内容，将获得认可的条目纳入到资格认证中。（8）最终版本确定。调整综合学术内容，将基于知识的测试转换为文本—语言格式并公布。评估大多由书面和绩效两部分组成。书面部分用来衡量职业的实践知识和理论知识，绩效评估需要个人通过使用职业相关的工具、材料、机器和设备完成工作来展示自己的技能水平。

  为了保持评估的标准，NOCTI 在各方面不断提高自身专业性。（1）受托人董事会。董事会为组织的规划和管理制定政策和指导方针，对组织的整体计划、服务和预算负责，由当前代表 NOCTI 的 11 名客户和 3 名顾

---

① NOCTI. Custom Development ［EB/OL］［2021 - 12 - 08］. https://www.nocti.org/services/custom-development/.

问组成。这些人享有盛誉，加强了 NOCTI 在改善美国劳动力方面的专业性。① （2） NOCTI 建立了广泛的合作伙伴网络。它们共同为学生提供获得证书和数字徽章的机会，包括美国船舶和游艇委员会（ABYC）、美国烹饪联合会（ACF）、国际电子技术员协会®（ETA ® International）等 17 家机构。（3） NOCTI 建立了专业网络。NOCTI 与全国医疗保健协会、国家生涯与技术教育研究中心、国际教育协会等 18 个组织有合作关系，并且是生涯与技术教育协会、国家先进技术中心联盟、全国大学考试协会等 8 个组织的会员。（4）行业专家。NOCTI 聘请企业中某职业领域有三年技术经验的专家和职业院校经验丰富的教师，在 NOCTI 协调员的带领下，评估现有标准和内容，并开发新证书。（5）标准修订。② NOCTI 根据技术和职业的变化以及用户反馈，每两到三年召集专家审查并更新评估标准，要求标准在遵循国家或行业标准的基础上，能够反映出职业所需要的关键核心能力，并得到美国教育研究协会（AERA）、美国心理学会（APA）和国家教育测量委员会（NCME）的认可。除了有效性，NOCTI 利用书面评估和统计软件（SPSS 或项目分析方法）确定评估的可靠性，内部一致性越高，评估越可靠。

二 行业技能认证：制造业工程师协会的环境授权

制造业工程师协会（Society of Manufacturing Engineers，SME）是唯一一家代表制造业各方面成员的专业组织，包括制造业从业者、教育工作者、研究者和学生。SME 有着 87 年的发展历史，最早是美国工具工程师协会（American Society of Tool Engineers），1969 年改成制造工程师协会。这个非营利性的专业协会是制造业的代言人，会员包括社区学院、技术学院、四年制大学及高中的教师和学生、企业雇主、其他机构、与其他组织的互惠会员、专业个人（制造工程师、从业人员、教育工作者和研究人员），旨在为会员建立与行业的联系，解决制造业最紧迫的

---

① NOCTI. A Historical Perspective. [EB/OL] [2021 - 12 - 08]. https：//www.nocti.org/about/.

② Credential Engine. Complaint Process [EB/OL] (2021 - 11 - 16) [2021 - 12 - 08]. https：//credentialfinder.org/organization/1/NOCTI.

问题。

  SME 的认证计划依据行业标准评估学习者的专业知识和技能水平，主要包括精益认证、技术认证和增材制造认证。技术认证和增材制造认证各有一个监督机构——认证监督和申诉委员会（Certification Oversight & Appeals Committee，COAC），由不少于五名来自工业界和学术界的从业者和专家组成，每年评估所有考试问题是否准确，并对所有上诉请求进行回应。例如，增材制造认证监督和申诉委员会的主席是一名机械工程师，他入选 2015 年 30 岁以下 30 位未来制造领导者，前任主席在增材制造领域有着 25 年的工作经验，会员包括一名爱荷华州东部社区学院的建模和材料制造讲师、一名应用工程师、一名 3D 打印应用工程师，以及一位工业培训经理。① 精益认证由精益认证联盟（Lean Certification Alliance，LCA）监督，LCA 由卓越制造协会（Association for Manufacturing Excellence，AME）、新戈研究所（Shingo Institute）和 SME 这三个非营利伙伴组成，在过去十几年里与 115 名精益生产从业者合作。精益认证计划和联盟得到了催化（Catalysis）（利用教育计划解决当今医疗保健系统缺陷的非营利组织，正在连接精益管理系统）和大波士顿制造合作伙伴（Greater Boston Manufacturing Partnership）（一家提供定制精益和六西格玛培训的非营利性组织）的认可。

  增材制造认证包括基础认证和技术员认证。基础认证侧重对增材制造基本内容、七项增材制造技术和基本安全指南的考核，适用于在汽车、航空航天和医疗设备领域从事相关工作的个人，也是高中生和大学生进入增材制造领域的首选。技术员认证侧重于增材制造的方法论，包括七项增材制造技术、工艺、材料选择、后处理和基本安全指南，针对的是具有副学士学位或者目前在读的学生，以及有一年或多年工作经验的专业人士、工程师、设计师、技术员等。如果高中和大学的课程想要与增材制造认证对接，可以与 SME 的劳动力发展部门进行联系。

---

① SME. Certification Oversight & Appeals Committee [EB/OL] [2021-12-10]. https://www.sme.org/training/certification-resources/certification-oversight-appeals-committee/.

技术认证包括制造助理、技术专家和工程师的认证。① 制造助理是行业的基础认证，侧重于基本制造概念，为刚接触制造业但目前可能没有足够的知识或经验来获得更高级技术认证的个人而设计，包括高中生、无家可归的工人，以及来自非制造业并希望从事装配工、制造助理、生产工人和其他入门级制造职业的个人。技术专家是入门级认证，考生至少拥有四年制造相关的教育、工作经验。制造工程师认证建议至少拥有八年与制造相关的教育、工作经验（其中工作经验至少四年），如持有技术专家认证则时长可缩短到七年。技术专家和工程师认证有效期为三年，考生通过教育和培训积累了36个学分后方可参加再认证。

精益认证包括针对个人、团队和企业/组织提供三个级别的认证，分别为青铜级、白银级、黄金级。青铜级能从战术角度采用精益原则、概念、方法和工具，要求掌握精益专业人员所需的基本知识体系、工作体系、技能要求，考题范围在SME核心参考资料中。白银级是为了证明考生成为高级员工和团队领导后的精益生产能力，考生应具有两年及以上的专业经验，已经成功地将精益思想、流程和技术应用于工作中，并能培养他人的精益行为。考生可以在当地的卓越制造协会寻找企业指导教师，如果是SME的会员可以在SME找到指导教师，如果没有获得青铜级证书，还需要完成160小时的教育和培训。黄金级是对考生在整个企业精益转型各个方面教育和培训的认可，考生要有五年及以上的专业经验，包括监督各种改进团队、在转型过程中领导他人或指导其他领导者，以及在推动精益生产方面的成功经验。考生同样需要在企业中寻找指导教师，如果没有青铜级和白银级证书，需要参加240小时的教育和培训。最为重要的是，考生还需要通过精益认证专家团队、认证监督和申诉委员会的面试。三个级别的认证都是三年有效，在获得60个学分后才能申请再认证，学分包括考生参加与精益相关活动和会议的出勤率；出版书籍或技术论文，申请奖项、进行演讲的证明；参加大学或继续教育课程、雇主安排的培训、虚拟培训、网络研讨会培训等教育活动；参加演讲、

---

① SME. Technical Certification [EB/OL] [2021-12-10]. https://www.sme.org/training/technical-certification/.

委员会活动；参加精益相关的委员会或董事会；前往工作场所参观等。①

三 核心素养认证：教育设计实验室的环境授权

教育设计实验室（Education Design Lab，EDL）是一个非营利性的专业组织，与学习—工作生态系统中的社区学院、大学、基金会和雇主开展实地合作，从学习者的角度重新设计从学校到工作的路径，旨在为学习者构建一个更相关、更易于访问、可移植和可见的教育系统，弥补教育和市场之间的技能差距。它主要提供三项服务：定制设计、发布证书和教学改革。定制设计是要确定学习者和雇主的需求，并在6—12个月内确定设计路线，提出解决方案；证书是EDL的一个特色，它重点支持的是可堆叠的微证书（Micro-credentials）认证；教学改革是深入到教师层面，改变教师的传统教学模式和观念，以学习者为中心进行教学设计。②

EDL与20所大学和60家雇主经过三年的努力共同开发了八种21世纪技能微证书，是未来新兴就业市场中最需要，也是最受雇主重视的通用技能（这里的通用技能主要是指核心素养）。目前，30多个州和地方的1000多家机构和组织以及13000人正在使用这套工具，且全球有40个试点项目。每个微证书代表了21世纪的一项核心技能，每项核心技能又划分出四项核心子能力集（见图3-5），这使得微证书变得独一无二。雇主使用T形（T-Profile）结构描述特定工作21世纪技能及其最佳组合，并用阴影表示技能的重要程度（阴影越重技能越重要），数据库已经收集了不同行业120多个岗位的T形结构（见图3-6）。③ 同时，EDL在2019—2020年资助了五名徽章研究员，每位研究员无偿获得25000美元的资金，带领他们的团队为一个或多个现有徽章增加专业知识，并在教育课程或计划中进行测试和改进。

---

① SME. Recertification [EB/OL] [2021-12-08]. https：//www.sme.org/training/lean-certification/recertification-requirements/.

② EDL. How can we help? [EB/OL] [2021-12-10]. https：//eddesignlab.org/our-services/.

③ EDL. Employer Validation：Working with the T-Profile [EB/OL] [2021-12-12]. https：//eddesignlab.org/microcredentialing/t-profile/.

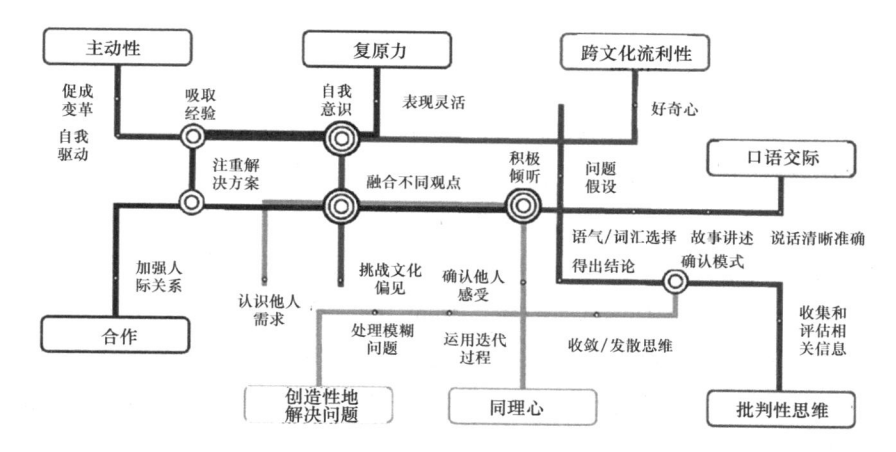

第三章　美国中介组织参与职业教育校企合作的行动策略 / 181

图 3-5　21 世纪技能微证书子能力集合图

资料来源：https://drive.google.com/file/d/1u6GNz11OP_lZVZP-QX6eM1KkSKXJDqer/view。

图 3-6　思科系统（Cisco System）网络工程师的 T 形结构图（由雇主提供）

资料来源：chrome-extension://bocbaocobfecmglnmeaeppambideimao/pdf/viewer.html?file=https%3A%2F%2Feddesignlab.org%2Fwp-content%2Fuploads%2F2020%2F07%2FEducation Design-Lab_TeeUptheSkillsYearOneSummary_Final.pdf。

使用者可以通过 VSBL 平台使用数据库的资料，这是一种交互的在线模块，学习者将他们所学内容应用到现实世界，通过一系列基于表现的模拟和活动来评估他们的技能。首先，使用者从 21 世纪技能四种特定子技能中选择自己所需要的。其次，通过网站购买评估，每份子能力评估需要 50 美元。再次，根据评估内容设计学习内容（见表 3–3）。[①] 最后，使用者需要购买一个能够实际交付和管理微证书的平台，例如 Accredible、Badgr Bredly、Openbages.me、Digit.ink、Convergence.tech、Anthology/Milestone。学习者完成每个技能的四项核心子能力的评估，可以获得一枚数字徽章（证书展示见图 3–7），点击徽章图标和超链接能够追溯徽章的详细信息。

表 3–3　　　　　　　　　　　微证书绘制

微证书在教学中的应用（体例）

微证书绘制	技能：
学习	
实践	
发表意见	
评估	需购买教育设计实验室的评估
反馈	

微证书在教学中的应用（范例）

微证书绘制	技能：创造力——应用迭代过程的能力
学习	文章：学习设计思维 https://www.canva.com/learn/design-thinking/ 文章：掌握设计思维和迭代的四个关键 https://www.bdcnetwork.com/blog/4-keys-mastering-design-thinking-and-iteration-process 视频：设计中的迭代行动 https://www.youtube.com/watch?v=Rnsk5lA52ps 视频：奥斯汀的蝴蝶 https://www.youtube.com/watch?v=E_6PskE3zfQ
实践	活动：摆脱困境 https://dschool.stanford.edu/resources/getting-unstuck 活动：完美的椅子 https://docs.google.com/file/d/0BydB2W-8hIsuQXpIX3YzNkR6Wlk/edit

---

[①] EDL. Micro-Credential Mapping [EB/OL] [2021-12-12]. https://drive.google.com/file/d/1zQZyj3_PvuiNRlupJJLu_XvPDuWm3N32/view.

续表

发表意见	讨论： ● 在整个迭代过程中保留多个工作草稿是否有价值？为什么？ ● 什么时候迭代最重要？什么时候可能没有必要？
评估	获得徽章的人能够： ● 系统地测试想法 ● 克服个人偏见 ● 找到更多潜在的解决方案
反馈	（1）你从这个模块中学到了什么？ （2）你打算如何将所学内容应用到学校、工作及个人生活？ （3）迭代如何影响你的工作成果？

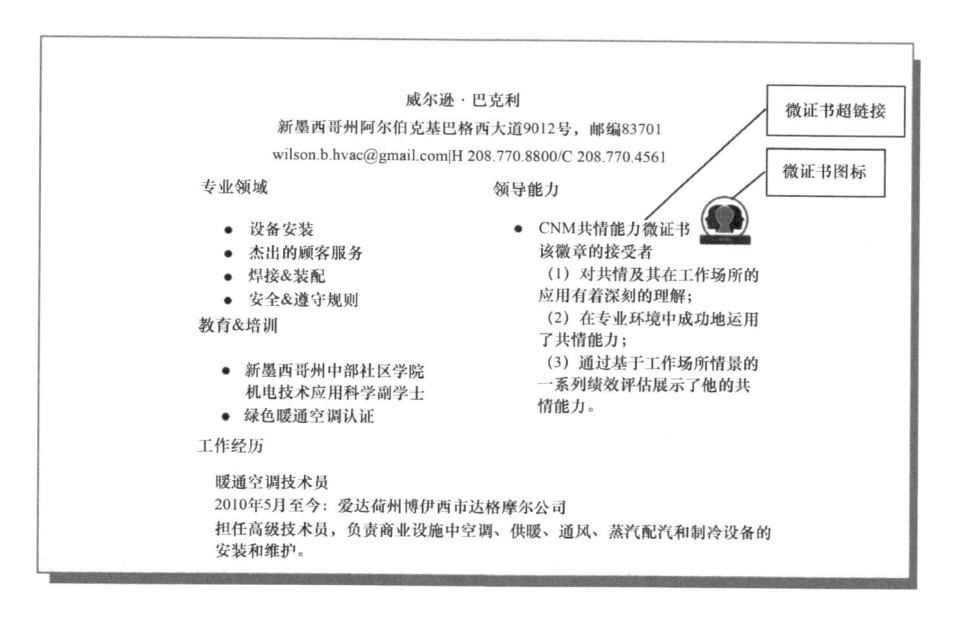

威尔逊·巴克利
新墨西哥州阿尔伯克基巴格西大道9012号，邮编83701
wilson.b.hvac@gmail.com|H 208.770.8800/C 208.770.4561

专业领域
● 设备安装
● 杰出的顾客服务
● 焊接&装配
● 安全&遵守规则

教育&培训
● 新墨西哥州中部社区学院机电技术应用科学副学士
● 绿色暖通空调认证

工作经历
暖通空调技术员
2010年5月至今：爱达荷州博伊西市达格摩尔公司
担任高级技术员，负责商业设施中空调、供暖、通风、蒸汽配汽和制冷设备的安装和维护。

领导能力
● CNM共情能力微证书
该徽章的接受者
（1）对共情及其在工作场所的应用有着深刻的理解；
（2）在专业环境中成功地运用了共情能力；
（3）通过基于工作场所情景的一系列绩效评估展示了他的共情能力。

微证书超链接
微证书图标

图3-7 个人简历中的微证书

微证书在实际使用中应用比较广泛。教师可以选择将某技能的子技能集嵌入自己的课程，如有的教师将口语交际的微证书嵌入商学院课程，教师重新进行教学设计，并让学生清楚地知道自己整个学期都要学习这些技能。雇主与当地社区学院合作，将微证书嵌入到先进制造证书计划的现有课程，并结合"复原性、合作和创造性解决问题"三个微证书提供了在线授课计划。缅因州大学系统将 21 世纪技能框架作为其二级徽章的一部分；明尼苏达州系统 IT 卓越中心将微证书整合到当地四个校区所有 IT 学习者的课程中，提高学员的 21 世纪核心素养。[1]

第三节　组织结构的环境诱致

然而，许多组织场域中并没有拥有权力或权威的授权者，或者强制输入者，组织无法将自己的结构界定强加给地方组织形式。在这种情况下，它们可能会为符合其意愿的组织提供强有力的诱因，诱惑其他组织开展符合自己要求的行动。比如美国联邦政府这种相对弱小的中央政府，它没有权力将自己的计划强加给下属单位，但是美国政府能够控制教育、医疗等特定社会部门的资金流。通过控制资金的流向为那些愿意满足联邦条件的组织提供激励，但是联邦政府无法决定项目的要素，这些项目仍然处于地方政府官员或各种专门机构的控制下。通常，接受资助的机构必须提供关于符合程序要求的详细证据，以定期报告的形式汇报工作各环节的进展情况。

一　校企合作中介组织接受政府部门的诱惑性投资

通常，联邦政府资助项目主要影响体现在教育系统的中观层面，即对州教育机构和学区办公室产生影响，虽然这些项目是为了影响学校教师的行为，但是直接影响并不会作用于学校层面的水平。[2] 迪马吉奥对国家艺术基金会接受联邦资金的研究同样表明，诱导策略并不是直接作用于美术博物馆的，而是对各州艺术委员会的存在产生更大的影响，印证了诱致性策略对组织结构中间层发生变化的巨大影响。[3]

---

[1] EDL. The Lab's 21st Century Skills Micro-credentials：Use Cases [EB/OL] [2021-12-12]. https://eddesignlab.org/microcredentialing/microcredentials/use-cases/.

[2] John Meyer, W. Richard Scott and David Strang, "Centralization, Fragmentation, and School District Complexity", *Administrative Science Quarterly*, Vol. 32, No. 2, June 1987.

[3] Paul J. Dimaggio, "Can Culture Survive the Marketplace?", *Journal of Arts Management and Law*, Vol. 13, Issue 1, April 1983.

(一) 爱荷华州工作本位学习的中介网络 (IOWA Work-based Learning Intermediary Network) 项目概述

爱荷华州工作本位学习的中介网络 (简称爱荷华州中介网络) 成立于2013年，是该州财政部专门支持的一个全州性的中介网络。其指导委员会由劳动力发展部、经济发展局、社区学院、经认证的私立机构、学徒赞助商、地区教育机构、学区代表、州议会下属机构等构成，负责全州15个区域中介网络的总体规划，各区域分别设有一个咨询委员会。自2014年开始，中介网络每年获得150万美元拨款，其中145万美元平均分配给爱荷华州的15所社区学院，其余5万美元通过爱荷华州中介技术援助中心 (Iowa Intermediary Technical Assistance Center) 用于支持中介网络。

中介网络成立的目的是连接商业和教育系统，并向学生和教师提供基于工作的学习活动，包括帮助学生进行教育和职业决策，为雇主与当地青年、教育系统以及整个社区提供沟通和协调，为教育工作者和雇主提供一站式的信息联系点，如实习、学徒机会、STEM信息等，推动职业证书的开发等。[1] 每个区域的中介网络都与当地社区学院有着密切联系，是该区域生涯与技术教育规划伙伴关系的成员，支持职业教育的工作学习计划，并基于行业需求，为区域和社区学院提供服务。参与学校和中介网络分别如下 (见表3-4)。[2]

表3-4　　　爱荷华州工作本位学习的中介网络

序号	社区学院	地区中介网络名称
1	爱荷华东北社区学院 (Northeast Iowa Community College)	爱荷华州东北职业学习链接 (Northeast Iowa Career Learning Link)
2	北爱荷华州区社区学院 (North Iowa Area Community College)	NIACC职业连接 (NIACC Career Connections)

---

[1] The Iowa Legislature. Iowa Code - 2021 [EB/OL] [2021-11-11]. https://www.legis.iowa.gov/law/iowaCode/sections? codeChapter=256&year=2021.

[2] Iowa Intermediary Network. WORK-BASED LEARNING [EB/OL] [2021-11-11]. https://www.iowain.org/work-basedlearning.

续表

序号	社区学院	地区中介网络名称
3	爱荷华湖社区学院 (Iowa Lakes Community College)	连接@爱荷华湖 (Connect @ Iowa Lakes)
4	北爱荷华社区学院 (Northwest Iowa Community College)	NCC工作场所学习连接 (NCC Workplace Learning Connection)
5	爱荷华中央社区学院 (Iowa Central Community College)	职业连接 (Career Connections)
6	爱荷华山谷社区学院区 (Iowa Valley Community College District)	爱荷华河谷中介计划 (Iowa Valley Intermediary Program)
7	鹰眼社区学院 (Hawkeye Community College)	雪松谷职业联系 (Cedar Valley Career Connections)
8	东爱荷华社区学院 (Eastern Iowa Community Colleges)	人才链接 (The Talent Link)
9	科克伍德社区学院 (Kirkwood Community College)	工作场所学习连接 (Work Place Learning Connection)
10	得梅因地区社区学院 (Des Moines Area Community College)	职业探索网络 (Career Discover Network)
11	西爱荷华社区学院 (Western Iowa Tech Community College)	西部爱荷华科技中介网络 (Western Iowa Tech Intermediary Network)
12	爱荷华西部社区学院 (Iowa Western Community College)	西南爱荷华工作场所连接 (Southwest Iowa Workplace Connection)
13	西南社区学院 (Southwestern Community College)	工作场所学习网络 (Workplace Learning Network)
14	印第安小山社区学院 (Indian Hills Community College)	建立联系！ (Get Connected!)
15	东南社区学院 (Southeastern Community College)	链接 (The Link)

（二）服务提供

中介网络提供的核心服务是为学生提供工作本位学习的职业探索机会，让学生有机会了解不同的职业或对特定职业有更深入的了解。中介还与学区合作，以确保学区人员能够跟踪学生的个人职业和学术计划发展情况。具体来看，其核心服务主要包括工作影子（Job Shadows）、企业参观（Student worksite tours）和学生实习（Internships）。除此之外，还有地区服务（Regional Services）、教师服务（Educator Services）等其他服务。

1. 工作影子

工作影子是专门为行业专家和学生之间进行一对一互动设计的，这些互动让学生有机会直接从企业专家那里了解职业。为了最大限度地减少对企业工作流程的干扰，同时也为学生提供优质的工作影子机会，中介网络与学区伙伴合作，提前了解学生的职业兴趣和先前的学习经验，与行业合作伙伴保持专业沟通，确保工作影子中企业专家与学生相匹配，提高职业体验质量。

2. 企业参观

学生去工作现场参观是为了更充分地体验特定的工作环境，这是行业合作伙伴和学生之间很有价值的互动机会。中介网络会根据学生对职业领域的兴趣带领学生参观现场的各种设施，并与现场专业人士互动，帮助学生进行职业生涯探索。同时，学校辅导员还会结合本次参观与学生谈话，两者相辅相成，提高体验质量。

3. 学生实习

中介网络的一个重要职能就是收集行业合作伙伴提供的职业信息，将这些信息提供给各区负责工作本位学习的协调员，协调员继而将学生实习与工作机会进行匹配，为学生提供实习准备，并监督学生的实习质量。在北爱荷华社区学院-NCC工作场所学习连接的合作中，有一位学校老师表示，"艾莉·穆尔（Allie Mouw）（中介网络人员）在为我们的学生安排工作经验课程、指导职业路径方面提供了很大帮助。当我不确定我们社区有哪些选择时，她帮助我安置学生"。[1]

4. 地区服务

各区的中介网络还要负责满足本地区额外的、特别的需求，其行动开展取决于学区职业教育的目标和要求。一方面，它们要与学生、教育

---

[1] State of Iowa Department of Education. IOWA Work-based Learning Intermediary Network Fiscal Year 2020 [EB/OL] [2021-11-11]. https://abbc0706-0ecf-41a0-bab8-14accf7f34df.filesusr.com/ugd/be050a_0a4f52e196e646a5a8397ec7abcbf280.pdf.

工作者、辅导员和管理人员共同开发高质量的职业发展计划，以满足学区职业院校开展职业探索的需求；另一方面，它们要与行业合作伙伴共同制定支持职业学习的地区性计划。在了解教育合作伙伴活动目的的基础上匹配行业合作伙伴，从而产生高质量的合作。具体来说，地区服务包括邀请行业专家进课堂、召开地区招聘会、举行金融知识博览会、模拟面试等，其他还有职业面板、STEM 节日、八年级职业日、虚拟工作影子、秋季探险、夏令营、汽车博览会等各种各样的活动。在东爱荷华社区学院—人才连接的合作中，贝登多夫高中（Bettendorf High School, BHS）的职业指导师表示："初级职业博览会对 BHS 的学生而言，是一次大开眼界的活动。中介网络与社区学院建立的联系对于确保我们的学生直接了解他们正在考虑的职业至关重要。我毫不怀疑，如果没有中介网络的支持，这次活动不会如此成功"。①

5. 教师服务

中介网络也为教师培训提供服务，让教师通过行业参观、专业发展培训、企业实习、招聘会等各种机会与企业建立联系，确保课程教学内容符合最新的行业标准，并将课堂内容与企业实际相结合。中介网络在了解教师企业实习兴趣之后，在地区寻找有意向的行业合作伙伴，从而开启一周或数周的教师实习，一些实习还能为教师提供津贴补助。而教师职业博览会主要为教师提供短时间内与多个行业合作伙伴交流互动的机会，教师可以提出问题，企业专家会进行现场解答。在爱荷华西部社区学院—西南爱荷华工作场所连接的合作中，某学区的课程顾问表示："中介网络计划愿意与我们合作，定制适合我们需要的活动，是非常宝贵的计划。我们的学生和教师已经使用了他们提供的诸多服务，包括制造日活动的计划与实施、教师的专业发展培训等，他们是爱荷华州西南部地区真正的教育合作伙伴"。②

---

① State of Iowa Department of Education. IOWA Work-based Learning Intermediary Network Fiscal Year 2020 [EB/OL] [2021-11-11]. https：//abbc0706-0ecf-41a0-bab8-14accf7f34df. file-susr. com/ugd/be050a_0a4f52e196e646a5a8397ec7abcbf280. pdf.

② State of Iowa Department of Education. IOWA Work-based Learning Intermediary Network Fiscal Year 2020 [EB/OL] [2021-11-11]. https：//abbc0706-0ecf-41a0-bab8-14accf7f34df. file-susr. com/ugd/be050a_0a4f52e196e646a5a8397ec7abcbf280. pdf.

（三）项目成果

中介网络自2013年成立以来，积极支持行业和教育合作伙伴之间的合作。它们为学区提供学生个性化的职业和学术计划指导，与STEM中心、地区教育机构、区域规划伙伴关系成员、爱荷华州经济发展部、爱荷华州劳动力发展部和当地商会合作，积极扩大并改善学生和教师参与接触企业的机会。中介网络参与职业院校校企合作的情况可见图3-8。

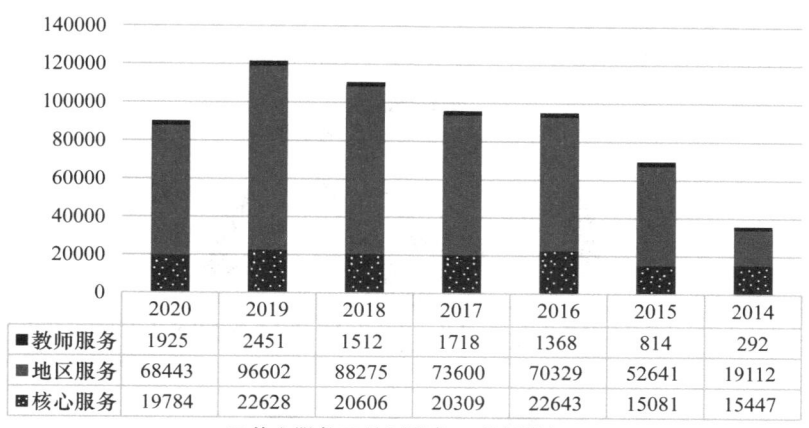

	2020	2019	2018	2017	2016	2015	2014
教师服务	1925	2451	1512	1718	1368	814	292
地区服务	68443	96602	88275	73600	70329	52641	19112
核心服务	19784	22628	20606	20309	22643	15081	15447

图3-8　爱荷华州工作本位学习中介网络2014—2020年参与职业院校校企合作的情况

资料来源：根据爱荷华州2018—2020年中介网络年度报告数据整理，https://educateiowa.gov/documents/meeting-documents/2021/05/2019-01-15-work-based-learning-intermediary-network-report。

二　校企合作中介组织接受慈善组织的诱惑性投资

基金会长期以来一直支持艺术、教育和社会事业的发展，它本身是一种中介机构，但同时也为创建和资助其他教育中介组织做出了诸多贡献。有学者认为基金会和教育中介组织之间的关系类似于一种投资结构[1]，即"轴辐式结构"（Hub and Spoke Structure）（见图3-9），在这种

---

[1] Janelle Scott and Huriya Jabbar, "The Hub and the Spokes: Foundations, Intermediary Organizations, Incentivist Reforms, and the Politics of Research Evidence", *Educational Policy*, Vol. 28, Issue 2, January 2014.

结构中，多个投资工具，即"辐条"，都是各自独立管理，它们的资产组合在一起可以形成一个中央投资工具，即"枢纽"，因此基金会在中介组织的总体格局中处于中心地位①。虽然教育中介组织大多是非营利性的，但是慈善家认为这是干预教育的一种更有希望和效果的方式。因此，基金会通常会帮助中介组织建立并保持财政稳健，集中不同中介组织的影响力，传播数据和研究成果，根据美国税法相关规定资助中介组织开展政治运动。

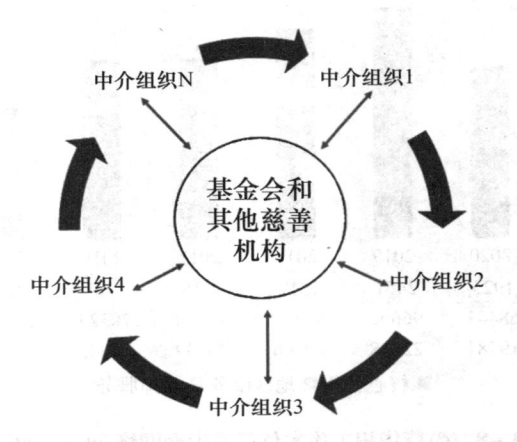

图3-9 基金会和中介组织之间的"轴辐式结构"

（一）国家劳动力解决方案基金（National Fund for Workforce Solutions，NFWS）的"轴辐式结构"

NFWS 是一家 501(c)(3)非营利组织，致力于与工人、雇主和社区合作，培养熟练的劳动力，促进经济的蓬勃发展。其投资者主要为鲍尔默集团（Ballmer Group）、比尔 & 梅琳达·盖茨基金会、卢米纳基金会、哈里和珍妮特·温伯格基金会（The Harry and Jeanette Weinberg Foundation, Inc.）、沃尔玛及其基金会（Walmart. org）、保诚公司（Prudential）、摩根大通公司（JPMorgan Chase & Co.）。NFWS 与 26 个州和城市的 32 个组织

---

① Investopedia. Hub and Spoke Structure [EB/OL] (2021-10-31) [2021-11-17]. https://www.investopedia.com/terms/h/hub_and_spoke_structure.asp.

建立合作伙伴关系（部分合作参见图3-10），① 形成了一张"轴辐式结构"的全国网络。这些合作网络就是一个个校企合作的中介组织，它们将市场与教育联系起来，最大限度地减少重复服务。

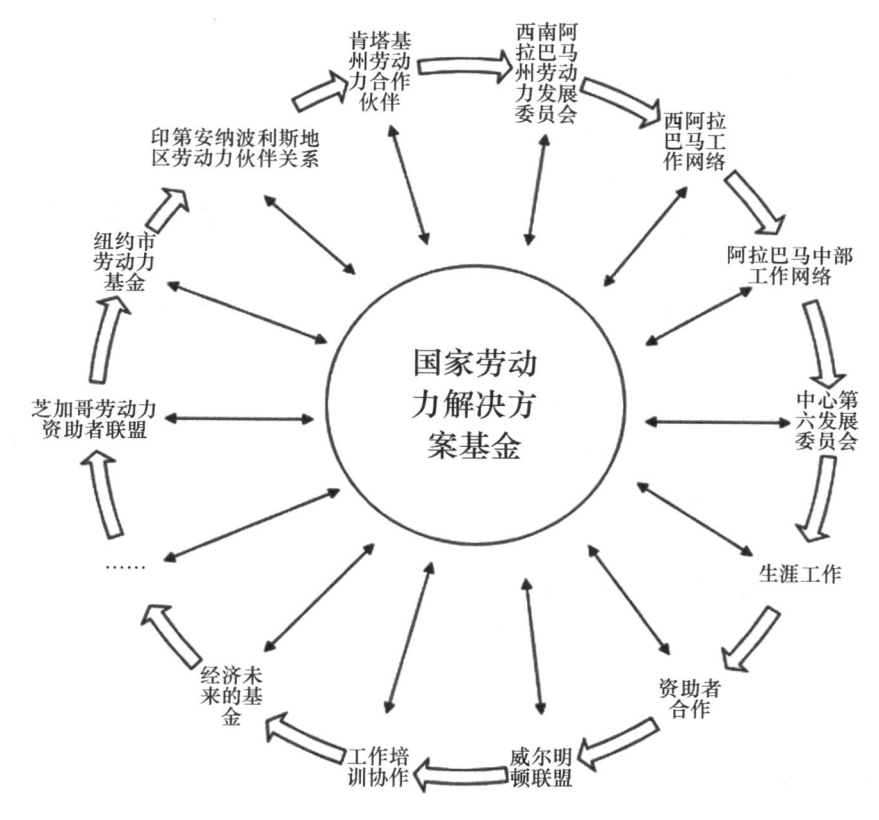

图3-10　NFWS的全国合作网络

（二）NFWS全国网络参与校企合作

1. 参与方式

NFWS为美国劳动力问题提供了四个解决方案。第一，鼓励雇主改善工作。工人在一个自己受到重视的组织中才能有更好的发展，因此，NF-

---

① NFWS. Our Network [EB/OL] [2021-11-17]. https：//nationalfund.org/regional-collaboratives/.

WS 主张激发雇主积极改善工作的意愿,如了解雇主对工作设计变更的抵触,并有针对性地提出解决方案。第二,坚持系统性变革。劳动力问题非常复杂,需要多方从一个系统的层面进行改革,才能从根源上解决问题。第三,争取多方资金支持。NFWS 利用自身慈善基金的优势吸引公共和私人资金,为劳动力问题提供了坚实的物质基础。第四,聚焦校企合作。NFWS 开展对一线员工进行从学徒制、技能提升到员工敬业度、满意度和幸福感等方面的全方位培养。在具体实施中,可以看到各中介组织推动校企合作、工作本位学习的不懈努力。

亚拉巴马州西部工作网络(West Alabama Works)是一家 501(c)(3)非营利组织,由西亚拉巴马州劳动力发展委员会和商会共同建立,为该州西部的九个城市提供服务,受 NFWS 资助的是该州的塔斯卡卢萨(Tuscaloosa)。该市将制造商、机械车间、社区学院和技术高中组建成制造业集群,并让学区的职业院校与行业合作伙伴共同开发焊接和机器培训计划;汽车集群同样是校企合作的产物,制造商与社区学院合作共同为个人和公司提供职业培训,为边远地区打造了一个汽车技能的移动教室,举办汽车职业博览会,并由社区学院和技术高中共同为当地制造商提供专业定制课程。[①] 新奥尔良工作网络(New Orleans Works)由基金会和区域公共劳动力合作伙伴组建,旨在制定以雇主为中心的劳动力发展解决方案,为低技能成年人(入门级求职者和在职工人)提供职业发展机会。其医疗助理合作伙伴关系选择与该州最大、历史最悠久的社区学院德尔加多社区学院合作,为求职者培训医疗助理提供全方位的服务。[②]

亚拉巴马州中心工作网络(Central AlabamaWorks)是一家 501(c)(3)非营利组织,为亚拉巴马州东部的八个城市提供服务,它与 NFWS 共同构建的建筑业合作伙伴同样也是校企之间的合作。中心工作网络与数十家中小型建筑企业及当地社区学院、技术高中合作,共同开发在职培训

---

① NFWS. West AlabamaWorks [EB/OL] [2021-11-18]. https://nationalfund.org/collaborative/west-alabama-works/.

② NFWS. New Orleans Works [EB/OL] [2021-11-18]. https://nationalfund.org/collaborative/new-orleans-works-now/.

计划，建立建筑行业学徒制和中学后教育培训。① 印第安纳波利斯地区劳动力伙伴关系（Indianapolis Regional Workforce Partnership）成立于2016年，是NFWS的正式成员。其印第安纳波利斯新技能准备网络致力于调整、加强和拓展印第安纳州高中和中学后教育学生的生涯与技术教育途径，为工作场所学习提供免费计划，积极支持学生参与职业探索。② 芝加哥劳动力资助者联盟（Chicagoland Workforce Funder Alliance）成立于2012年，是多个资助者发起的联合倡议，致力于通过就业和技能培训帮助个人并加强经济。其伊利诺伊州IT STEM学习交流合作伙伴特别关注高中和社区学院与市场之间的"劳动力管道"，重点是改进和扩展基于工作的学习计划，帮助学生在工作中学习并发展所需的IT技能，并为学生提供企业导师、实习机会和在职培训机会。③

2. 参与效果分析

NFWS的独特之处在于其网络的力量，这30多个组织吸引着数百名当地的资助者，与数千名雇主合作，通过国家关系网络、同行学习会议、专家研讨、研究报告、案例推广等方式进行分享，影响了近8万人的生活。在过去十多年中，NFWS为全国40个区域的合作机构募集了3000多万美元的赠款，与当地700多个社区资助者共同撬动了近3亿美元的资金。④ 大多数合作者表示，NFWS的支持是大量地方资金产生的催化剂。⑤ 这些组织在融资方面形成一套经验，包括雇主投资，如巴尔的摩劳动力资助者合作组织、密尔沃基地区劳动力资金联盟，形成了一种雇主分担干预成本的模型；服务费，如与波士顿技能工作合作劳动力中介犹太职业服务对斯波尔丁康复网络提供的服务，这是一种"商业主张"，斯波尔丁像其他商业组织一样给合作公司支付薪酬以解决员工招聘和留任的问

---

① NFWS. Central AlabamaWorks [EB/OL] [2021 – 11 – 18]. https：//nationalfund. org/collaborative/east-alabama-workforce-investment-network-eawin% ef% bb% bf/.

② NFWS. Indianapolis Regional Workforce Partnership [EB/OL] [2021 – 11 – 18]. https：//nationalfund. org/collaborative/indianapolis-regional-workforce-partnership/.

③ NFWS. Chicagoland Workforce Funder Alliance [EB/OL] [2021 – 11 – 18]. https：//nationalfund. org/collaborative/the-chicagoland-workforce-funder-alliance/.

④ NFWS. Our Investors [EB/OL] [2021 – 11 – 17]. https：//nationalfund. org/our-investors/.

⑤ NFWS. The Power of the Network：Strategic Plan for 2017 – 2020 [EB/OL] (2017 – 01) [2021 – 11 – 19]. https：//nationalfund. org/wp-content/uploads/2017/01/Power-of-the-Network. pdf.

题，中介则提供技术援助，这对非营利组织来说是一种相对较新的概念；慈善捐助，NFWS全国网络同样重视慈善捐款以及如何利用慈善事业刺激组织创新。

NFWS最大的贡献是让数百名雇主参与各类劳动力发展问题的解决，为来自不同行业、不同企业、不同区域的雇主提供联系渠道，其成功与否很大程度上取决于雇主的发展。通常，企业高管将部门中10%的一线员工视为一项需求最小化的成本，不愿意采取提高工作质量的措施，他们看不到在一线员工身上投资的价值，认为员工对组织"缺乏承诺"。NFWS在帮助雇主重新设计一线工作岗位的过程中，遇到了诸多阻力。其合作伙伴不得不与雇主建立一种新型的关系，升级雇主参与战略，发起雇主领导发展计划，将区域和国家的雇主团体聚集在一起开发他们的潜力，并帮助他们与工作质量提升的专业咨询顾问和公司建立联系，这些努力大大激励雇主参与劳动力问题解决。尤其对青年人而言，NFWS全国网络每年为5000—6000名低工资求职者和在职工人提供服务，至少帮助80%完成培训的人获得良好的工作、收入和晋升。①

三 校企合作中介组织接受混合赠款的诱惑性投资

混合赠款是指公共和私人资助者同意将他们的投资集中在"相互基金"（Mutual Fund）中，由它开展组织活动并安排工作人员。② 每位投资者要承诺根据需要进行拨款、研究、管理、评估等活动，无论投资规模大小，都有批准支出计划及授予奖励的投票权。

（一）技能工作：高效劳动力的合作伙伴（SkillWorks：Partners for a Productive Workforce，SWPPW）

1. 组织背景

2000年，波士顿基金会邀请当地其他基金会和一些政府官员参加劳动力发展会议，讨论两个非常重要的问题：慈善团体在联邦政府投资减

---

① NFWS. The Power of the Network：Strategic Plan for 2017－2020［EB/OL］（2017－01）［2021－11－19］. https：//nationalfund. org/wp-content/uploads/2017/01/Power-of-the-Network. pdf.

② Maureen Conway and Robert P. Giloth, *Connecting People to Work：Workforce Intermediaries and Sector Strategies*, New York：American Assembly at Columbia University, 2014, p. 134.

少的情况可以为劳动力培训做些什么，以及如何满足雇主对劳动力的需求并帮助劳动者实现经济独立。经过多次会议讨论，2003年，波士顿基金会（主办单位、财政代理）、波士顿市政府以及其他一些公共和慈善合作伙伴共同启动了SWPPW。起初，波士顿市政府与波士顿基金会共同承诺为SWPPW提供五年的资金支持。随着时间的推移，SWPPW与波士顿私营工业委员会、该市的劳动力委员会建立联系，劳动力委员会管理下的邻里工作信托是劳动力计划的关键资金来源，也成为SWPPW的重要资金来源。除此之外，马萨诸塞州的劳动力机构和部门、安妮·E.凯西基金会、国家基金会等慈善团体也有参与进来。它的标志性元素也是最重要的元素就是不断创建和维持其资助者小组。尽管资助者合作的想法并不新鲜，但是SWPPW的良好运作使其脱颖而出，被全国公认为劳动力发展的首选资源，也是公私合作的典范，被其他州和社区广泛模仿。

SWPPW有三大相互关联的战略。首先其核心是劳动力伙伴关系，也被称为劳动力关系的"中间人"，通过调整资源、围绕共同利益召集利益相关者实现共同目标，使雇主和工人更便于接触，它尤其关注低技能或者入门级工人和求职者的需求。其次是能力建设，旨在加强内部联盟，为劳动力伙伴关系和其他劳动力发展提供者建立基础设施，帮助工作人员更好地管理伙伴关系，开发新的计划和服务，实施有前景的做法，以改善对雇主和低技能工人的服务。最后是公共政策的宣传，通过提高知名度维持和增加资助，推广成功案例。为了支持这三大战略的实施，SWPPW提出了六个核心原则。第一，劳动力发展应该帮助低技能的个人获得他们所需要的技能，以赚取足够的钱养家糊口。第二，应该服务于个人和雇主两方面的客户。第三，职业阶梯服务要具有连续性，使个人应该能基于自身技能水平和职业生涯阶段选择适当的时间接受教育。第四，劳动力系统是复杂的，多元实体机构必须组织和协调起来以满足客户需求。第五，与其他同样服务于劳动力发展的部门展开合作。第六，不断创新，让高质量服务在劳动力发展体系中被制度化。

2. 组织管理

起初，SWPPW资助者依赖一名顾问进行协调，但是随着倡议的发展，他们不得不需要一个专职的人事主管，负责组织材料的整理、会议召集、关系管理、工作监督等。例如，负责每年召开四次资助小组会议，与 Abt 联营公司（Abt Associates）和奥本山协会（Mount Auburn Associates）签订评估合同，与弗里曼咨询公司（Freeman Consulting）签订能力建设合同，与未来工作签订技术援助合同，负责 SWPPW 三大战略的整体实施。主管需要将组织关注的问题汇报给资助者小组，协调向受助者提供的技术援助和监督，并确定劳动力伙伴关系活动开展涉及的政策问题。董事和管理顾问共同为资助者小组制定提案相关建议，审查活动标准以协助资助者小组选择受助者，制定报告并系统评估计划进展情况（组织架构见图 3-11）。

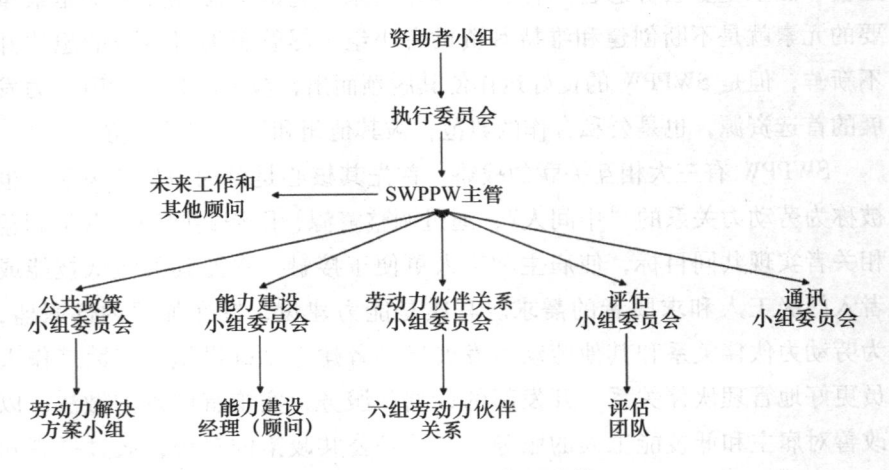

图 3-11 SWPPW 组织结构

（二）SWPPW 的混合赠款

1. 混合赠款的运作情况

至今，SWPPW 已经接受了三次混合赠款，第一个阶段为 2003—2008 年，第二个阶段为 2009—2013 年，第三个阶段为 2014—2018 年，第四个阶段为 2018—2021 年。第一阶段投资 1500 万美元，帮助 3000 多名工人接受技能培训。第二阶段强调将马萨诸塞州的社区学院和劳动力发展关系联系起来，共筹集了 1000 万美元，为近 1700 名入门级求职者和在职员工提供服务，并为劳动力培训成功调配了 7000 万美元的州劳动力资源。第三阶段的筹款目标大大超出预期，超过 570 万美元，惠及范围更倾向于青年人和失业工人（各阶段资助者和资助项目参照表 3-5）。

表 3-5　　　　　　　　SWPPW 三阶段资助者和资助项目

第一阶段	资助者
	1. 安妮·E. 凯西基金会 2. 弗兰克 W. & 卡尔·S. 亚当斯纪念基金 3. 波士顿 2004 4. 波士顿基金会 5. 波士顿邻里工作信托基金 6. 克劳斯基金公司 7. 马萨诸塞联邦 8. 海姆斯基金会 9. 杰西·B. 考克斯慈善信托 10. 约翰默克基金 11. 保罗和菲利斯消防员基金会 12. 罗伯特伍德约翰逊基金会 13. 洛克菲勒基金会 14. 道富基金会 15. 马萨诸塞湾联合之路和梅里马克谷 16. 威廉伦道夫赫斯特基金会
	资助项目
	1. 建筑服务业职业路径项目 2. 医疗保健培训学院 3. 酒店职业中心 4. 汽车职业教育合作伙伴 5. 职业和劳动力发展合作伙伴 6. 波士顿社区保健人员倡议
第二阶段	资助者
	1. A. C. 拉茨基金会 2. 巴尔基金会 3. 纽约梅隆银行 4. 波士顿基金会 5. 合唱基金会 6. 波士顿邻里工作信托基金 7. 克劳斯基金公司 8. 马萨诸塞联邦 9. 加菲猫基金会 10. 海姆斯基金会 11. 梅布尔·路易斯·莱利基金会 12. 微软公司 13. 国家劳动力解决方案基金 14. 奈莉·梅教育基金会 15. 慈善捐赠的永久信托 16. 美国银行 N. A. 受托人 17. 道富基金会 18. 苏德纳基金会 19. 马萨诸塞湾联合之路和梅里马克 20. 美国劳工部 21. 绿色工作创新基金会 22. 未来工作资助
	资助项目
	1. 医疗保健培训机构 2. 紧急医疗职业伙伴关系 3. 酒店培训中心 4. 金融服务 5. 汽车 6. 一年金融服务合作 7. 汽车职业教育伙伴关系 8. 绿色建设计划 9. 绿色先进制造业的可持续培训资源 10. JFY 网络 11. 唐人街绿领职业路径计划
第三阶段	资助者
	1. 亚裔美国人公民协会 2. 贝斯特公司 3. 波士顿儿童医院 4. 波士顿私营工业委员会 5. 职业合作 6. 社区健康教育研究与服务中心/健康教育行动研究与技术联盟 7. 骇客·多样性 8. 合资公司 9. 松树街酒店 10. 罗克斯伯里社区学院 11. 萨默维尔社区公司 12. 基督教青年会培训公司 13. 波士顿青年建设
	资助项目
	1. 建筑节能维修技能 2. 客房服务员计划 3. 酒店培训学徒计划和梅尔金授权计划 4. 职业阶梯计划 5. 波士顿医疗保健职业联盟协调和实习试点计划 6. 罗克斯伯里社区学院的学生就业计划 7. 增加 IT 的多样性 8. 医疗保健培训学院 9. 通往大学 STEM 途径的桥梁 10. 证书完成和职业发展计划 11. 数据分析和网络安全的职业路径 12. 首次就业 13. 健康保险的新兴职业 14. 学徒预备培训计划
第四阶段	重点
	形成医疗保健、IT 技术和酒店服务三个行业联盟

SWPPW 每年都要规划其活动开展，下面的计划安排与第四阶段的活动密切相关。① 为了保障资金来源的稳定性，SWPPW 为各资助者提供了诸多交流的机会，并积极动员新投资者的加入（见表3-6）。

表3-6　　　　　　　　SWPPW 2017—2018 年活动计划安排

时间	活动安排
2017 年 5—6 月	● 与主要资助者、雇主领导者和当前劳动力合作伙伴关系的技术行业联盟共同召开第三届公共论坛 ● 在第三届论坛上宣布 2018 财年 IT 行业新的投资 ● 骇客·多样性的实习开始 ● 医疗保健联盟会议 ● 夏季资助者会议
2017 年 7 月	● 为 IT 2018 财年启动投资 ● 为 SWPPW 2018 财年医疗保健、酒店和青年项目的投资准备合作意向书 ● 与培训和教育合作伙伴启动技术人才交流的设计 ● SWPPW 2018—2021 年交流计划 ● 向新的和现有的资助者申请拨款，维持多年的资助承诺 ● 技术学徒实习开始
2017 年 7—11 月	● 启动 SWPPW 2018—2021 年第四阶段，包括意向书确定、资格审查和项目推荐等 ● 召集受赠人确定能力建设和最佳做法 ● 开始为 2018 财年新的秋季 IT 投资的启动做准备 ● 庆祝骇客·多样性学徒和技术学徒的成就
2017 年 9—12 月	● 向新的和现有的资助者申请拨款，维持多年的资助承诺 ● 秋季资助者会议 ● 启动技术人才交流试点
2018 年 1 月	● 启动新的 SWPPW 投资 ● 为科技人才交流启动移动微中心 ● 冬季资助者会议

---

① SWPPW. SkillWorks：2018 – 2021 ［EB/OL］［2021 – 11 – 30］. chrome-extension：//bocbaocobfecmglnmeaeppambideimao/pdf/viewer. html? file = http% 3A% 2F% 2Fskill-works. org% 2Fdocuments% 2FSkillWorksFourYearPlanJune2017. pdf.

续表

时间	活动安排
2018年2—5月	● 召集酒店行业雇主和培训合作伙伴，为波士顿私营工业委员会及其合作伙伴成立新财团做准备 ● 与主要出资人、雇主领导人以及当前和新的劳动力合作伙伴建立酒店行业联盟 ● 春季资助者会议
2018年7—9月	● 技术学徒暑期实习开始 ● 通过向新的和现有的资助者提出赠款申请，维持多年筹资承诺 ● 邀请有意向的新劳动力合作伙伴为2019财年提供思路和想法

第一阶段中工作安置的力度很大，虽然SWPPW强调高质量的教学对保证参与者参与并取得进步很重要，但是由于它没有明确的主要投资重点，无法有效评估这一阶段的教学质量。看到证书在波士顿高等教育、高技能劳动力市场中的重要作用，资助者在第二阶段做出了一个关键决定，强调中学后教育证书，并将基本技能培训与认证和中学后教育途径相关联。也因此，在这一阶段，SWPPW加强了与社区学院的联系（见表3-7），[1] 倡议的重点也放到了教学中，第三阶段的重点在第二阶段的基础上进行了深化。

表3-7　　　　　SWPPW为成年人增加中学后教育路径

中学后教育关注的问题	SWPPW解决方法
劳动力提供者需要了解更多优秀案例和创新实践，以创建有效的成人中学后教育证书途径或加速他们获得证书。	为第二阶段申请人举办研讨会，提供技术援助，邀请全国各地的专家参会，分享优秀案例。
波士顿地区没有多少强有力的学院—劳动力合作伙伴关系。	第二阶段力推与中学后教育机构的合作。
一些伙伴关系要求加强基础教育的部分并将其与中学后教育系统贯通起来。	增加合作伙伴和相关服务。

---

[1] Maureen Conway and Robert P. Giloth, *Connecting People to Work: Workforce Intermediaries and Sector Strategies*, New York: American Assembly at Columbia University, 2014, pp. 140-141.

续表

中学后教育关注的问题	SWPPW 解决方法
职业指导教练很重要，但是缺少帮助，负担过重。 职业指导教练需要额外资源支持，尤其需要与社区学院和中学后教育路径建立关系的能力和知识培训。	能力建设资助了职业指导教练同行学习网络，构建实践分享、问题解决、资源开发的论坛。 在该地最大且最受欢迎的社区学院资助学院—导航员职位，导航员与来自任何工作伙伴关系的个人合作，帮助 SWPPW 更好地了解社区学院系统并获得资源，根据需要将个人与社区学院联系起来。
SWPPW 没有跟踪个人发展，如中学后教育证书的获得情况，工作晋升情况等。	SWPPW 基于现有的行业战略数据平台收集信息，包括参与、发展和晋升的情况。
除了教育和培训的影响，参与者能否找到好的就业机会还受到许多其他因素的影响。	SWPPW 允许合作伙伴使用资金解决紧急儿童保育问题，以及交通、公用事业甚至住房需求相关的问题。 SWPPW 的学院导航员同样被授予一笔资金，用来解决参与者紧急需求并帮助他们不断获得证书。 SWPPW 在 2012 年增加财务能力试点，更好地培训职业指导教练将资产建设与劳动力发展服务相结合。

2. 混合赠款的效果评估

Abt 联营公司和奥本山协会对 SWPPW 前两个阶段的项目运作进行了较为全面的评估，第三个阶段的项目仍在评估中。总体来看，公私资助者合作对整个劳动力系统的改革产生了重要影响（见表 3-8），富有创造力且坚持不懈的资助者可以扭转州和地方层面劳动力发展的不利局势。虽然这种合作无法在国家层面推动大规模的变革，但是在地方和州一级已经成功打开利益相关方相互对话的局面。

表 3-8　　　　　　　　第一阶段和第二阶段参与者发展情况

	第一阶段（单位：人）	第二阶段（单位：人）
注册	职前：965；在职：2134	职前：866；在职：757 社区学院导航注册：94
完成培训	职前：840；在职：不适用	职前：606；在职：452
获得证书	90（4%）	877（54%）

续表

	第一阶段（单位：人）	第二阶段（单位：人）
就业	527（78%）	451（74%）
工资上涨	职前：841；在职：39%	职前：87（10%）；在职：485（57%）
晋升	职前：269；在职：14%	职前：43（10%）；在职：192（25%）
参加中学后教育	81（所有参与者的3%）	394（所有参与者的22%）

根据最新的评估，共有24%的SWPPW受助人参加了中学后教育课程，有111人获得中学后教育证书和学位，大多数参与者仍然追求行业证书认证。企业之间共用培训课程，发展企业导师制，对社区学院教学质量的提升有很大帮助。尤其是社区学院导航员的职位，为成年人在社区学院求学提供了很大帮助，大量参与者做出了积极的评价。

雇主将SWPPW视为"中立的会议召集人"和"诚实的经纪人"，[1]它可以在不偏袒任何一方的情况下召集各方或达成一项协议。雇主对SWPPW的人职匹配以及员工安置的指导非常满意，很多雇主不对外公开职位空缺情况，而是直接联系SWPPW的就业专家。SWPPW的合作会议成为雇主格外重视的信息共享平台，参与SWPPW可以为雇主带来良好声誉，因为提供额外培训的企业对求职者更有吸引力。此外，SWPPW借助资助人和合作伙伴的力量帮助很多小企业解决招聘少、招聘难的问题。

劳动力系统的整体变革是SWPPW做出的突出贡献，扩大了雇主参与范围，将社区学院与劳动力发展联系起来，更是在劳动力体系和慈善机构之间建立了更深层次的关系。一项针对51名参与者及16名资助合作者的调查发现，超过3/4的受访者认为，劳动力发展现在被视为一个更重要的问题，人们对劳动力市场的敏感度提高了，雇主显然提高了解决劳动力问题的兴趣（见图3-12）。[2] 第二阶段结束后人们发现，与过去五

---

[1] Maureen Conway and Robert P. Giloth, *Connecting People to Work: Workforce Intermediaries and Sector Strategies*, New York: American Assembly at Columbia University, 2014, p. 147.

[2] Mt. Auburn Associates, Inc. SKILLWORKS PHASE II EVALUATION: OVERVIEW OF OUTCOMES [EB/OL] [2021-12-01]. chrome-extension://bocbaocobfecmglnmeaeppambideimao/pdf/viewer.html?file=https%3A%2F%2Fwww.skill-works.org%2Fdocuments%2FSkillWorksPhaseIIEvaluationReportOct2014Final.pdf.

年相比，参加 SWPPW 的组织加强了与州立法委员会、雇主、社区学院和其他劳动力发展组织的联系，即使不是由 SWPPW 直接资助的劳动力开发组织也报告说，已经采用了与 SWPPW 目标一致的新实践，如更关注雇主的需求、中学后教育的成功、工作质量和薪资水平、生涯路径和就业留任情况等。

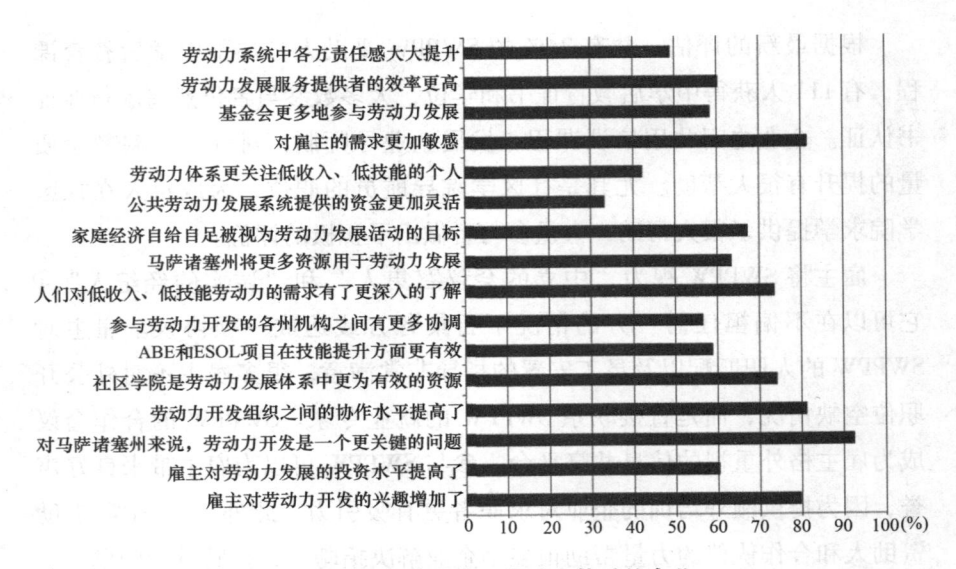

图 3-12 马萨诸塞州劳动力体系的变化

注：ABE：成人基础教育项目（Adult Basic Education Program）；ESOL：非英语学习者的英语学习项目（English for Speakers of Other Languages Program）。

第四节 组织结构的自致

这是制度分析者最广泛研究的一类组织结构变迁，即变革过程中组织行为者对机构模式的有意识选择。学者们提出，无论是在模仿机制还是在规范机制的影响下，组织决策者都会根据他们自己认为的样子进行制度设计，从而使组织结构更现代、更适当或更专业。与强制性或诱导性的结构变迁相比，人们通常认为自致性变迁更为深刻。组织管理者忠诚地支持、鼓励这种变迁，这比依靠外部力量推动更易于让组织内部人员采用和实施。

一 生涯与技术教育协会的组织关系拓展

生涯与技术教育协会（Association for Career & Technical Education，ACTE）是美国最大的国家教育协会，致力于促进青年人和成人职业发展。1926 年，全国职业教育协会（National Society for Vocational Education）和中西部职业教育协会（Vocational Education Association of the Middle West）联合成立美国职业协会（American Vocational Association），2001 年后更名为 ACTE。组织成立的目的在于提高职业教育的领导能力，改进职业教育项目质量，倡导有利于职业教育的国家公共政策，搭建职业教育各方面资讯的交流中心，提供专业发展的途径，提高公众职业教育意识。ACTE 为了更好地领导全国职业教育，通过"组织扩散式"的自致变迁开展了诸多制度设计。

从 1999 年开始，各州可以向 ACTE 申请并经董事会批准后成立州 ACTE，为各州提供职业教育领导和服务。吸纳中学后职业教育讲师、教职员工、行政人员和院长、辅导员、联邦和州政府教育专业人员、与 CTE 合作提供工作场所学习的企业成为会员，积极拓展 CTE 非营利组织。会员可以获得课程和教学方面的专业指导，影响 CTE 相关立法和资金的政策，加入网络交流和分享平台，订阅技术期刊等。各区域评选年度教师奖、年度管理员奖、年度新教师奖、终身成就奖、年度教师教育家奖、卡尔·帕金斯社区服务奖、斯科特威斯布鲁克三世人道主义奖、吉姆·汉尼曼纪念奖、杰出的商业/教育合作伙伴关系奖、学校董事会表彰奖、创新生涯与技术教育奖。各州协会如同伞式组织，作为代表为当地职业教育提供管理、协调和专业支持服务（见表 3-9）。

到 2020 年，ACTE 有 22560 名会员，其中有 3992 名新增成员，并新发展了罗德岛 ACTE。各州协会在职业教育具体的安排中发挥了独特的作用。例如，密歇根州 ACTE，它是国家 ACTE 的州附属机构，致力于 CTE 宣传、专业发展、综合系统建立，为教师、管理人员、学生、家长以及企业和行业提供一站式专业化信息服务，通过密歇根州与全国协会的联系，进一步扩大会员的资源使用范围。协会在密歇根州开展了一系列服务工作，如开发 170 多门 CTE 在线课程，设立 CTE 新教师工作坊，提供 CTE 教师技术工具包，开展教师认证，统筹生涯与技术教育信息系统，召开各类职业会议、研讨会，并与教师专业协会、行业专业组织、生涯与技术学生组织展开多方合作。马萨诸塞州职业协会（Massachusetts Vocational Association）隶属于 ACTE，它有东部（覆盖 20 所技术高中，1 个技术教育中心，2 所技术学院）、东南部（覆盖 18 所技术高中）、西部（覆盖 9 所技术高中，1 个技术教育中心，2 所技术学院）和中央（覆盖 7 所技术高中，1 个技术教育中心）4 个分区，有针对性地提供服务，并且按照职业群划分 13 个部门，包括管理、农业和自然资源、艺术和传播服务、商业和消费者服务、建筑、教育、卫生服务、酒店和旅游、信息技术服务、法律和保护服务、交通、特殊需要，以及制造、工程和技术。

表 3-9　　　　　　　　　　ACTE 各州附属协会

第一区域	ME 缅因州、NY 纽约州、DE 特拉华州、MD 马里兰州、MI 密歇根州、NJ 新泽西州、OH 俄亥俄州、RI 罗得岛州、VT 佛蒙特州、CT 康涅狄格州、DC 哥伦比亚特区、NH 新罕布什尔州、WY 西弗吉尼亚州、PA 宾夕法尼亚州、MA 马萨诸塞州职业协会
第二区域	BA 巴哈马、PR 波多黎各、GA 乔治亚州、KY 肯塔基州、TN 田纳西州、VA 弗吉尼亚州、VI 维京群岛、AL 亚拉巴马州、FL 佛罗里达州、NC 北卡罗来纳州、SC 南卡罗来纳州
第三区域	IA 爱荷华州、MO 密苏里州、IL 伊利诺伊州、IN 印第安纳州、MN 明尼苏达州、WI 威斯康星州
第四区域	AR 阿肯色州、NM 新墨西哥州、MS 密西西比州、LA 路易斯安那州、OK 俄克拉何马州、TX 德克萨斯州
第五区域	CA 加州、GU 关岛、UT 犹他州、HI 夏威夷州、WA 华盛顿州、KS 堪萨斯州、ID 爱达荷州、MT 蒙大拿州、NV 内华达州、OR 俄勒冈州、WY 怀俄明州、SD 南达科他州、AK 阿拉斯加州、AZ 亚利桑那州、CO 科罗拉多州、ND 北达科他州、NE 内布拉斯加州

ACTE 意识到伙伴关系对组织行动的成功至关重要，因此不断拓展与其他组织的合作关系，为 CTE 发展提供有价值的支持。[①] 如 ACTE 与埃森哲成功技能学院合作，免费提供交互式在线培训项目，开展关于面试、简历等职业技能发展活动；ACTE 在 "福特下一代学习" 和比尔 & 梅琳达·盖茨基金会的支持下，邀请 50 多个贸易组织参与了 "通过 CTE 促进劳动力发展联盟"，致力于在教育和工商业之间建立更好的联系，应对国家劳动力挑战；通过与美国信息技术协会合作提高自身知名度，获得技术援助；在 ECMC 基金会的支持下开展职业院校的制度变革；与 "麦克斯知识"（MaxKnowledge）合作开发在线 CTE 学习网络，免费帮助职业院校教师解决专业和学习需求。同时，ACTE 也积极拓展媒体关系，从而提高人们对高质量 CTE 项目的认识，分享优秀的案例。ACTE 通过印刷出版物、广播、网络平台等多种方式开展推广活动，诸多新闻报道被国家知名媒体转载，如《华盛顿邮报》《大西洋月刊》《教育周刊》等。ACTE 的媒体知名度也扩展到了专栏，同时与数十名记者保持深度交流，帮助他们就 CTE 和 ACTE 的政策重点及影响进行正面和准确的报道。

二 美国社区学院协会的项目引领

美国社区学院协会（AACC）是美国社区学院的主要倡导组织，作为"大胆的领导者"发挥着重要的引领作用。"让社区学院与 P-12 学校、其他高等教育机构、少数族裔服务机构、企业学习中心和企业建立伙伴关系"[②]，是 AACC 的一大愿景。他们看到，在过去十多年的努力中，社区学院毕业生人数虽然有所增加，但是进展太慢，规模太小，在劳动力市场上找到有价值的工作机会较少，低收入学生和有色人种学生参与率也较低。而如果学生尽早选择课程制定学术计划，对完成证书所需课程有清晰的规划，并获得指导和支持，他们更有可能按时完成学位。为此，AACC 在比尔 & 梅琳达·盖茨基金会初始资金支持下率先发起了指导路

[①] ACTE. 2020 ANNUAL REPORT [EB/OL] (2021-02-26) [2021-11-27]. https://acte.net/news/annual-report-2020/.

[②] AACC. Mission Statement [EB/OL] [2021-11-27]. https://www.aacc.nche.edu/about-us/mission-statement/.

径（Guided Pathways）项目，其重点是培养社区学院为所有学生设计和实施结构化学术和职业道路的能力。很快，这一项目得到各地支持，在全国掀起了新一轮的职业教育改革浪潮。

AACC牵头实现梦想（侧重于路径的重新设计和学生支持）、阿斯彭研究所（侧重领导力变革）、社区学院研究中心（负责评估）、未来工作（负责评估和支持）、国家调查和改进中心（The National Center for Inquiry and Improvement）（提供基础介绍、规划、宣传）等组织，在2015年与30所社区学院开启了这项工作（指导路径模型参照图3-13）。[①] 根据CCRC 2020年的估计，全国有340所社区学院正在大规模地开展指导路径改革，诸多教育组织纷纷参与到指导路径的规划和实施中。

图3-13 指导路径模型：规划、实施、评估

南部地区教育委员会（SREB）在指导路径开发中形成了一套完整的操作方法。它针对高中生和非传统生源开发了九条高级职业路径，包括

---

① AACC. Guided Pathways：Planning, Implementation Evaluation [EB/OL] [2021-11-27]. https：//www.aacc.nche.edu/wp-content/uploads/2017/09/PathwaysGraphic462017.pdf.

航空航天工程、自动化材料连接技术、清洁能源技术、能源和电力、全球物流与供应链管理、健康信息学、信息学、科技创新、综合生产技术。每条路径开发了四门课程，由国家领导人、中学后教育工作者、雇主和教师共同设计，涵盖课程计划、项目设计、课程评估、工具和技术，以及对教师提供课程培训、基于项目的教学方法培训、后续专业发展和技术援助服务等内容，可以说为学校提供了开展这些课程所需要的一切服务。① 每条路径的最后两门课程都能与两年或四年的高等教育机构合作，学生完成后可获得双学分，学生还可以获得高要求的行业认证。例如，丰田与肯塔基社区和技术学院系统合作开发了先进制造技术员职业路径计划（见图3-14），学生在混合教室或者车间环境中掌握制造流程，学习精益制造和绿色制造、维护安装和维修、供应链物流、质量保证以及健康和安全标准。

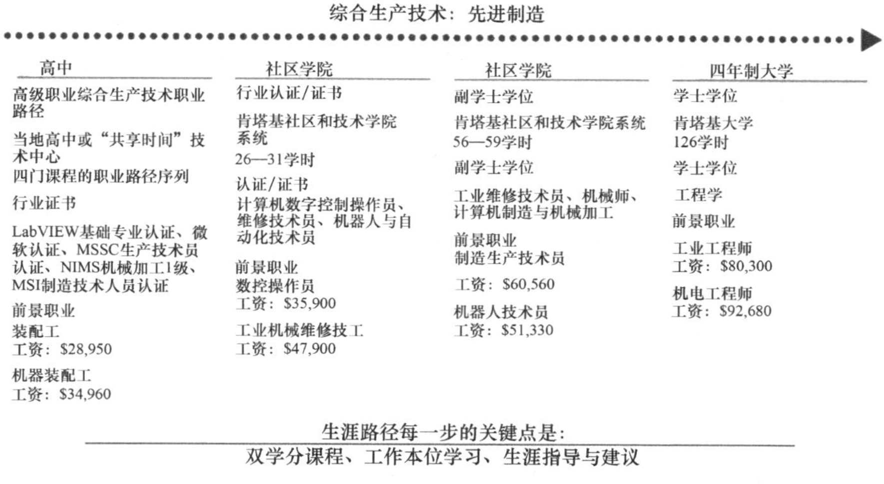

综合生产技术：先进制造

高中	社区学院	社区学院	四年制大学
高级职业综合生产技术职业路径	行业认证/证书	副学士学位	学士学位
当地高中或"共享时间"技术中心	肯塔基社区和技术学院系统 26—31学时	肯塔基社区和技术学院系统 56—59学时	肯塔基大学 126学时
四门课程的职业路径序列	认证/证书	副学士学位	学士学位
行业证书	计算机数字控制操作员、维修技术员、机器人与自动化技术员	工业维修技术员、机械师、计算机制造与机械加工	工程学
LabVIEW基础专业认证、微软认证、MSSC生产技术员认证、NIMS机械加工1级、MSI制造技术人员认证	前景职业 数控操作员 工资：$35,900	前景职业 制造生产技术员 工资：$60,560	前景职业 工业工程师 工资：$80,300
前景职业 装配工 工资：$28,950 机器装配工 工资：$34,960	工业机械维修技工 工资：$47,900	机器人技术员 工资：$51,330	机电工程师 工资：$92,680

生涯路径每一步的关键点是：
双学分课程、工作本位学习、生涯指导与建议

图3-14 肯塔基州"综合生产技术：先进制造"的指导路径

双学分要求全州建立统一的双录取计划，使中学、社区学院、四年制大学之间学分互认。在初中和高中开设职业探索课程和活动，允许综

---

① SREB. Advanced Career [EB/OL] (2018-10-16) [2021-11-27]. https://www.sreb.org/advanced-career.

合高中、共享时间技术中心（一类面向周边地区学校为学生在课余时间提供职业教育的独立的学校或机构）、全日制技术高中、早期大学高中、社区和技术学院，让学生在参与的同时获得高级证书和大学学分。[1] 在工作本位学习中，为了鼓励雇主积极参与，SREB 敦促各州激发他们与学校、社区和技术学院合作的兴趣。这些举措包括为雇主提供州或地方税收抵免，用于支付部分学生实习的工资，弥补雇主用于培训或指导学生的部分时间；与保险公司、劳动力委员会和其他机构共同制定保护实习学生及雇主的政策，如马里兰州的工人补偿系统涵盖了参加无偿工作学习的学生；利用劳动力发展机构、非营利组织或商会的资源为学区、社区和技术学院以及雇主提供充分支持；在地方层面分配协调工作场所的责任。[2]

此外，CCRC 在腾飞教育集团的资助下为指导路径开发了课程和教学材料，供社区学院从业人员免费使用，并为相关机构研究人员和领导者开设了数据研究所。Advance CTE 同样关注指导路径，尤其是收集并整理了很多案例进行推广和宣传，如田纳西州指导路径的实施与改革效果、俄亥俄州指导路径改革的基本框架、学生对指导路径的看法，对指导路径进行大规模评估和规划的工具等。职业研究与发展中心（Center for Occupational Research and Development）这个全国性的非营利组织提供了指导路径的技术援助，包括职业路径设计—行政论坛—战略性雇主参与—定制化课程设计—职业路径领导力认证研讨会—情境化教学，[3] 为指导路径提供从现有路径评估、各部门对话、企业需求确定，到教学材料开发、证书认证、培训协调、教学设计的全方位服务。

三 航空航天联合学徒委员会的一站式服务

航空航天联合学徒委员会（AJAC）是华盛顿州行业驱动组建的非营

---

[1] SREB. Credentials for All: An Imperative for SREB States [EB/OL] (2015 – 07 – 14) [2021 – 11 – 28]. https://www.sreb.org/publication/credentials-all-imperative-sreb-states.

[2] SREB. Work-Based Learning [EB/OL] (2015 – 08 – 01) [2021 – 11 – 28]. https://www.sreb.org/node/1923.

[3] CORD. Career Pathways Technical Assistance [EB/OL] [2021 – 11 – 28]. https://www.cord.org/career-pathways-technical-assistance/.

利性501(c)(3)注册学徒组织,其使命是提供卓越且反应迅速的学徒制,使知识和技能在几代劳动力之间进行转移。据估计,未来五年,华盛顿州航空航天行业的劳动力缺口高达7200人,80%的制造商正经历着合格工人的全面短缺。为此,雇主和雇员共同组建了AJAC,与贝茨技术学院、大弯社区学院、航空航天期货联盟、华盛顿商业协会、劳动部、商务部、未来飞行基金会、飞行博物馆等共同开发了学徒计划。学徒白天在公司工作现场接受在职培训(93%),每周有一晚时间在社区学院或技术学院上理论课(7%),学徒计划为期1.5—5年。他们通常以全职员工的身份入职,一边学习一边赚取薪水,开始时的收入为熟练工人的60%。雇主大约每6个月对学徒的课堂教学和在职培训进行评估。如果学徒在这两个方面都表现出令人满意的进步,雇主将建议其晋升到下一个薪酬水平。

AJAC的一个特色就是提供"全面的学徒计划"[①],该计划包括学徒前培训、青年学徒培训和成人学徒培训。AJAC与学徒顾问合作掌握全州就业需求和趋势的信息,监督雇主和学徒签订华盛顿劳工和工业部批准的书面协议;学徒期间监督学徒的工作情况,保存工作记录,参与课程开发与设计,招聘企业讲师进行课堂教学,督促雇主评估学徒的出勤和任务完成情况;为雇主收集和整理来自退伍军人组织、华盛顿税务局、航空航天期货联盟、华盛顿商务部的财税激励政策;为成功完成计划的学徒颁发华盛顿劳工和工业部认可的结业证书,为所有参与者免费提供求职俱乐部的求职指导,包括简历制作、求职信指导、虚拟招聘会等。

学徒前培训主要在AJAC赞助的制造学院(Manufacturing Academy)中开展,包括两个部分。首先,学生参加一个为期两天的工作坊——高级制造业预备课程,内容包括深入了解先进制造业和AJAC学徒制、面试求职技巧、适合行业的基本技能、项目资金和人力资源服务、精密测量和数学、证书情况,AJAC根据学生完成情况向每个学生推荐合适的职业路径。其次,进入到制造学院,接受为期10周的学徒前培训,包括应用数学、蓝图阅读、精益制造、有效沟通、获得大学学分、了解职业道路、

---

① AJAC. Benefits [EB/OL] [2021–12–13]. https://www.ajactraining.org/why-apprenticeship-works/benefits/.

接受行业专业人士的培训、面试技巧、企业知识等。学生完成后将具备航空航天与先进制造的基础技能，在 AJAC 的 300 多家本地合作雇主中找到有报酬的入门级工作。

青年学徒制是为华盛顿州高中层次学生定制的学徒计划，包括生产技术员和自动化技术员。根据课程要求，学徒必须满 16 周岁，通过代数一级考试，GPA 不少于 2.0，每周可以工作 10—20 小时，夏季可以全职参与，这些技能不局限于生产技术，可以在机械加工、金属制造、工业维护和注塑成型等领域广泛应用。雇主按照 1∶1 的比例确定企业导师，向学徒至少支付最低工资，确保学徒有一个安全的工作环境，每季度提供学徒情况的反馈。在当地政府官员等人的共同见证下，雇主和学徒选择签约日并签署意向书，即可开启 2000 小时的带薪在职培训和免费的大学课程。

成人学徒培训的一些基本要求和流程也适用于青年学徒。首先，明确学徒标准。AJAC 依据的是由华盛顿州和俄勒冈州、爱达荷州共同开发的学徒计划标准，包括学徒基本资格要求、平等就业计划的要求、学徒时长、试用期、学徒工资及增长比例、理论课时长、利益主体违反规定的对应处罚措施、利益主体上诉的对应途径、学徒管理的各方责任和义务，协调人员和组织的确定。① 其次，全程协助企业启动学徒计划。企业无须任何费用即可启动学徒计划，且有 AJAC 的全程指引和帮助。步骤一，签署协议，确定 AJAC 和雇主各自承担的责任；步骤二，让企业确定参与学徒计划的在职员工和学生人数，同时 AJAC 根据企业的人员配备和生产需求作出人员安排的最佳选择，并验证新学徒是否符合企业准新员工的资格要求；步骤三，让企业确定技能领域的企业导师，导师要求是行业专家，且对教学和评估感兴趣；步骤四，AJAC 帮助开发在职培训系统，使学徒能够学习工作必需的技能。最后，搭建学徒跟踪系统，记录学徒时间、购买教材、接收通知等，方便雇主查看并批准学徒工时。

AJAC 是华盛顿州公认的创新教育领导者，它与行业、社区和技术学院以及全州 150 多家雇主合作，每年参加约 40 场职业介绍会和其他外展活动，了解与学生、家长、教师、退伍军人、求职者有关航空航天和制

---

① AJAC. Apprenticeship Program Standards [EB/OL] (2020 – 10 – 15) [2021 – 12 – 13]. https：//apps-public. lni. wa. gov/TradesLicensing/Apprenticeship/files/standards/1828. pdf.

造业的职业,并规划学徒通往这些职业的路径。AJAC 开发的课程获得了华盛顿州社区学院和技术学院的认可,并改变了传统的班级结构,使学徒能够在短时间内提高生产力。学徒最初的雇用成本较低,而且工作更加努力,因为雇主只有在学徒技能和生产力提高时才会增加学徒工资。据合作雇主反馈,93%的雇主对参加学徒培训的新员工表示满意,并认为拥有多种技能的学徒让生产力提高了 40%。[1] 研究表明,学徒通常在五年前的表现优于传统员工。根据 AJAC2013—2014 年的报告,学徒通常可以获得 45—75 分的副学士学位学分,掌握多种技能,可以在不同组织和不同部门广泛应用。据估算,纳税人在学徒计划上每花费 1 美元,就会为每个学徒产生 91 美元的额外终身收入和福利;在华盛顿,完成学徒制的工人平均每年比未参加群体高出 19000 美元的收入。[2]

四 证书引擎的网络平台建设

证书引擎(Credential Engine,CE)是一个非营利组织,其使命是使用清晰、统一一致的信息介绍证书,并将其系统化,简化人们在各个网页搜索的过程。根据最新报告,美国现发行 967734 份证书,包括学位证书、职业资格证书、徽章证书(可用于验证另一种证书类型,如美国医学认证协会将徽章作为静脉采血技术员认证的一部分)、学徒证书等,美国的教育与培训总支出估计 1.921 万亿美元,[3] 但是从来没有一种有效的方式来收集、搜索和比较这些证书。证书信息缺乏透明,而且像孤岛一样地存在着,教育者、学生和工人、商业领袖、政策制定者不清楚哪些证书可以满足自身需求,这些证书需要付出多少成本,投资回报是多少。CE 的独特之处在于它免费提供了一套基于 Web 的服务,首次创建了一个

---

[1] AJAC. Employers Facts and Questions [EB/OL] [2021-12-13]. https://www.ajactraining.org/aviation-employers/faq/#.

[2] AJAC. AJAC 2013-2014 Summary Report [EB/OL] [2021-12-13]. chrome-extension://bocbaocobfecmglnmeaeppambideimao/pdf/viewer.html?file=https%3A%2F%2Fwww.ajactraining.org%2Fwp-content%2Fuploads%2FAJAC-2013-2014-Summary-Report1.pdf.

[3] CE. New Reports Find Nearly One Million Credentials and $2t in Yearly Education and Training Expenditures in U.S. [EB/OL] (2021-02-10) [2021-12-7]. https://credentialengine.org/2021/02/10/new-reports-find-nearly-one-million-credentials-and-2t-in-yearly-education-and-training-expenditures-in-u-s/.

集中的注册表保存所有证书的最新信息,提供一种对证书进行比较的通用描述语言,以及一个支持搜索的自定义应用程序——"证书搜索"(Credential Finder)。CE 在 2016 年得到了卢米纳基金会、摩根大通公司的初始资金支持,后续又得到比尔 & 梅琳达·盖茨基金会、谷歌、微软、沃尔玛、西格尔家庭基金会、教育腾飞、美国国家科学基金会等的支持,并与州和联邦机构、军队、非营利组织、教育机构和企业等签订一次性和经常性的服务合同,提供专家咨询。

(一)信息平台的运作

CE 证书信息平台有两大亮点。其一,证书利益相关者可以使用证书透明描述语言(Credential Transparency Description Language,CTDL)构建证书的架构。CTDL 是一种通用的认证语言,可在 Web 上开放使用(提供完整的代码手册),由名词和动词组成,可以组成简单的语句,支持对证书的丰富描述,任何人都能使用它来共享关于证书的信息。其二,利用证书注册表(Credential Registry)数据源不断评估和反馈所登记证书数据的可靠性。总体来看,注册表就像一个云数据库(见图 3-15),容纳所有的证书信息,CTDL 则是定义所有单词和术语的证书语言词典,以便人和机器识读库里面的信息。发布者将证书的相关数据添加到注册表中,信息量至少要满足基准模型的基础信息。一旦数据发布,就变得公开可用。用户可以查找、比较相关证书的信息,从而确定自己的需求。

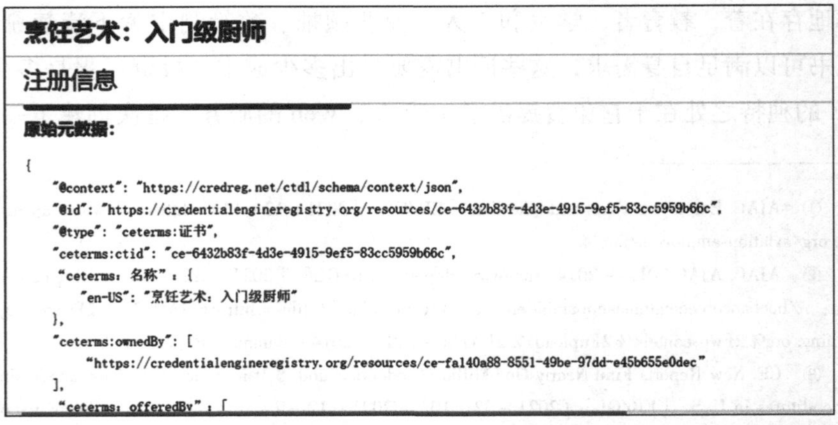

图 3-15 证书 CTDL 语言与注册表信息输入

目前，注册表中有 29273 份证书，1275 个组织、687 份评估、5609 个学习机会、893 份能力框架、5 条职业路径、43 门学分转移课程。搜索者可以限定自己需要的领域，或者界定关键词和地点，从而圈定自己需要的范围（见图 3-16）。

图 3-16 CE 搜索界面

证书有 15 个限定选项便于搜索者查询（见表 3-10），搜索者根据个人需求确定证书，不同证书之间可以添加条目进行比较（见图 3-17）。证书信息包括内容介绍（附详细内容链接）、证书类型、状态、受众级别、要求、成本信息、时间限制、涉及科目、教学计划、关键词、提供者介绍、与注册表中"组织、评估、学习机会、能力框架、途径、转移价值、概念方案"的关系、质量保证、相对应的职业和行业、适用范围、证书"开发、审核、维护"的流程、证书的注册元数据。不同的证书有不同的基准模型，发布者在满足基础信息的前提下，尽可能多地完善证书信息。

表 3-10 证书搜索的筛选项

搜索内容	限定选项
证书类型	学徒证书/副学士学位证书/学士学位证书/徽章证书/职业证书/结业证书/权威认证的非学位证书/博士学位证书/通识教育发展证书/熟练工证书等
受众级别	初级水平/学士学位水平/中级水平/专业水平等

续表

搜索内容	限定选项
受众类型	公民/现役军人/在读学生/军人家属/退伍军人/在职员工/非会员/兼职人员等
评估方式	在线/线下/混合
证书状态	在发/已弃用/试用期/暂停
语言及其他	成本介绍/有经济援助/有推荐其他证书等
直接输入	学科领域/能力级别/行业代码/职业代码/教学计划代码等

准备厨师	×	烹饪艺术预备厨师	×	移动食品厨师	×
青年烹饪学徒计划		Nocti商业解决方案		贝茨技术学院	
学徒证		数字徽章		证书	
描述	>	描述	>	描述	>
受众类型	>	受众类型	>	受众类型	>
观众级别	>	观众级别	>	观众级别	>
行业	>	行业	>	行业	>
职业	>	职业	>	职业	>
估计成本	>	估计成本	>	估计成本	>

图 3-17　不同证书之间的比较

组织有 9 个限定选项便于搜索者查询（见表 3-11），组织信息包括组织介绍、类型、当前运行状态、与注册表中"组织、评估、学习机会、能力框架、途径、转移价值、概念方案"的关系、地理位置、所属部门和行业、注册元数据。如华盛顿劳动力培训和教育协调委员会，搜索界面会显示①组织的介绍并链接官网页面；②组织的类型（评估机构、政府机关、协调机构、质量保证机构）；③组织状态（运行中）；④其他名称（华盛顿劳动力委员会）；⑤所属部门（公共机构）；⑥服务提供（认可和规范）；⑦附加信息显示了注册元数据；⑧质量保证（链接 5 个证书和一个组织认证）；⑨组织所在地和联系方式。①

---

① CE. Washington Workforce Training and Education Coordinating Board [EB/OL] (2021-10-30) [2021-12-07]. https://credentialfinder.org/organization/837/Washington_Workforce_Training_and_Education_Coordinating_Board.

表 3–11　　　　　　　　　　　组织搜索的筛选项

搜索内容	限定选项
组织类型	商业或行业协会/职业技术学校/评估机构/非传统学校/企业/认证机构/协调机构/教育和培训机构/政府机关/普通高中/军队/高等教育机构/专业协会/质量保证机构/两年制大学等
服务类型	认证/审批/提供资源/认可/规范/更新/撤销等
声明类型	徽章领取/质量保证声明/成绩单声明/可验证声明
执行质量保证	认证/批准/承认/规管
其他	有无成本清单和条件清单/有无评估/有无证书等
直接输入	行业代码、质量保证组织名称

评估有 12 个限定选项便于搜索者查询，包括与其他证书的关系、评估方式、受众级别、受众类型、可以直接输入相关能力的评估、学科名称、行业、职业、教学计划、质量保证方式、语言及其他。以高级汽车技术员为例，[①] 其搜索信息包括九个方面。（1）评估条件，要在先前评估的基础上进行，先前评估内容链接到 Nocti 商业解决方案（Nocti Business Solutions）官网，高级评估具体内容链接到全国零售联合会基金会，提供了学习者和培训者要用的资料、课程案例、样品材料、教学方式、年龄要求、考试方式、费用、住宿等信息。（2）评估方法：考试 + 课堂表现；评估方式：在线。（3）要求和建议：学习指南、适用人群（具备初级水平、中学或同等学力、中学后教育水平、副学士学位）、适用范围（整个北美）。（4）成本信息：先前学习评估每次评估的费用为 150 美元；每个测试者的特定评估成本包括评估和分数报告；完成时间：3 小时。（5）考试范畴：刹车、电子系统、发动机性能、发动机维修、暖气和空调、客户关系、自动变速器、悬架和转向、手动传动系统等。（6）职业能力：48 条，如诊断和维修交流系统组件的能力，执行排期检查和服务的能力。（7）面向职业：机动车技师；面向行业：汽车维修保养。（8）计分方法：考试成绩 + 能力评估；案例：多项选择题和操作任务；评估流程。

---

① CE. Automotive Technician-Advanced [EB/OL] (2021-08-31) [2021-12-08]. https://credentialfinder.org/assessment/570/Automotive_Technician-Advanced.

（9）注册元数据（见图3-18（a）—（b））。

学习机会与评估的限定选项类似，主要是由学校、培训机构等提供的教育和培训。以达科他县技术学院 A 类 CDL 培训为例，其搜索界面呈现了这个培训的（1）简单介绍，并链接到达科他县技术学院，呈现了其学习费用、考试费用、先前学习要求、课程时间等内容；（2）状态：运行中；（3）学习方式：线上结合线下；（4）与注册表中其他数据之间的关系：是必需的；（5）地点。

能力框架收集了美国劳工部等机构开发的能力标准。如全国零售联合会基金会提供了客户服务和销售技巧标准，[①] 包括17条职业能力，如"评估并满足客户需求"包括"以个人和专业的方式迎接并吸引客户""评估客户需求，同时确定客户对产品或服务的了解，提高客户忠诚度""认真倾听并有效回应客户的意见和问题""通过积极倾听确定客户预算""使用客户反馈来提高客户满意度"五条职业能力。同时，链接到该能力框架对应的学习机会，即需要学习客户服务和销售这门课；链接到相关证书，即客服服务与销售证书。此外，还有美国劳动部就业和培训管理局提供的 O*NET 职业能力条目；美国烹饪联合会提供的糕点师基础56条职业能力，行政总厨101条职业能力，副主厨110条职业能力，厨师长272条职业能力，烹饪教育工作者141条职业能力；全国起重机操作员认证委员会提供的移动式起重机操作员210条职业能力，塔式起重机操作员45条职业能力，挖掘机吊杆操作员170条职业能力，打桩机操作员44条职业能力。

职业路径目前数量较少，但是对已录入的职业路径信息进行了很好的整合与梳理。如全国零售联合会基金会的零售业路径，[②] 用图形、列表、树状图等形式展现了路径的课程、认证方式、证书获得、学习机会、能力框架等内容，并汇总了这条路径对应的所有行业和职业以及所需要学习的科目。

---

① CE. Customer Service and Sales Skills Standards：NRF Foundation（National Retail Federation）[EB/OL]（2021-10-15）[2021-12-08]. https：//credentialfinder. org/competencyframework/319/Customer_Service_and_Sales_Skills_Standards.

② CE. National Retail Federation Foundation RISE Up Pathway [EB/OL] [2021-12-08]. https：//credentialfinder. org/pathway/4/National_Retail_Federation_Foundation_RISE_Up_Pathway.

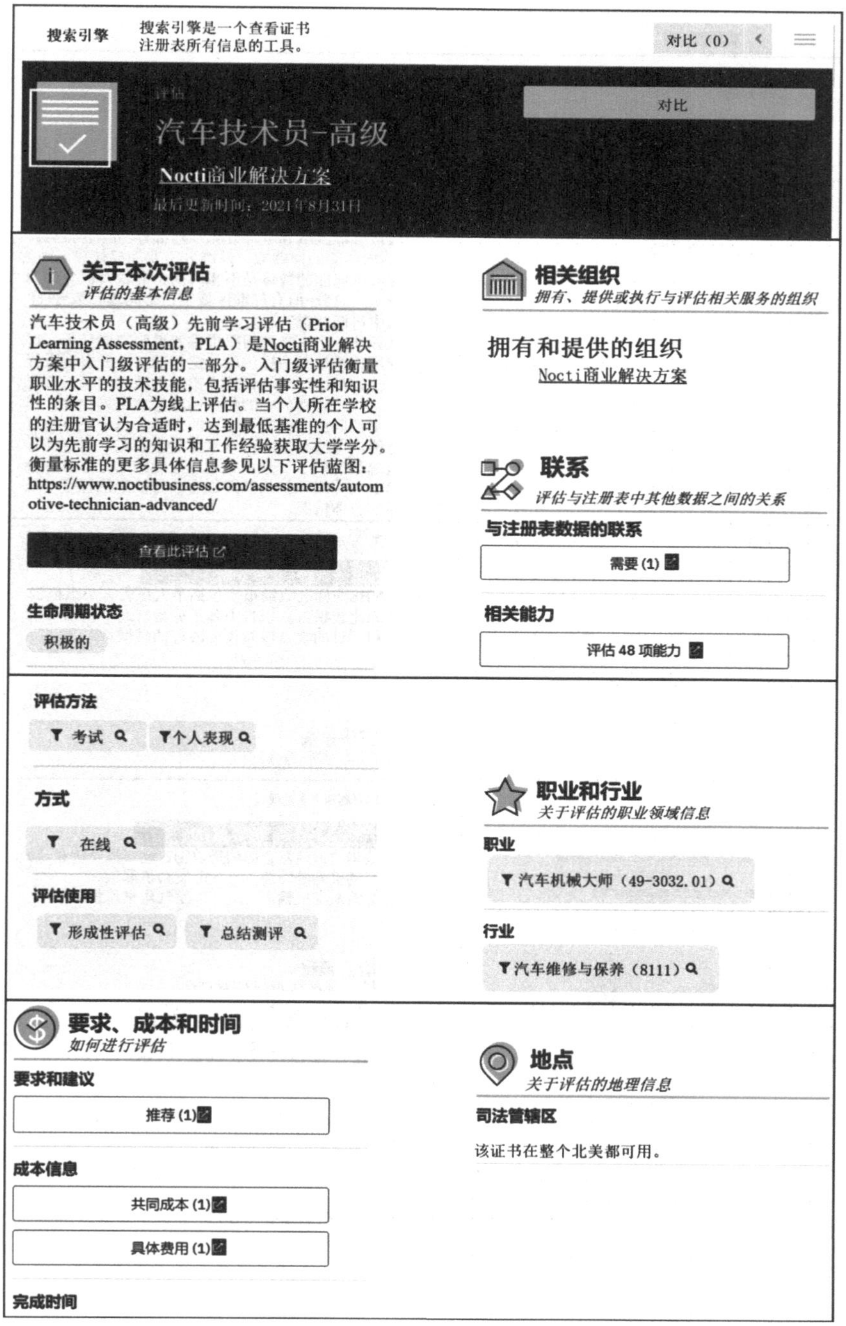

第三章 美国中介组织参与职业教育校企合作的行动策略 / 217

图 3-18 高级汽车技术员的评估（a）

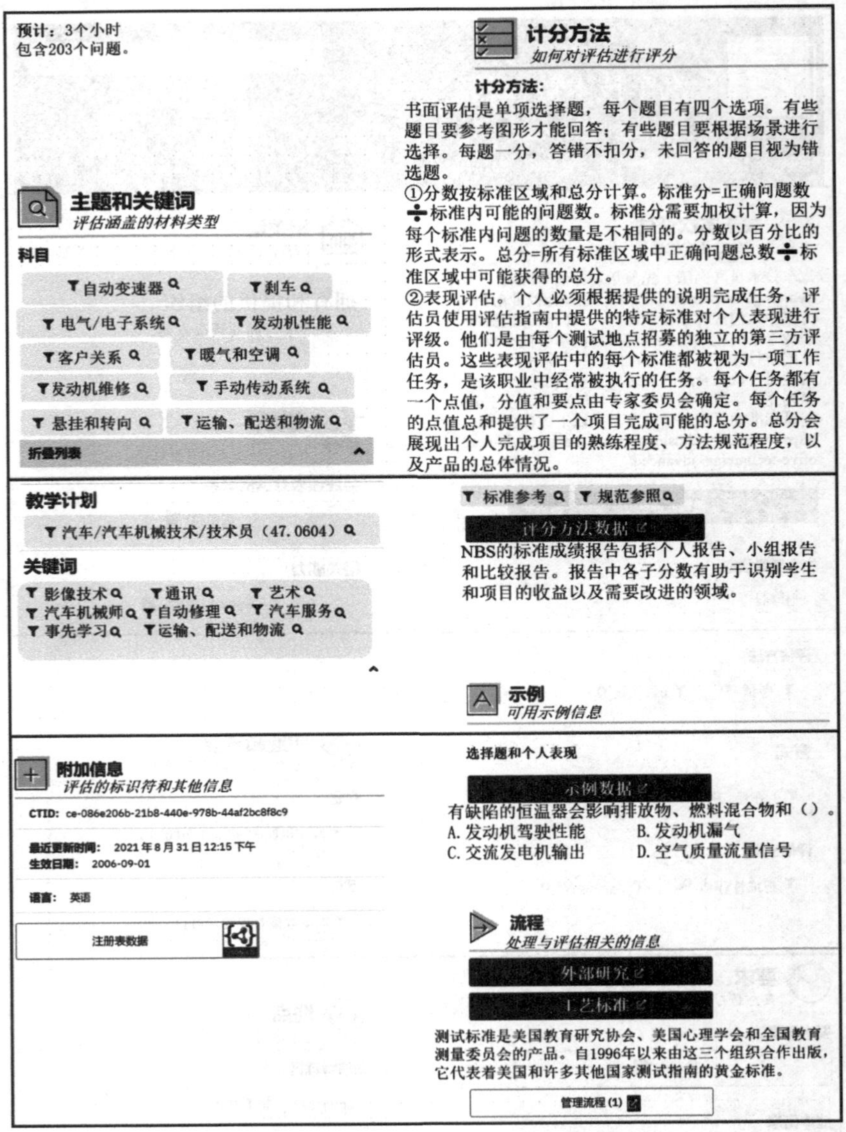

218 / 职业教育校企合作:美国中介组织的参与模式

预计: 3个小时
包含203个问题。

计分方法
如何对评估进行评分

计分方法:
书面评估是单项选择题,每个题目有四个选项。有些题目要参考图形才能回答;有些题目要根据场景进行选择。每题一分,答错不扣分,未回答的题目视为错选题。

①分数按标准区域和总分计算。标准分=正确问题数÷标准内可能的问题数。标准分需要加权计算,因为每个标准内问题的数量是不相同的。分数以百分比的形式表示。总分=所有标准区域中正确问题总数÷标准区域中可能获得的总分。

②表现评估。个人必须根据提供的说明完成任务,评估员使用评估指南中提供的特定标准对个人表现进行评级。他们是由每个测试地点招募的独立的第三方评估员。这些表现评估中的每个标准都被视为一项工作任务,是该职业中经常被执行的任务。每个任务都有一个点值,分值和要点由专家委员会确定。每个任务的点值总和提供了一个项目完成可能的总分。总分会展现出个人完成项目的熟练程度、方法规范程度,以及产品的总体情况。

主题和关键词
评估涵盖的材料类型

科目
- ▼ 自动变速器
- ▼ 刹车
- ▼ 电气/电子系统
- ▼ 发动机性能
- ▼ 客户关系
- ▼ 暖气和空调
- ▼ 发动机维修
- ▼ 手动传动系统
- ▼ 悬挂和转向
- ▼ 运输、配送和物流

折叠列表

教学计划
▼ 汽车/汽车机械技术/技术员(47.0604)

关键词
- ▼ 影像技术
- ▼ 通讯
- ▼ 艺术
- ▼ 汽车机械师
- ▼ 自动修理
- ▼ 汽车服务
- ▼ 事先学习
- ▼ 运输、配送和物流

附加信息
评估的标识符和其他信息

CTID: ce-086e206b-21b8-440e-978b-44af2bc8f8c9

最近更新时间: 2021年8月31日12:15下午
生效日期: 2006-09-01
语言: 英语

注册表数据

标准参考 **规范参考**

评分方法数据

NBS的标准成绩报告包括个人报告、小组报告和比较报告。报告中各子分数有助于识别学生和项目的收益以及需要改进的领域。

示例
可用示例信息

选择题和个人表现

示例数据

有缺陷的恒温器会影响排放物、燃料混合物和( )。
A. 发动机驾驶性能   B. 发动机漏气
C. 交流发电机输出   D. 空气质量流量信号

流程
处理与评估相关的信息

外部研究

工艺标准

测试标准是美国教育研究协会、美国心理学会和全国教育测量委员会的产品。自1996年以来由这三个组织合作出版,它代表着美国和许多其他国家测试指南的黄金标准。

管理流程(1)

图3-18 高级汽车技术员的评估(b)

学分转移课程大多是由美国教育委员会提供，转学分课程要接受美国教育学习评估委员会的审查，并且要注明学期学时、教育水平和学科领域等信息。

（二）CE 信息平台的应用

CE 提出愿景，到 2025 年，美国 50 个州的每一个教育和培训项目、证书、技能提升机会都将公开展示，人人都可以在网络上搜索，并与各自的投资回报挂钩。[①] 目前，已经有不少州与 CE 合作，如印第安纳州高等教育委员会与 CE 合作，在 2019 年发布了该州公立两年制和四年制学校的证书数据，共计 3000 多份证书。在行业领域，该州首先侧重发布有关医疗证书的信息，同时公布合格培训提供者数据，是第一个在网站上提供数据供居民直接访问的州。新英格兰高等教育委员会与 CE 在医疗保健、生命科学、信息等部门展开合作，公布了公立和私立高等教育机构和第三方提供者颁发的证书信息。新泽西州和密歇根州将 CE 的数据整合到自己州有关职业发展的平台上。俄亥俄州起初在高等教育部牵头下发布信息技术和网络安全领域的证书，现在已经把中学后教育机构证书纳入登记册。新罕布什尔社区学院系统在 2019 年完成了证书信息登记，将其看作是加强与雇主关系的工具。华盛顿在该州劳动力培训与教育协调委员会的牵头下开始注册证书信息，旨在提高证书透明度和流动性。

此外，CE 的便捷性也使其易于推广。例如，学院一号（Academy-One）公司正在开发一种工具，它将利用 CE 注册表来通知、简化和降低学业学分转移的成本。亮巢（BrightHive）数据平台正在开发一种帮助各州应用 CE 注册表的程序，并将其中证书数据与劳动力市场信息连接起来，提高公共部门数据的效率。阿尔伯塔学校主管学院使用 CE 能力和证书信息，改进个人和雇主获得所需知识、技能的方式。网络课程公司（CourseNetworking）利用证书注册表，根据技能和兴趣向成员提供更精细的数据，并开发人工智能项目向会员智能推荐或展示 CE 证书

[①] CE. Stakeholders and Key Initiatives for a Connected Learn-and-Work Ecosystem-A Guide [EB/OL]（2019 - 11 - 22）[2021 - 12 - 08]. https：//credentialengine.org/2019/11/22/guide-to-key-initiatives-for-the-connected-learn-and-work-ecosystem/.

数据。克莱德（Credly）开放徽章平台在此基础上将人们与非传统的认证机会联系起来，这些机会可以培养职业能力，为职业发展和大学学分转移提供透明度和机会。国家职业能力测试协会（NOCTI）将注册表与其搜索功能集成一体，从而使搜索人员能够选择并比较 NOCTI 不同证书的技术标准。智能目录（SmartCatalog）正在开发与注册表的连接，建立一种有效上传证书和能力数据的方式，确保注册表对计划要求有最准确的描述。南伊利诺伊大学劳动力发展中心正在创建新的工具，使任何组织都能开发定制搜索小部件，并向其受众提供目标数据。美国商会基金会利用数据表的数据来增强其人才管道管理网络工具，它可以从注册表提取能力和认证信息，并简化雇主确定培训需求和合适人选的过程。[1]

第五节　本章小结

本章内容总结了中介组织在外部环境的影响下作用于职业教育校企合作的行动机制，主要有四种方式，分别为组织结构的环境强制输入、组织结构的环境诱致、组织结构的环境授权、组织结构的自致。每种作用机制选择了几类典型代表进行了深入分析，将组织对环境的回应详细地展现出来。可以发现，在环境强制输入的影响下，各类中介组织纷纷响应联邦法律对职业教育的要求，举办学徒制、倡导工作本位学习、企业实习、循证研究等，主要校企合作业务也是与法律要求保持一致。在环境的影响下，校企合作中介组织接受着政府部门、慈善组织以及两者的混合投资，并在这些资源的推动下积极撮合职业院校和企业的合作。在环境的授权下，职业教育证书认证、行业技能证书认证、核心素养证书认证，或者得到专业机构的认可，或者争取到权威人士、专业人士的认可，在较大范围内流行开来。在组织结构的自致中，各校企合作中介

---

[1] CE. Credential Engine Application Showcases［EB/OL］（2018 – 10 – 17）［2021 – 12 – 08］. chrome-extension：//bocbaocobfecmglnmeaeppambideimao/pdf/viewer. html? file = https% 3A% 2F% 2Fcredentialengine. org% 2Fwp-content% 2Fuploads% 2F2018% 2F12% 2FAppShowcaseSummaries_181017. pdf.

组织为谋求自身的发展，各显神通，或者拓展自身的组织结构，或者借助项目引领全国职业教育校企合作的改革，或者通过项目一站式服务撮合校企合作，或者发挥技术优势搭建校企合作的大平台。总体来看，在环境的影响下，中介组织开展了丰富多彩的校企合作活动。

第 四 章

美国中介组织参与职业教育校企合作的经验与启示

第一节　美国中介组织参与职业教育校企合作的经验

一　校企合作中介组织职能多样化

任何成功的校企合作都有一个共同要素，即有人致力于协调基于工作的学习计划，特别是管理雇主和教育者之间的关系。① 中介机构充当劳动力系统和教育之间的纽带，是启动校企合作的一项资产，为各方协调尽可能地扫除障碍。任何新关系的建立都不是一件容易的事，由于缺乏共同语言，劳动力发展领域的细微差别对大多数雇主来说都是陌生的，那些最需要资源的中小型雇主更是如此，因此需要开发出雇主能够有效回应的共同的、可理解的语言。② 中介组织作为专门的协调机构可以为此投入大量的时间和资源，它们为人力资源、雇主、教师、学校管理者和家长制定明确的沟通策略，并制定清晰易懂的定义，使工作场所学习的

---

① Advance CTE. Connecting the Classroom to Careers A Comprehensive Guide to the State's Role in Work-based Learning [EB/OL] (2016 - 10) [2021 - 12 - 17]. chrome-extension：//bocbaocobfec-mglnmeaeppambideimao/pdf/viewer.html? file = https% 3A% 2F% 2Fcte. careertech. org% 2Fsites% 2Fdefault% 2Ffiles% 2Ffiles% 2Fresources% 2FWBL_Guide_2016_0. pdf.

② Partnership for Employer-Employee Responsive Systems. Workforce Intermediaries：Generating Benefits for Employers and Workers [EB/OL] (2003 - 11) [2021 - 12 - 19]. chrome-extension：//bocbaocobfecmglnmeaeppambideimao/pdf/viewer.html? file = https% 3A% 2F% 2Fjfforg-prod-new. s3. amazonaws. com% 2Fmedia% 2Fdocuments% 2FPEERS. pdf.

相关术语（如工资、工时）等符合州和联邦的规定。① 不同组织只有充分了解彼此的目标、动机、文化，熟悉彼此工作的基础，才能建立并稳固组织之间的信任。

此外，虽然州和联邦法律允许工作场所学习，但是一些雇主和人力资源部门仍然不能完全接受他们将要承担的风险。尤其对未成年的高中生，雇主对童工法忧心忡忡，而且工作场所中存在安全隐患也让雇主和学校都找到了推脱的理由。工作场所相关的法律通常很复杂，不能想当然地认为雇主已经完全理解了所有管理工作场所的法律，尤其是那些涉及未成年人的法律。误解这些法律不利于学生获得真实的、有意义的学习体验。加利福尼亚社区基金会为学生工作或带薪实习承担了人力资源的职能，大多数学生年龄在18—22岁，但是也有些学生只有16岁，基金会逐渐将这项服务扩展到K-12学生的工作场所学习。此外，新泽西州依托学校董事会协会的一个非营利性公共实体，为当地的许多学区提供保险。在保险风险分析师的建议下，各方不需要为学生的安置承担任何新的责任，因为学区可以将工作场所学习的责任扩展开来，就像其他校外活动（如运动队旅行、实地旅行），而雇主已经被要求为他们的工作场所投保责任险。

二　校企合作中介组织技术活动专业化

在美国，州和联邦政府对于收集哪些评估数据并没有提供指导，有些州要求的数据也不一样，数据呈现的方式也不统一。总体来看，地方伙伴关系具有很大的自主权。尽管如此，数据收集的工作对各州而言都是非常重要且必要的，很多合作伙伴也开始把可信的证据视为改进项目的方法以及赢得和维持资源的关键因素。大部分中介组织都会主动创建合作伙伴的共享数据集，美国自1998年开始的从学校到工作的中介网络项目探索了一系列提供有效证据的实际方法。数据工作组利用企业开发

---

① Advance CTE. Removing Legal Barriers around Work-based Learning [EB/OL] (2016-04) [2021-12-17]. chrome-extension：//bocbaocobfecmglnmeaeppambideimao/pdf/viewer.html? file = https%3A%2F%2Fcte.careertech.org%2Fsites%2Fdefault%2Ffiles%2FWBL_casestudy_Legal_2016.pdf.

的一套模板，粗略估算雇主从学校到职业的商业投资，同时开发了一个用来测量中介功能效度和价值的指标矩阵，矩阵包括活动数量、满意度、实际工资、教育成果、就业成功。在过去的几年中，许多网络成员已经从统计不同活动参与者（学生、雇主、教师等）的人数，发展到通过系统的调查和其他反馈机制来评估中介机构支持合作伙伴的质量。

一些中介组织在创建新项目和计划时就已经建立了数据收集和反馈机制，由专门人员负责长期跟踪学生的参与情况。联合—洛杉矶（Unite-LA）在一开始就设法对其工作进行一个系统的评价，中介组织的优先考虑是让尽可能多的人参与学校到职业的计划，而不是把资源集中在几个学校。他们开展了一个持续多年的外部评估，以测量学生的知识增长情况，以及中介组织在其中的共享情况。此外，评估人员开展了一项多阶段调查，首先对1998—1999学年的高年级学生进行大量抽样调查，了解基本情况以及学生对该计划的看法，到2001年，对学生进行抽样调查，并对两项调查进行对比。同时，还分析了中介组织发放奖学金对该计划的影响，雇主对中介组织介入的看法，以及对学生学术成果的评估。[①]

很多中介组织还会邀请企业和行业参与项目评估，利用企业主管的专业知识和能力观察和评估学生能力。西弗吉尼亚在2013年启用系统评估法测量工作场所学习，它借助第三方行业合作伙伴对工作场所进行模拟，并于2015年在全州推广，超过13000名学生在50多个模拟工作场所的教室接受了评估。[②] 该计划与私营部门和教育领导者合作设计行业评估指标，包括安全、设备、工作场所行为规范等，并招募雇主作为检查员安排现场访问，检查项目实施是否遵循行业标准。这些评估数据为学生和教师提供了具体的反馈，也为州政府评估项目质量提供了参考。相关问题包括，教室区域代表适用工作场所环境的程度；显示适当的行业安全标志的程度；设备和工具满足职业标准的崭新程度等。获得85%或更

---

① Hilary Kopp. Data and Evidence Gathering: Strategies and Challenges. School-to-Work Intermediary Project. Issue Brief [EB/OL] (2002-05) [2021-12-17]. https://files.eric.ed.gov/fulltext/ED497842.pdf.

② Advance CTE. Connecting the Classroom to Careers: Measuring Work-based Learning for Continuous Improvement [EB/OL] (2016-08) [2021-12-19]. https://careertech.org/resource/measuring-work-based-learning-for-continuous-improvement.

高评估分数的计划被州教育部视为"行业认可计划",低于85%则会排除技术支持团队,协助学生和管理人员制定改进计划。改进之后可以进行额外审查,未通过的计划则不能获得资金支持。

三 校企合作中介组织资金来源多元化

宾夕法尼亚州制定了一项"制造战略",其核心是建立行业伙伴关系,由中介组织汇总培训需求,使教育更符合雇主需求。该州削减了许多社会服务的预算,为中介组织提供了2000万美元的拨款资助,其中500万美元用于建立行业伙伴关系,并努力招募当地基金会,以增加对行业伙伴的支持。俄亥俄州政府与知识工程基金会(KnowledgeWorks Foundation)合作开创了职业生涯计划,旨在帮助雇主、社区学院和成人职业中心更好地满足低收入成年人的教育需求。该计划早期由基金会资助了三个合作伙伴关系,从政府获得每年30万美元的承诺后,又支持了另外三个职业路径伙伴关系。每个中介机构获得75000美元的人事和运营费用,以及25000美元的技术援助和能力建设费用。加州湾区劳动力资金合作组织(Bay Area Workforce Funding Collaborative)成立于2004年,由加州就业发展部和十几个基金会合作成立,集合资金优先支持为行业高需求职业培养人才的中介组织。基金会在劳动力项目中投资了400多万美元,其中第一轮融资总额为210万美元,加州就业发展部提供了140万美元,雇主捐款超过120万美元,社区学院及其他组织捐赠110万美元,建立了由24名雇主、5个劳动力委员会、3个一站式中心、11所社区学院、4个社区组织、1个工会培训中心构成的劳动力合作伙伴关系。湾州工作(BayStateWorks)是马萨诸塞州用于支持培训和劳动力中介组织组建合作伙伴关系的组织,职业事务司、失业援助署、教育部、劳动力发展部等州政府机构为第一轮融资筹集了350万美元,针对重点行业高需求职业培训项目建立了职业阶梯,并提供每年350万美元的常设基金。这350万美元包括雇主为在职工人计划支付的总额,为失业保险应税工资基数的0.075%(每年提供约200万美元),州长的自由裁量劳动力投资法案基金约50万美元,以及该州每年100万美元的《劳动力投资法案》(WIA)资助。区域用于支持合作伙伴关系的行业团队可以收取高达10%的管理费用于支持运营。三年后,州经济发展立法为第二轮融资提供了600万美元。2006年，该州延长了《经济刺激法案》，这为劳动力发展提供了2450万美元的新国家投资，并为劳动力竞争信托基金提供了1100万美元的资金，用以支持当地的劳动力中介组织。

对于大多数非营利性中介组织而言，需要从直接服务合同和小额基金补助中拼凑多个资金流，是它们有效增长、规模扩大和可持续性发展的主要障碍。然而，没有长期且稳定的资金来源，非营利组织的生存是非常脆弱的。例如，1994年《从学校到工作机会法案》（School‐to‐Work Opportunities Act of 1994）为各州提供资金以建立支持职业发展的中介组织，但是资金提供时间仅为五年。随着资金的减少和中断，一些组织已经停止活动甚至消失了，一些组织将建立雇主与学校联系的重点转移到其他项目中；组织减少了工作人员，一些成员从全职转为兼职，或者转入当地学校；组织服务范围更窄，服务对象减少，一些大型活动也被取消了。①

四 校企合作中介组织交流与合作态势明显

中介组织在不同利益主体之间的周旋与协调有助于在国家、州、地方等各个层级建立校企合作的协调机制。在微观层面，充当中介的个人，通常被称为协调员，他们经常在工会、雇主、教育和区域劳动力系统之间建立联系，让雇主了解校企合作的好处以及政策优惠；汇总行业内小企业雇主的需求以减轻他们提供培训的行政负担；关注校企合作质量，检查出勤率，筹措指导费，在教师和工作场所主管之间进行协调；与社区学院合作开发高质量的课程和教材；大力宣传校企合作成果；追踪校企合作实施效果，稳固合作关系。在中观层面，实现一州内部的协调。例如，卡罗来纳州学徒（Apprenticeship Carolina）于2007年在南卡罗来纳州技术学院系统启动，是州一级的中介组织，启动了该州的注册

---

① Grobe T. After the Sunset: Sustaining School-to-Work Intermediary Activity [EB/OL] (2002‐06) [2021‐12‐19]. chrome-extension：//bocbaocobfecmglnmeaeppambideimao/pdf/viewer.html? file = https%3A%2F%2Fjfforg-prod-new.s3.amazonaws.com%2Fmedia%2Fdocuments%2FSunset.pdf.

学徒计划。该组织的六支顾问团队与全州雇主直接联系，为雇主和教育机构提供广泛的技术援助，推动了雇主和教育机构之间会议的召开、培训计划的制定。在国家层面，中介组织在不同州之间开展校企合作提供了诸多帮助。例如，未来工作在获得国家学徒计划赠款后，与重点发展伙伴关系（KDP）、威斯康星州区域培训伙伴关系（The Wisconsin Regional Training Partnership）、劳工培训学院（Labor Institute for Training）等非营利性劳动力中介机构，以及芝加哥劳动力和社区倡议联盟（Chicago Federation of Labor Workforce and Community Initiative）和密歇根人力资源开发研究所（Michigan Human Resource Development Institute）开发了一个新型的学徒制模式，并在美国威斯康星州、明尼苏达州、印第安纳州、肯塔基州、俄亥俄州、密歇根州、宾夕法尼亚州和伊利诺伊州八个州顺利开展。

第二节　美国中介组织参与职业教育校企合作的启示

一　增加制度保障，调动中介组织参与职业教育校企合作的积极性

首先，转变慈善意识，充分认识到职业教育中介组织的重要性。要建立一大批职业教育校企合作中介组织，如果观念上不被接受，很难在现实中发展起来。毕竟社会组织在我国的发展时间太短，人们对其重要性的认识还不够充分。现代慈善事业更具有主动性、普遍性和常态性的特征，与传统慈善事业的被动性、个体局限性和时间限定性形成了鲜明对比。[1] 因此，有必要紧跟现代慈善事业的步伐，实现传统慈善意识向现代慈善意识的转变。第一，突破公私二元认知，打破人们对私的事物所抱有的偏见，从观念上接受并扶持这样一批非营利性组织的建立，正确看待非营利性中介组织的作用和地位，了解它们的运作，不以偏概全被某些个案报道所误导。第二，通过制度化的方式引导人们不断传承传统

---

[1] 单玉华：《中国公民慈善意识转型的利弊因素分析》，《中共郑州市委党校学报》2013年第5期。

文化中的优秀慈善意识。传统文化对人们的慈善意识有着潜移默化的影响，如果能通过制度化的方式进行合理引导，激发人们从事公共事务的内生动力，可以建立起中介组织发展的文化根基，使其发展更加长久、主动且普遍。第三，积极培育人们的参与意识。热心教育事业、自发组织、独立运作，都需要较强的责任意识、公共权力意识以及公共事务参与意识。

其次，适当放宽对这类组织准入的严格限制。国内对教育中介组织的成立提出了较高要求，除了有双重监管外，还要求"有 50 个以上的个人会员或者 30 个以上的单位会员；个人会员、单位会员混合组成的，会员总数不得少于 50 个……全国性的社会团体有 10 万元以上活动资金，地方性的社会团体和跨行政区域的社会团体有 3 万元以上活动资金"，[①] 如果同一区域内已有相同或相似业务范围的社会团体，不予登记。根据财政部税务总局的要求，也只有那些获得登记管理机关批准的非营利组织才能提出免税资格申请，有效期为五年，对于捐赠方而言也只能对那些获得免税资格的非营利组织进行捐赠才能获得税前扣除资格。因此，有必要将双重管理转变成民政部或其他某一政府部门负责的统一管理制度，降低成立和审批的条件与要求，形成教育中介组织竞争发展的局势，通过优胜劣汰提高资源的配置效率。在放松进出口监督的情况下，加强中间过程的监督，对不合格问题进行严肃处理，如取消免税资格；从年度检查转变为常规检查；要求社会团体定期公开组织的开支、经费来源以及薪酬情况，规范第三方财务审计，让社会媒体和公民的监督成为可能。

最后，完善社会团体的法人地位。《民法总则》《基金会管理条例》《社会团体登记管理条例》《事业单位登记管理暂行条例》等法规都对非营利法人的资格取得进行了描述，但是相比于营利法人的申请条件，这些分散性的规定描述是比较模糊的，且多为行政法规，与管理性规定混淆在一起，导致行政机关过多干预组织法人的设立。[②] 由此一来，教育中介组织就丧失了自己的独立性，而其在社会结构中独立于政府和市场的

[①] 民政部：《社会团体登记管理条例》，（2016－12－10）［2022－01－12］，http://www.mca.gov.cn/article/gk/fg/shzzgl/201812/20181200013490.shtml。

[②] 张保红：《〈民法总则〉法人资格取得制度释评》，《浙江社会科学》2018 年第 7 期。

地位也难以确定，更不用说发挥其独特的功能和价值了。非营利法人的认可重点在非营利属性而不在其外在的非政府性、志愿性等特征，认识到它作为法人的一般属性，即团体性和独立性，继而肯定它在社会结构中所处的地位。那些已经成立的教育中介组织，行政部门与其在经费、编制、名称等方面进行脱钩，鼓励其自主管理和发展；对于新成立的教育中介组织，要避免重复先出资挂靠再设法脱钩的老路，在养成利用垄断谋求自我保护的习惯后，独立发展依然困难重重。

二 鼓励专业主义，重点培养一批专业化的职业教育校企合作中介组织

无论是组织的管理者，还是校企合作具体事务的执行者，仅有志愿精神是不能解决职业教育问题的，这些专业的问题还要由专业人士参与。员工实力是维持项目的最重要因素，人员流失意味着要不断重建组织能力，可能会降低项目的质量和运营的连续性。因此，有必要培养具有专业资质的中介组织，通过有偿方式吸引专业的管理和工作人员，推动组织专业化的发展。

首先，吸纳一大批训练有素的管理人员。在领导力方面，有效的领导至关重要。从制定战略和愿景的董事会成员，精通行业的研发主管，到精通职业教育的课程专家，负责项目运营和协调的人员，再到根据雇主需求灵活安排的工作人员，都离不开高素质的管理人员进行统筹，尤其是拥有多种技能的强大领导者，他们是促进组织可持续发展的关键。在评估方面，项目的有效性评估是大多数项目不可或缺的一部分。这包括过程评估、项目对目标人群影响的评估等，如参与方满意度的评估、雇主投资收益分析，在一个有多雇主参与的项目中，不同雇主衡量的元素和机制可能不一样，要根据雇主协商的具体指标提供分析。每种评估都可以使用多种工具，有些项目可能同时有多个外部评估人员。在数据管理方面，维持长期的项目数据对组织持续的生存能力非常重要，这就要求员工能够理解并准确使用数据管理系统。在财务管理方面，鉴于不同资金来源的数量、限制、时间表、预算和账单表单问题，多数项目的会计操作都非常复杂，需要具备专业知识水平的会计人员。

其次，成立专门的融资部门。融资是非营利性教育组织生存的关键，尤其对那些独立自治的组织来说，更是生死攸关的大问题。所以，组织要特别成立专门的融资部门。除了公共基金和私人慈善资金、会费、付费产品和服务（如拥有认证资格）、校友基金会外，中介组织在融资时要特别注意两点。一是，构建多元融资体系。组织者要有先见之明，具备敏捷性、企业家精神以及建立现有关系的能力，以根据融资项目的复杂性和挑战性，调整旧机制进行创新，了解各种性质的多个资金流，制定策略使其发挥最大化作用，并从战略上考虑如何利用资源获得更大的附加价值。尤其要注意的是，依赖单一资助者对非营利性组织来说是危险的，其承诺可能根据资助者的优先级或拨款分配的减少而改变。二是，作为服务于校企合作的中介组织要特别注意争取雇主投资的方式。中介组织在处理与雇主有复杂关系的项目时，需要采取一种微妙的平衡举措，既要拉动雇主投资，又不能压力太大让雇主望而却步。有些雇主在不进行内部制度改革时，很难看到培训的好处；有些雇主资金有限，只能投资短期工作；有些雇主认为中介组织提供的是公共服务，他们作为纳税人无须直接支付成本。所以，中介组织要特别选择那些有需求的合作对象，根据雇主需求制定培训计划，签订培训合同协议、年度服务合同等确定培训费用。在培训开始或结束后尤其要计算投资回报率，包括新员工的留任率、每名员工流动的成本、节省的沟通和管理时间、生产率的提高、临时员工成本的降低等。让包括雇主在内的所有投资者了解行业投资价值是中介组织的必行功课，因为回报率是让投资者投入最大金额且一直出现在谈判桌上的重要砝码，其价值也决定了投资者是否会提供资金以外的资源，如额外的人际关系、新想法等。

  最后，吸引一批职业教育领域的精英型专家。校企合作要落实到人才培养的各个环节，迫切需要领域专家的科学指导，包括进行人才需求调研和人才质量跟踪，以及在梳理企业工作任务和职业能力的基础上，指导校企合作开发课程、编写教材、设计学习项目、开发教学材料、进行相关人员培训等。除此之外，中介组织对政策和行业的感知要格外敏感。在大多数教育中介组织，都嵌入了一些公共政策和制度改革的工作，以此来提高自身价值，这就需要对政策进行正确的理解和分析。职业教育与行业密切相关，而经济和行业不断发展变化，学生个人和雇主的需求与兴趣也在变化，如果对行业变化反应迟钝，组织可能无法利用新的机会或者增加最大价值。重点培育一批掌握从管理到职业教育专业技能的复合型人才，他们既具备现代公共管理理念，又熟悉职业教育校企合作业务，可以推动中介组织的良性发展。

三 加大政策支持，为中介组织参与职业教育提供稳定的资金来源和渠道

首先，政府部门可以制定一个灵活的国家资金来源，用于创建和支持职业教育校企合作中介组织。即使是最成功的中介组织也离不开公共资金的大量投入，可以是直接拨款或者竞争性拨款，可以是劳动力就业相关经费补贴，可以是公共资金与私人基金的结合，可以是债权融资（涉及立法和管理的专业性及复杂性，操作较为困难）或者通过失业保险以某种方式进行资助，[1] 也可以发起劳资协议与雇主谈判，将工资的一个或几个百分点设立单独的信托或交由专门的组织管理，用于支持校企合作提高技能水平。[2] 一方面，这是许多非营利性组织成立的种子资金。有必要留出时间和资源来规划新的校企合作中介组织，并让这些组织建立伙伴关系，确保在关键地区劳动力市场建设有效且可持续的校企合作中介基础设施。另一方面，这些组织需要运营资金来履行其关键的劳动力市场组织职能，所以必须允许小额行政费用与间歇性补助金拼凑在一起，以支持其员工和组织行为，肯定建立校企合作关系的中间业务资金的合理性。

其次，资金拨款与中介组织的评估直接挂钩。对中介组织的直接运营支持应取决于工人和雇主在一系列高度明确的结果上取得的明显的成功，如个人结果（个人安置、留任、教育水平和工作晋升等），过程结果（参与校企合作的雇主数量，服务模式的种类等）。国家基于中介组织业

---

[1] Prince H. Strategies for Financing Workforce Intermediaries: Working Papers [EB/OL] (2007 – 07) [2021 – 12 – 21]. chrome-extension: //bocbaocobfecmglnmeaeppambideimao/pdf/viewer. html? file = https%3A%2F%2Fjfforg-prod-new. s3. amazonaws. com%2Fmedia%2Fdocuments%2FFinancingWI. pdf.

[2] Griffen S. Sustaining the Promise: Realizing the Potential of Workforce Intermediaries and Sector Projects [EB/OL] (2008) [2021 – 12 – 24]. extension: //bfdogplmndidlpjfhoijckpakkdjkkil/pdf/viewer. html? file = file%3A%2F%2F%2FE%3A%2Fdownload%2FNFWSsustainability. pdf.

绩提供资金支持，重点是激励它们有效开展地区服务，而不是为了制造垄断以排他性的方式提供资金。

最后，引导中介组织注重能力建设。实现规模效应十分重要，但是面临质量参差不齐的各类组织，能力建设同样重要。政府可以通过召集当地专家或者从其他地方引进专家为这类组织提供能力指导，也可以为它们提供聘请专家顾问的小额赠款。

四 重视人际关系，铺设系统化的职业教育校企合作中介网络

首先，教育中介组织制定组织目标要尽可能贴近教育部门、法律部门、社会文化等外部制度环境，而其技术活动要正常从事校企合作的具体任务。例如，美国"未来工作"的组织目标是，"我们渴望创造一个人人享有平等经济发展机会的世界；我们以创新的理念和行动引领潮流，突破可能的界限；我们带来有意义且持久的系统性变革；我们努力设计、测试和扩展基于证据的解决方案；我们相信我们的努力能加强国家经济并改善人民生活"。[①] 组织目标满足了教育部门、立法部门对职业教育非营利组织的相关要求，宏大且抽象。从其活动内容来看，它涉足了校企合作的方方面面，有着明确的工作领域、覆盖的地理位置、要解决的具体问题、服务面向的人群、资源的类型、相关部门和行业以及针对不同利益相关者开展的活动。生涯与技术教育协会的组织使命是在培养具有竞争力的劳动力方面提供教育领导，其目的在于提供卓越的生涯与技术教育，倡导有利于生涯与技术教育的国家公共政策，充当生涯与技术教育各个方面相关的教育和信息交换所，提供专业发展的途径，提高公众对职业教育的认识。[②] 从其专业发展活动来看，包括政策宣传、各类会议的召开、不同奖项的设置和颁布、发展领导力，以及提供职业教育工具库、在线学习、研讨机会、奖学金等。

其次，关系管理是教育中介组织基础工作中的一项核心要素。这些

---

① JFF. Who We Are［EB/OL］［2022 – 01 – 12］. https：//www. jff. org/about/.
② ACTE. 2019 BYLAWS［EB/OL］(2019 – 12 – 05)［2022 – 01 – 12］. chrome-extension：//bocbaocobfecmglnmeaeppambideimao/pdf/viewer. html？file = https% 3A% 2F% 2Fwww. acteonline. org% 2Fwp-content% 2Fuploads% 2F2020% 2F04% 2F2019 – Bylaws-Update – 04. 2020 – 1. pdf.

工作大部分涉及政治和资助者关系的维系，如董事们在公共论坛发声，在各种论坛上与资助者及其他对行业模式感兴趣的人会面，以确保他们在项目谈判中保持一席之地。关系管理是组织的一个长期任务，多数校企合作项目需要将众多领域中的利益相关者聚集在一起，这需要组织确定关系管理的规模和范围，并花费时间执行相应的工作。"高接触"的参与模式是卓有成效的，但是其价值要在组织文化中得到员工的认可，因为有时它是隐藏成本，很容易导致员工倦怠。因此，有必要建立发达的关系网络，才能让中介组织保持良好运转。

第三节 研究结论与展望

从美国中介组织参与职业教育校企合作的各类行动来看，校企合作其实是一个非常复杂的过程，中介组织可以参与的方面是非常多的。这是人们很容易忽视的一点，想当然地将校企合作看作只要牵线搭桥就能自然发生的事情。但从实际情况来看，高质量的校企合作需要方方面面的不懈努力。

本书虽然已尽力收集相关资料，但是能力有限，对问题的分析还有待进一步提高。在未来的研究中，如条件允许的情况下，可以选取典型案例对其组织内部管理、运作、与其他社会组织的合作、对参与方的积极和消极影响进行实地考察。

参考文献

中文文献

徐彤武等：《美国公民社会的治理——美国非营利组织现状》，中国社会科学出版社 2016 年版。

丁煌：《西方公共行政管理理论精要》，中国人民大学出版社 2005 年版。

李应博：《中国社会中介组织研究：治理、监管与激励》，中国人民大学出版社 2018 年版。

卢现祥、朱巧玲：《新制度经济学》，北京大学出版社 2012 年版。

徐冬青：《市场引入与主体重构 现代学校制度若干问题研究》，辽宁人民出版社 2009 年版。

徐国庆：《从分等到分类：职业教育改革发展之路》，华东师范大学出版社 2018 年版。

杨凤英：《分权与合作：中介组织介入高等教育管理研究：基于美国的实践》，人民出版社 2016 年版。

杨钋：《技能形成与创新：职业教育校企合作的功能分析》，社会科学文献出版社 2020 年版。

原毅军、董琨：《经济中介组织发展研究》，北京科学出版社 2013 年版。

张永宏：《组织社会学的新制度主义学派》，上海人民出版社 2007 年版。

中国行政管理学会课题组：《中国社会中介组织发展研究》，中国经济出版社 2006 年版。

周雪光：《组织社会学十讲》，社会科学文献出版社 2003 年版。

杜明峰：《社会组织参与教育——治理的视角》，博士学位论文，华东师范大学，2017 年。

贺艳芳：《我国企业参与现代学徒制动力问题研究——基于中德企业的对比》，博士学位论文，华东师范大学，2018年。

胡春花：《我国政府与高校间中介性组织有关问题的研究》，硕士学位论文，苏州大学，2004年。

盛莹：《论美国公共管理中的自治传统与规制问题》，硕士学位论文，南京师范大学，2006年。

田恒：《新制度主义视角下政府与非营利组织的关系研究——以上海市为例》，硕士学位论文，华东师范大学，2011年。

王亚军：《台湾地区大学"推荐甄选"招生制度变革研究——基于新制度主义的分析视角》，博士学位论文，四川师范大学，2018年。

吴天：《教育中介组织与政府合作治理关系研究——基于政策工具视角》，硕士学位论文，上海交通大学，2013年。

毕国军：《深化教育改革与教育中介组织》，《教育研究与实验》1998年第3期。

陈洁：《发展教育中介组织的若干思考》，《教育发展研究》2004年第Z1期。

陈金圣：《从蔡元培北大改革看大学学术权力的制度构建——基于组织新制度主义的视角》，《复旦教育论坛》2012年第1期。

陈霜叶：《高等教育中介组织在中国的存在形式及生成条件研究》，《比较教育研究》2003年第8期。

陈玺名：《职业教育校企合作中的计划与市场》，《现代教育管理》2015年第1期。

范履冰、曾龙：《论教育中介组织的角色和作用》，《国家教育行政学院学报》2011年第8期。

高柏：《中国经济发展模式转型与经济社会学制度学派》，《社会学研究》2008年第4期。

葛新斌：《教育中介组织的合理建构与职能运作探析》，《清华大学教育研究》2011年第3期。

李子彦：《教育中介组织参与公共教育治理：功用、困境及路径》，《黑龙江高教研究》2017年第3期。

潘海生、裴旭东：《职业教育产教融合服务组织：动力、内涵与功能优化》,《职业技术教育》2019 年第 27 期。

孙健:《职教治理体系中的社会参与:缺位与定位——以行业协会为例》,《教育发展研究》2015 年第 19 期。

唐安国、阎光才:《关于高校与政府间中介机构的理论思考》,《上海高教研究》1998 年第 6 期。

唐兴霖、王辉、嵇绍岭:《社会转型中教育中介组织对教育发展的影响——以教育社团为中心》,《行政论坛》2013 年第 5 期。

[俄]托马斯·雷明顿、杨钋:《中、美、俄职业教育中的校企合作》,《北京大学教育评论》2019 年第 2 期。

王洛忠、安然:《社会中介组织:作用、问题与对策》,《求实》2000 年第 1 期。

王全旺、周志刚:《教育中介组织在高职院校工学结合中的作用探究》,《学术论坛》2008 年第 6 期。

王一兵:《60 年代以来西方主要市场经济国家教育发展述评与比较》,《教育研究》1991 年第 4 期。

王义娜、陈彬:《教育中介组织生存与发展的合理性阐释——基于交易成本经济学的视角》,《复旦教育论坛》2009 年第 5 期。

王战军、乔刚:《社会组织参与研究生教育治理的行为模式研究》,《学位与研究生教育》2017 年第 10 期。

韦岚:《职业教育中介组织的运行及内在机理——以香港地区职业训练局为例》,《职业技术教育》2020 年第 16 期。

吴华:《产权视域下的校企合作——市场机制的失效和政府的有限介入》,《现代教育管理》2014 年第 3 期。

吴磊、冯晖:《合作治理视域下社会组织参与教育治理:模式、困境及其超越》,《中国教育学刊》2017 年第 12 期。

徐国庆:《我国二元经济政策与职业教育发展的二元困境——经济社会学的视角》,《教育研究》2019 年第 1 期。

阎光才:《国外政府和高校间中介机构的职能特征分析》,《有色金属高教研究》1998 年第 6 期。

营立成:《社区社会组织合法性危机的生成机制——基于新制度主义视角的分析》,《城市问题》2016 年第 12 期。

于海峰、曹海军、孙艳：《中国语境下非政府性教育中介组织研究》，《清华大学教育研究》2011 年第 4 期。

张海军：《"社会组织"概念的提出及其重要意义》，《社团管理研究》2012 年第 12 期。

张侃：《高校行政化的制度根源与"去行政化"——基于组织社会学新制度主义的视角》，《中州学刊》2014 年第 5 期。

周光礼：《论中国政府与教育中介组织的互动关系：一个法学的视角》，《北京大学教育评论》2006 年第 3 期。

周英文、徐国庆：《中介组织参与职业教育改革的机制分析——以美国为例》，《教育发展研究》2021 年第 7 期。

译著

［德］马克斯·韦伯：《韦伯作品集 XII 新教伦理与资本主义精神》，康乐、简惠美译，广西师范大学出版社 2007 年版。

［德］马克斯·韦伯：《经济与社会》（上卷），林荣远译，商务印书馆 1997 年版。

［法］托克维尔：《论美国的民主》，董果良译，商务印书馆 2019 年版。

［美］W. 理查德·斯科特、杰拉尔德·F. 戴维斯：《组织理论：理性，自然和开放系统》，高俊山译，中国人民大学出版社 2011 年版。

［美］W. 理查德·斯科特：《制度与组织：思想观念与物质利益》，姚伟、王黎芳译，中国人民大学出版社 2010 年版。

［美］奥利弗·伊顿·威廉姆森：《契约、治理与交易成本经济学》，陈耿宣编译，中国人民大学出版社 2020 年版。

［美］彼得·A. 霍尔等：《资本主义的多样性：比较优势的制度基础》，王新荣译，中国人民大学出版社 2017 年版。

［美］伯顿·R. 克拉克：《高等教育系统——学术组织的跨国研究》，王承绪等译，杭州大学出版社 1994 年版。

［美］道格拉斯·诺斯：《制度、制度变迁与经济绩效》，刘守英译，上海三联书店 1994 年版。

［美］菲利浦·塞尔兹尼克：《田纳西河流域管理局与草根组织——一个正式组织的社会学研究》，李学译，重庆大学出版社 2014 年版。

［美］高柏：《经济意识形态与日本产业政策——1931—1965 年的发展主义》，安佳译，上海人民出版社 2008 年版。

［美］凯瑟琳·西伦：《制度是如何演化的：德国、英国、美国和日本的技能政治经济学》，王星译，上海人民出版社 2010 年版。

［美］莱斯特·M. 萨拉蒙等：《全球公民社会，非营利部门国际指数》，陈一梅等译，北京大学出版社 2007 年版。

［美］莱斯特·M. 萨拉蒙等：《全球公民社会：非营利部门视界》，贾西津等译，社会科学文献出版社 2002 年版。

［美］沃尔特·W. 鲍威尔、保罗·J. 迪马吉奥：《组织分析的新制度主义》，姚伟译，上海人民出版社 2008 年版。

［美］约翰·L. 坎贝尔、J. 罗杰斯·霍林斯沃思、利昂·N. 林德伯格：《美国经济治理》，董运生、王岩译，上海人民出版社 2009 年版。

英文文献

David B. Truman, *The Governmental Process: Political Interests and Public Opinion*, New York: Alfred A. Knopf., 1971.

Douglass C. North, *Institutions, Institutional Change, and Economic Performance*, Cambridge: Cambridge University Press, 1990.

E. Schattschneider, *Party Government: American Government in Action*, New York: Routledge, 2017.

Elizabeth H. DeBray, *Politics, Ideology and Education: Federal Policy During the Clinton and Bush Administrations*, New York: Teachers College Press, 2006.

Hannah Arendt, *Crises of the Republic: Lying in Politics; Civil Disobedience; On Violence; Thoughts on Politics and Revolution*, Florida: Mariner Books Classics, 1972.

Howard E. Aldrich, *Organizations and Environments*, California: Stanford University Press, 1979.

Hugh Hawkins, *Banding Together: The Rise of National Associations in American Higher Education*, 1887–1950, Maryland: Johns Hopkins University Press, 1992.

Ian Shapiro, Stephen Skowronek and Daniel Galvin, *Rethinking Political Institutions: The Art of the State*, New York: New York University Press, 2006.

James Q. Wilson, Jr. John J. DiIulio, et al., *American Government: Institutions and Policies*, Massachusetts: Cengage Learning, 2021.

Jeffrey M. Berry, *The New Liberalism: The Rising Power of Citizen Groups*, Washington, DC: Brookings, 2010.

John L. Campbell, J. Rogers Hollingsworth, Leon N. Lindberg, *Governance of the American economy*, New york: Cambridge University Press, 1991.

John Rogers and Marion Orr, *Public Engagement for Public Education: Joining forces to Revitalize Democracy and Equalize Schools*, California: Stanford University Press, 2011.

Josef Fuchs, *Christian Ethics in a Secular Arena*, Washington: Georgetown University Press, 1984.

Kenneth J. Saltman, *The Gift of Education-Public Education and Venture Philanthropy*, New York: Palgrave Macmillan, 2010.

Lester M. Salamon, S. Wojciech Sokolowski and Regina List, *Global Civil Society*, Bloomfield, CT: Kumarian, 2004.

Maureen Conway and Robert P. Giloth, *Connecting People to Work: Workforce Intermediaries and Sector Strategies*, New York: American Assembly at Columbia University, 2014.

Paul J. DiMaggio, *Nonprofit Enterprise in the Arts: Studies in Mission and Constraint*, Oxford: Oxford University Press on Demand, 1986.

Pauline Lipman, *The New Political Economy of Urban Education: Neoliberalism, race, and the Right to the City*, New York: Routledge, 2013.

Peter A. Hall, *The Political Power of Economic Ideas: Keynesianism Across Nations*, Princeton: Princeton University Press, 1989.

Philip Selznick, *TVA and the Grass Roots*, Berkeley: University of California Press, 1949.

R. A. W. Rhodes, Sarah A. Binder and Bert A. Rockman, *The Oxford Handbook of Political Institutions*, Oxford: Oxford University Press, 2008.

Richard Steinberg and Walter W. Powell, *The Nonprofit Sector: A Research Handbook*, Second Edition, New Haven and London: Yale University Press, 2006.

Robert A. Dahl, *Who Governs? Democracy and Power in an American City*, New Haven and London: Yale University Press, 1961.

Robert H. Bremner, *American Philanthropy*, Illinois: University of Chicago Press, 1988.

Saul D. Alinsky, *Rules for Radicals: A Pragmatic Primer for Realistic Radicals*, New York: Random House, 1971.

Stephen J. Ball and Carolina Junemann, *Networks, New Governance, and Education*, Chicago, IL: The Policy Press, 2012.

Steven Brint and Jerome Karabel, *The Diverted Dream: Community Colleges and the Promise of Educational Opportunity in America*, 1900–1985, Oxford: Oxford University Press, 1989.

W. Richard Scott, *Institutions and Organizations: Ideas, Interests, and Identities*, Thousand Oaks, California: Sage publications, 2013.

W. Richard Scott, *Organizations: Rational, Natural and Open Systems*, Englewood Cliffs, N. J. : Prentice-Hall, 1981.

Walter W. Powell and Paul J. DiMaggio, *The New Institutionalism in Organizational Analysis*, Chicago: University of Chicago press, 2012.

Aleksandra Prascevic, "The Political Economy of Misusing Income Distribution in the Electoral Process: A Biased Pluralism Approach", *Economic Annals*, Vol. 62, No. 214, July-September 2017.

Arthur L. Stinchcombe, "On the Virtues of the Old Institutionalism", *Annual Review of Sociology*, Vol. 23, August 1997.

Charles Perrow, "The Analysis of Goals in Complex Organizations", *American Sociological Review*, Vol. 26, No. 6, December 1961.

Christopher Lubienski, Janelle Scott, and Elizabeth DeBray, "The Politics of Research Production, Promotion, and Utilization in Educational Policy", *Educational Policy*, Vol. 28, Issue 2, March 2014.

David C. Hammack, "Nonprofit Organizations in American History: Research

Opportunities and Sources", *American Behavioral Scientist*, Vol. 45, Issue 11, July 2002.

Edgar Frackmann, "The Role of Buffer Institutions in Higher Education", *Higher Education Policy*, Vol. 5, Issue 3, September 1992.

Elaine El-Khawas, "Are Buffer Organizations Doomed to Fail? Inevitable Dilemmas and Tensions", *Higher Education Policy*, Vol. 5, Issue 3, September 1992.

Eloise Pasachoff, "Two Cheers for Evidence: Law, Research, and Values in Education Policymaking and Beyond", *Columbia Law Review*, Vol. 117, No. 7, November 2017.

Guy Neave, "On Bodies Vile and Bodies Beautiful: The Role of 'Buffer' Institutions Between Universities and State", *Higher Education Policy*, Vol. 5, Issue 3, September 1992.

Henry Wasser, "Boards of Trustees As Buffers: The Case History of the City University of New York", *Higher Education Policy*, Vol. 5, Issue 3, September 1992.

Ihsan Doğramaci, "The Role of Buffer Institutions in Higher Education, and the Turkish Experience", *Higher Education Policy*, Vol. 5, Issue 3, September 1992.

Jack L. Walker, "The Origins and Maintenance of Interest Groups in America", *The American Political Science Review*, Vol. 77, No. 2, June 1983.

James R. Stone III, Morgan V. Lewis, "Governance of Vocational Education and Training in the United States", *Research in Comparative and International Education*, Vol. 5, No. 3, January 2010.

Jelena Brankovic, "The Status Games They Play: Unpacking the Dynamics of Organisational Status Competition in Higher Education", *Higher Education*, Vol. 75, Issue 4, April 2018.

Jitendra V. Singh, David J. Tucker and Robert J. House, "Organizational Legitimacy and the Liability of Newness", *Administrative Science Quarterly*, Vol. 31, No. 2, June 1986.

John Meyer, W. Richard Scott and David Strang, "Centralization, Fragmentation, and School District Complexity", *Administrative science quarterly*, Vol. 32, No. 2, June 1987.

John W. Meyer and Brian Rowan, "Institutionalized Organizations: Formal Structure as Myth and Ceremony", *American Journal of Sociology*, Vol. 83, No 2, September 1977.

John Wilson, "Social Movements in Organizational Society", *Social Forces*, Vol. 67, Issue 3, March 1989.

Luis L. Martins, "A Model of the Effects of Reputational Rankings on Organizational Change", *Organization Science*, Vol. 16, Issue 6, December 2005.

Marjorie E. Wechsler and Linda D. Friedrich, "The Role of Mediating Organizations for School Reform: Independent Agents or District Dependents?", *Journal of Education Policy*, Vol. 12, Issue 5, 1997.

Martin Gilens and Benjamin I. Page, "Testing Theories of American Politics: Elites, Interest Groups, and Average Citizens", *Perspectives on Politics*, Vol. 12, No. 3, September 2014.

Mary E. Boyce, "Organizational Learning Is Essential to Achieving and Sustaining Change in Higher Education", *Innovative Higher Education*, Vol. 28, Issue 2, December 2003.

Neil Marshall, "End of an Era: the Collapse of the 'Buffer' Approach to the Governance of Australian Tertiary Education", *Higher Education*, Vol. 19, Issue 2, June 1990.

Neil Spoonley, "Innovation: The Roles of 'Buffer Organizations'", *Higher Education Policy*, Vol. 5, Issue 3, September 1992.

Oran R. Young, "International Regimes: Toward a New Theory of Institutions", *World Politics*, Vol. 39, Issue 1, October 1986.

PaulJ. Dimaggio, "Can Culture Survive the Marketplace?", *Journal of Arts Management and Law*, Vol. 13, Issue 1, April 1983.

Paul J. DiMaggio and Helmut K. Anheier, "The Sociology of Nonprofit Organizations and Sectors", *Annual Review of Sociology*, Vol. 16, Issue 1, August 1990.

Paul J. DiMaggio and Walter W. Powell, "The Iron Cage Revisited: Institutional Isomorphism and Collective Rationality in Organizational Fields", *American Sociological Review*, Vol. 48, No. 2, April 1983.

Peter Piazza, "Antidote or Antagonist? The Role of Education Reform Advocacy Organizations in Educational Policymaking", *Critical Studies in Education*, Vol. 60, No. 3, October 2016.

Robert Berdahl, "Why Examine Buffer Organizations in Higher Education?", *Higher Education Policy*, Vol. 5, No. 3, September 1992.

Roy F. Nichols, "History in a Self-Governing Culture", *The American Historical Review*, Vol. 72, Issue 2, January 1967.

Talcott Parsons, "Suggestions for a Sociological Approach to the Theory of Organizations-I", *Administrative Science Quarterly*, Vol. 1, No. 1, June 1956.

Thomas F. Remington, "Public-private Partnerships in TVET: Adapting the Dual System in the United States", *Journal of Vocational Education & Training*, Vol. 70, Issue 4, June 2018.

W. Richard Scott, "The Adolescence of Institutional Theory", *Administrative Science Quarterly*, Vol. 32, No. 4, December 1987.

Wendy W. Y. Chan, "International Cooperation in Higher Education: Theory and Practice", *Journal of Studies in International Education*, Vol. 8, Issue 1, March 2004.

William O. Brown, Eric Helland and Janet Kiholm Smith, "Corporate Philanthropic Practices", *Journal of Corporate Finance*, Vol. 12, Issue 5, December 2006.

后　　记

从 2016 年到 2022 年已经有六年了，要特别感谢我的导师，徐国庆教授。在我惶惶不安的时候，徐老师用诙谐的语气安慰我不要焦虑。徐老师别具一格的问答式教学不断地给大家呈现出问题剖析的过程，论文的指导同样也是循循善诱，我们自己有什么想法，从什么视角看待这个问题，怎样分析这个问题，他会怎样分析，这些过程循环往复锻炼着大家的思维。在课题上，徐老师对我们能力的培养是从课题管理开始的，每位同学会了解课题管理的整体流程，而参与课题，如听课评课、课程开发、教材开发等，也是实实在在提升了大家的能力。跟着徐老师，我学到了很多，不谈论文的日子也算是风和日丽。但是，论文始终让人魂牵梦萦，也总是陷入面对疾风吧，无所畏惧，然后被现实"砍死"的循环中。至今，依然感动于恩师的不放弃，在百忙之中帮我挑选外文期刊，一条一条地帮我梳理编辑意见，一遍一遍地给我讲解论文思路。点点滴滴回想起来，真是让老师费心了。扪心自问，我本平庸愚钝，幸得良师指导，有了些许长进，实在是感激不尽。

一路走来，遇到太多让我非常感谢的人。感谢佛年计划为我们提供的优质教学资源，让我有幸领略诸多学术大佬的风采。感谢各位领路老师的谆谆教导，在生活、学业上给予我无微不至的关怀。感谢我的同门、伙伴，在我遇到困难和问题时总能倾情相助。最后，要感谢我的家人，风里雨里总有你们的身影，在我备感无助时送来最温暖的曙光。

时光匆匆，我依然平凡，感谢你们的支持、帮助和厚爱，希望以后我也能对大家有所帮助。

周英文

2022 年 5 月

华师大丽娃河畔